Knaus

K

Elisabeth Barillé

Maskierte Venus

Das Leben der Anaïs Nin

Aus dem Französischen von
Sabine Lohmann

*

Albrecht Knaus

Der Albrecht Knaus Verlag
ist ein Unternehmen der Verlagsgruppe Bertelsmann

1. Auflage

Gesetzt aus Korpus Goudy
Satz: Filmsatz Schröter GmbH, München
Schutzumschlag von Klaus Renner unter Verwendung
eines Porträts von Anaïs Nin © Interfoto
Printed in Austria · Wiener Verlag
ISBN 3-8135-0078-0

Für Aldo, wen sonst!

«Es hat mich immer sehr gereizt, eine Biographie zu schreiben, schon vom formalen Aspekt her: ein freier Stil, eine umfassende Charakteranalyse, die ohne Romanhandlung auskommt.»

Diese Worte von Anaïs Nin haben das vorliegende Porträt inspiriert, das zwar romaneske Züge trägt, doch gänzlich aus dem Grundstoff ihrer Werke, ihres Lebens gewoben ist.

E. B.

Prolog

Cádiz – New York, in dreizehn Tagen: Die *Montserrat* läuft in die Hudson-Bay ein. Von Deck aus erkennt man schon die Umrisse des wilden Dschungels aus Beton und Glas – Minarette, Pyramiden, Eisenbrücken, mit Rostschutzmittel eingelassen –, als der Himmel sich plötzlich verdüstert.

Ein jäher Windstoß, von Schlammgeruch begleitet, fegt über die Möwen auf dem Achterdeck hinweg, peitscht die Wellen auf und reißt für Sekunden Lichtschneisen in die schwarzen Wolkenmassen.

Eben hat ein Blitz in den Bug eingeschlagen. Hektische Kommandorufe ertönen. Matrosen eilen herbei; sie kämpfen gegen die Wucht des Platzregens an. Man hört Ketten über die Planken rasseln.

«Zurück! Haltet euch fest!»

Im Musiksalon werden die Beine des Flügels an den Heizkörpern verankert. Alles wankt, krallt sich fest, wo man Halt bekommen kann. Der Gin in den Gläsern schwappt über. Eine der Mitreisenden lallt, schon reichlich angeheitert:

> *O would the Atlantic were all Champagne*
> *Bright billows of Champagne!*

Im Rauchersalon herrscht chaotisches Durcheinander. Frauen kreischen. Die Kinder heulen, mit Ausnahme eines kleinen Mädchens, das mit seiner Mutter und seinen beiden Brüdern in den Leseraum der Touristenklasse geflüchtet ist. Ein Spitzmausgesicht. Zierliche Ohren. Mandelförmige Nasenflügel. Perlzähnchen in dem weit aufgerissenen Mund. Sie lacht! Als einzige! Der Sturm! Welch ein herrlicher Anblick! Ein Fest!

«Laß mich New York sehen!»

Ihre Mutter hält sie fest an sich gedrückt.

«Später!»

«Nein, jetzt gleich!»

Sie zappelt vor Ungeduld, windet sich geschickt aus der Umklammerung – dieser kleine Satansbraten! – und stürzt zu den Bullaugen, läuft von einem zum anderen, erstaunlich trittsicher auf ihren dünnen Beinen, lebhaft wie alle mageren Kinder. Mit großen Augen schaut sie in die Wellen.

Schwarze Flanken, mit Schuppen übersät, schwimmende Sterne in diesem umgekehrten Nachthimmel!

Ozean! Das Wort bezaubert sie. Die drei Silben bilden einen dumpfen Klang, der sich mit zwei anderen Silben mischt: Schicksal.

Die beiden Worte gehören zusammen. Sie weiß es. Woher? Sie weiß es eben.

Schicksal. Kein Wort für ein kleines Mädchen, würde ihre Mutter sagen. Ist sie überhaupt noch ein Kind, daß sie schon die Weissagung dieser beiden Worte erahnt? Eine untrügliche Ahnung schwingt in ihrer Seele mit.

Das sollte ich gleich meinem Tagebuch anvertrauen, überlegt sie, die Nase an das gischtverspritzte Fenster gedrückt.

«Jetzt ist nicht der richtige Moment zum Schreiben.»

«Doch, gerade jetzt!»

Sie stampft mit dem Fuß auf! Mein Tagebuch! Was hast du mit dem Korb gemacht, in den ich es gelegt hatte? Sie zerrt ihren Bruder aus dem Sessel, in den er sich zusammengekauert hatte. «Wo hast du es versteckt? Gib's mir wieder!» Wütend entreißt sie ihm ihr Eigentum und läßt sich damit am anderen Ende des Raumes nieder. Aus dem geflochtenen Weidenkorb zieht sie ein ledergebundenes Heft.

Auf der ersten Seite prangt in Schönschrift der Titel: *«Mon Journal»*. 1914. Sie hätte es auch «mein Freund, mein Vertrauter, mein Spiegel» nennen können. Hier findet sie ihre Zuflucht. Hier findet sie sich selbst wieder. Hier bewundert sie sich, läßt sich fallen, läßt ihren Gefühlen freien Lauf, den Tränen wie dem

Lächeln. Wie kann man mit elf Jahren seine Tage nur mit Schreiben verbringen? Ihr Tagebuch nimmt sie so, wie sie ist. Mit allen Fehlern, all ihren Extravaganzen. Es wirft ihr nichts vor, es verurteilt sie nicht.

Mein Tagebuch liebt mich so, wie ich bin. Wie alle, die mich lieben. Hörst du, Papa?

Nur nicht an ihn denken. Den Abwesenden. Den Künstler. Den Angebeteten. Ihn nur nicht heraufbeschwören, damit die Seiten sich nicht unter den Tränentropfen wellen. Das Tagebuch darf nicht verunstaltet werden. Sonst könnte sie nie mehr wagen, es dem allzusehr geliebten Verräter zu schenken. Sie möchte es ihm wie einen Brief schicken, den längsten, der je an einen Vater gerichtet wurde. Nur nicht weinen. Schreiben.

Sie legt das Heft auf ihren Knien zurecht, blättert darin und hält bei den Sätzen des Vortags inne:

«Nun sitze ich wieder einmal an meinem Tagebuch; mit ihm will ich mich wieder unterhalten... Alle sind froh, wir kommen in New York an. Ich bin auch froh, aber ganz ehrlich, ich würde lieber nach Barcelona zurückkehren... Ich bin elf Jahre alt, ich weiß es, aber ich bin nicht ernst genug, gestern abend habe ich mir vorgenommen: ‹Morgen bin ich ganz brav!› Brav? Ich bin es nicht mehr als gestern. Ich bin noch immer nicht vernünftiger geworden; es ist mir nicht im Traum eingefallen, meine Leidenschaften und meinen Charakter zu zähmen...»

Genug gegrübelt! Schreib, Anaïs! Was du erlebst! Was du siehst! Wie die Tische unsinnig durch den Raum tanzen, die Kronleuchter wie riesige Weihrauchschalen schwanken, wie die Damen nach ihrem Riechsalz schreien und in Ohnmacht fallen... Und das flirrende Funkeln im Bullauge, das das ferne Licht inmitten der von den Wolken gekappten Hochhäuser ahnen läßt. Sie könnte darin ein Vorzeichen für ihr Exil erblicken – ein strahlender Entwurf ihrer Zukunft, betont sie doch selbst: «Ich fühle mich anders als alle anderen Leute. Ich habe bemerkt, daß kein Kind meines Alters so denkt wie ich... Meine Wünsche, meine Träume, mein Streben sind ganz anders ... Was soll's, wenn niemand sie versteht! Ich möchte mich ganz der Poesie, dem Schreiben widmen, nicht um berühmt zu werden, nein, einzig und allein um zu schreiben ...»

Der Sturm hat sich gelegt. Die *Montserrat* geht vor Anker. Das Kind klappt sein Tagebuch zu.

1. Kapitel

Rosa

Unter den Passagieren, die der Sturm in den Leseraum der Touristenklasse gescheucht hat, fällt Rosa Nin-Culmell mit ihrer stolzen Gelassenheit auf. Eine Gelassenheit, die an Allegorien gemahnt. Ein Bildhauer hätte sie als Modell für die Justitia gewählt, da ihre hellen Augen kühl fixieren, abschätzen und bewerten und ihr Kinn ausgeprägte Linien aufweist, die sie von ihren nordischen Vorfahren geerbt hat.

Ihre Mutter stammt von französischen Krautjunkern aus dem Anjou ab, die von der Revolution in die Karibik vertrieben wurden. In Havanna, wo sie ihre Jugend verbrachte, nannte man sie «die Pariserin», denn die Tochter des dänischen Konsuls besaß jene aufreizende Schönheit, die man in Cuba den Französinnen zuspricht. Wie die anderen jungen Damen, die in der Kutsche den Maleçon hinabfuhren, jene palmengesäumte Promenade, die sich die Meeresbucht entlangzog, hatte sie an der katholischen Klosterschule von Brentwood in New York sowohl die englische Sprache als auch die gepflegtesten Umgangsformen gelernt. Sie besaß eine geschmackvolle Garderobe und ließ sich in ihrem Ziel nicht beirren: Sie würde Sängerin werden. Als sie Joaquin Nin O Castellano traf, zeichnete ihr weiterer Lebensweg sich mit gleicher, unzweifelhafter Klarheit ab: Sie würde seine Frau werden.

Ihr Vater hatte sich dem Vorhaben zuerst widersetzt. Die Leidenschaft des obskuren Pianisten für die unscheinbarste seiner Töchter war ihm zutiefst suspekt. Seit seine Frau ihm einen Gigolo mit blitzenden Zähnen vorgezogen und ihn mit sieben halbwüchsigen Töchtern im Stich gelassen hatte, die Rosa als Älteste dann versorgen mußte, begegnete Konsul Culmell der Liebe nur mehr mit gesundem Mißtrauen.

«Wenn ich auf ihn gehört hätte, säße ich jetzt nicht mit über vierzig Jahren und drei Kindern als verlassene Ehefrau da», murmelte Rosa, während sie die Skyline durchs Bullauge betrachtet.

«Mach dir nichts draus, Mama, wir sind gleich da. Schau nur, dort drüben, die vielen Türme...»

Rosa streichelt den schmalen Kindernacken. Mag sie ihre Bitterkeit auch noch so gut verbergen, Anaïs errät doch, wie ihr zumute ist. Ob der Schmerz ihre Intuition geschärft hat? Waren es nicht doch wahre Qualen, was ihre Mutter immer als Kindereien abgetan hat? Diese Krisen jedesmal, wenn ihr Vater wieder auf Tournee ging. Sie wollte unbedingt mit. Er winkte kurz angebunden ab: «Du würdest nur billig klatschen.» Ohne die Beleidigung zu verstehen, fühlte Anaïs sich gedemütigt. Zurückgestoßen. Sie schluchzte herzzerreißend. Um sie abzuwehren, versprach ihr Vater, bald wiederzukommen. «Das ist nicht wahr!» schrie sie ihn an. Worauf Joaquin die Tür hinter sich zuschlug.

«Und ich, war ich jemals glücklich?» seufzt Rosa.

Das zarte Rosé, das frische Blau, das Jadegrün der sonnenüberfluteten Arkadenfassaden. Die hohen, zerbrechlich wirkenden Palmen; riesige giraffenartige Pflanzen, die dem Atlantik zunicken. Negerinnen mit gelben Kopftüchern. Fliegende Händler mit schwarzen Zähnen, denen sie frische Kokoskuchen, bunte Bänder und sentimentale Lieder abkaufte, Lieder, die Joaquin, der nur die Mondscheinsonate gelten ließ, verachtete. Wie kann man nur darauf verfallen, im Hinterzimmer eines Musikgeschäfts in Havanna Beethoven zu spielen? Joaquin nahm gerade das Allegro furioso in Angriff, als sie über die Schwelle trat, um Noten zu kaufen. Er war mager wie ein Strauchdieb, aber wie ein Dandy gekleidet. Blaue Augen, lange schwarze Wimpern. Liebe auf den ersten Blick. Endlich wußte sie, was das bedeutete! Er war acht Jahre jünger als sie? Was machte das schon! Er hatte kein Geld? Sie hatte genug für zwei! Ein Emporkömmling? O nein, lieber Vater, nur ehrgeizig! Er brennt darauf, nach Paris zu fahren, zur Schola Cantorum, um

Fugentechnik und Kontrapunktik zu studieren. Ja, lieber Vater, nach Paris. Wie Chopin! Widerstrebend gibt der Konsul schließlich seine Einwilligung. Er schenkt ihnen sogar ein Klavier zur Hochzeit. Es wird auf das Schiff verladen, mit dem das junge Ehepaar Cuba im Jahre 1902 verläßt. Sie reisen erster Klasse. Joaquin stolziert in einem Alpaka-Anzug und einer Duftwolke von Eau de Guerlain umher. Rosa übt inzwischen in ihrer Kabine Koloraturen. In Paris, sagt ihr Ehemann, fehle es an Sängerinnen.

Beim Anblick ihrer Tochter, die über ihr Tagebuch vertieft ist, beginnt Rosa zu bedauern, daß sie ihre ersten Ehejahre nicht schriftlich festgehalten hat. Neuilly, der großbürgerliche Vorort, wo sie in der Rue du Général-Honrion-Bertier Nr. 7 eine weitläufige Wohnung gemietet hatten, von deren Fenstern man auf Eschenkronen blickte. Die musikalischen Abende, die sie dort improvisierten. Die Freunde aus jener Zeit: die Geiger Eugène Ysaye, der junge Cellist Pablo Casals, der wie Joaquin in Barcelona studiert hatte. Der Professor und Mentor Vincent d'Indy, bei dem Joaquin seine Künste vervollkommnete. Man spielte Barockmusik. Man gefiel sich in der Rolle der abgeklärten Künstler, die der Romantik überdrüssig waren. Man berauschte sich an Bach, Rameau, Scarlatti. Wie habe ich mit Scarlatti geglänzt! Joaquin begleitete mich. Er posierte damals noch nicht als Genie, trotz seiner Seidenhemden. In seinen Augen war ich noch eine begehrenswerte Frau. Doch wie sollte ich gegen den Wunsch nach Mutterschaft ankämpfen?

Er wünschte sich einen Sohn. Doch ich bringe am 21. Februar 1903 eine Tochter zur Welt. Joaquin kommt sofort an mein Bett, von einem verdächtigen Reispuderduft umgeben. Als ich ihm das Geschlecht des Kindes eröffne, erstarrt seine Miene zu Eis. Er weicht von der Wiege zurück. Hat er das Zimmer schon verlassen? Ich bin verzweifelt. Ich glaube, richtig zu reagieren, indem ich ihn bitte, den Namen für das Neugeborene zu wählen. Es soll Anaïs heißen. Ich schaudere. Der Name mißfällt mir. Er flößt mir eine uneinge-

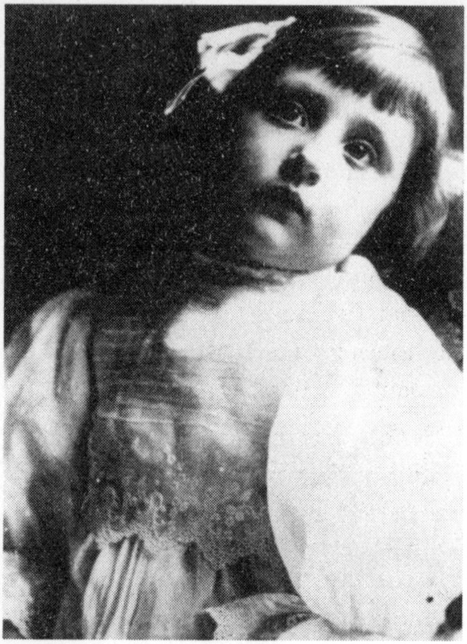

Anaïs, als sie noch der Liebling ihres Vaters war. Von ihm stammt dieses Foto.

standene Abneigung ein. Unter diesem Namen haben die Perser die Göttin Venus angebetet; sein zweideutiger Wohlklang hat in meinen Ohren einen perversen Unterton. Welchem Schicksal gedenkt er seine Tochter auszusetzen, indem er ihr einen Hetärennamen aufbürdet?

Sie wird am 21. Juni getauft, und als Gegengewicht setze ich durch, daß sie außerdem die Namen ihrer drei Tanten erhält: Juana, Edelmira, Antolina.

Anaïs gehorcht den Orakeln. Sie ist impulsiv. Ein Irrwisch, der schon mit zwei Jahren meine Stolen stibitzt, um sich darin einzuhüllen und die Passanten auf der Straße zum Tee einzuladen.

Pausbäckig, pummelig und possierlich wie sie ist, wickelt sie Joaquin bald um den kleinen Finger.

Er kauft einen Fotoapparat. Er will jeden Moment ihrer Entwicklung festhalten. Er macht unzählige Aufnahmen. Ich muß sie dabei allein lassen. Die Fotos werden im Bad aufgenommen. Ich höre

Anaïs lachen. «Sie wird sich noch erkälten!» Ich laufe die Treppe hinauf. Die Tür ist abgeschlossen. Ich trommele mit den Fäusten dagegen. Schließlich macht Joaquin auf. Anaïs steht nackt vor dem Spiegel. Ihr Vater betrachtet sie. Seine kurzsichtigen Augen haben etwas seltsam Starres.

Als wir das erste Mal seit unserer Hochzeit wieder in Cuba waren, änderte sich alles. Eine trostlose Zeit. Ich verliere meinen Vater. Joaquin betrügt mich mit einer meiner Schwestern. Anaïs erkrankt an Typhus. Zehn Tage hat sie hohes Fieber. Man glaubt das Kind schon verloren. Die Krankheit raubt ihr den rosigen Teint und die Grübchen. Fast kahl kommt sie nach Europa zurück. Mit drei Jahren! Auf der Straße drehen sich die Leute nach ihr um. Sie zeigen mit dem Finger auf Anaïs. Manchmal bekommt sie einen Wutanfall. Meistens bricht sie in Tränen aus. Das arme Ding! Sie sieht zum Erbarmen aus – so verletzlich wie die kleinen, noch flaumlosen Vögel, deren Adern unter der dünnen Haut durchscheinen.

Joaquin, der Dandy, hat sich von der Häßlichkeit seiner Tochter wie besudelt gefühlt. Als wäre sie ein Fluch. Soll der Don Juan damit bestraft werden? Will Gott sich an ihm rächen? Dieses Kind, das er so verhätschelt hat. Dieses Fleisch von seinem Fleisch. Dieser Wunschtraum von einer Frau, einer Geliebten, der ihm jetzt mißgestaltet erscheint.

Er entzieht sich ihren Zärtlichkeiten, weicht ihren flehenden Blicken aus. Eines Tages kann er nicht mehr an sich halten ... Ich höre es noch, es klang wie ein Peitschenhieb, der mich genauso traf, als er ihr mit harter Stimme entgegenschleuderte: «Laß mich, du bist zu häßlich!» Ich sehe die Szene noch in allen Einzelheiten vor mir. Der Elfenbeinkamm, mit dem die spärlichen Locken meiner Tochter in einem Knoten zusammengehalten wurden. Das blaue Haarband, mit dem ich sie herausgeputzt hatte ... Anaïs lächelt ihrem Spiegelbild zu. Sie läuft in die Bibliothek, wo ihr Vater sich aufhält. Ich höre die Tür in den Angeln quietschen. Und dann diese Worte: «Wie häßlich du bist!» Schweigen. Ein erstickter Aufschrei. Meine Tochter kommt zu mir zurück, mit verzerrtem Mund. Sie sieht auf einmal uralt aus.

«Warum hast du mir verheimlicht, daß ich so scheußlich bin! Warum hast du mich belogen? Es ist deine Schuld!»

Ich möchte sie in die Arme nehmen, doch sie stößt mich gewaltsam zurück. Ich habe das Gefühl, daß sie mich haßt. Voll Entsetzen stürze ich in das Zimmer, in dem Thorvald, mein Jüngster, schläft, und drücke seinen warmen Körper an meine Brust.

Ich hätte statt dessen zu Joaquin gehen, ihn zur Rede stellen sollen. Wie kann man nur so gefühllos sein, ein Mädchen, in dem gerade der schmerzliche Wunsch zu gefallen aufkeimt, als Zielscheibe seiner Launen zu mißbrauchen? Noch dazu ein so frühreifes, das den Worten so viel Gewicht beimißt? Wie grausam muß man sein, um seine Tochter so zu verletzen, daß die Wunde sich auch später bei der erwachsenen Frau nie mehr schließen wird?

Doch ich habe geschwiegen. Aus Eifersucht. Obwohl meine Tochter unvollkommen wirkte, schien sie mir bedrohlicher zu sein als jede Mätresse. Meine Gedanken würden wohl so manchen schokkieren – all jene braven, bigotten Heuchler aus dem alten, rissigen Europa, das der Krieg bald zerfallen lassen wird und das ich nun verlassen habe, um in Amerika, dem Land der unbegrenzten Möglichkeiten, einen neuen Anfang zu machen. In Frieden leben. Arbeiten. Einfach leben. Vielleicht sogar eine neue Liebe . . .

«Schreibt man Barcelona groß?»

«Natürlich, wie alle Städtenamen. Du kennst doch schon eine ganze Menge Städte.»

Anaïs zählt acht an den Fingern ab:

«Havanna, Paris, Neuilly, Arcachon, Berlin, Brüssel, Barcelona, Cádiz . . . und bald auch New York!»

Was für eine Kindheit habe ich ihr nur geboten! Ein entwurzeltes Leben. Immer von einer Stadt zur anderen ziehen, von einer Sprache zur anderen.

Ich rede französisch mit ihr. Ihre Großmutter in Barcelona verstand nur spanisch. In Berlin, wohin Joaquin uns mitgeschleppt hatte, um seinen musikalischen Horizont zu erweitern, hat sie widerwillig deutsch gelernt. Ich hatte gerade einen zweiten Sohn zur Welt gebracht, dem ich in meinem mütterlichen Überschwang den Namen des Verräters gab: Joaquin. Und wie niederträchtig er mich behandelte, der Verräter! Belogen und betrogen hat er mich, wo er nur konnte, vor meinen Kindern hat er mich gedemütigt, mir Gott weiß was alles vorgeworfen – meine Aufmachung, meine Frisuren, meinen Mangel an Hygiene! Und das mir, einer Dänin! Er hat sogar seine Teller desinfizieren lassen... Beim Essen hüllte er sich in Schweigen und studierte seine Partituren. Ich erstickte fast an meiner inneren Auflehnung. Der Ton unserer Auseinandersetzungen verschärfte sich mehr und mehr. Meine Wangen röteten sich vor Zorn. Er erbleichte. Seine Ausfälle steigerten sich manchmal bis zur Gewalttätigkeit. Welcher Teufel mag ihn geritten haben, daß er vor den Augen seiner Kinder eine Katze zu Tode prügelte? Die Szene ist Anaïs noch lange nachgegangen, ließ sie nachts keine Ruhe finden.

Wir wohnten damals in Brüssel, wo er an der École Royale eine Professur angenommen hatte. Anaïs wurde dort eingeschult und lehnte von Anfang an ihre Umgebung ab. Ihre einzigen Spielkameraden waren ihre Brüder, die sie völlig dominierte. Aus einem Tisch, der mit einem Fransenteppich bedeckt war, machte sie ein Indianerzelt; aus einem Bettlaken und zwei Stühlen improvisierte sie eine Bühne, um dort in die Rolle einer Prinzessin oder Kurtisane zu schlüpfen. Ich gab ihr den Spitznamen Sarah Bernhardt.

Als sie sich eines Morgens über stechende Schmerzen in der rechten Bauchseite beklagte, hielt ich dies zunächst für eine weitere Komödie. Doch ihre glühende Stirn beunruhigte mich. Der eilig herbeigerufene Arzt konnte angeblich nichts feststellen. Kaum war er fort, kam ein Nachbar mit der Hiobsbotschaft, die der Arzt ihm anvertraut hatte: Unsere Tochter würde die Nacht nicht überleben. Endlich sah ich meinen Mann in Panik geraten. Es mußte schleunigst etwas geschehen! Er bat einen befreundeten Chirurgen um Hilfe, der eine Bauchfellentzündung diagnostizierte. Anaïs wurde operiert, recht schlecht allerdings: Es kam zu Komplikationen. Drei Monate mußte sie in der Klinik bleiben. Ich besuchte sie jeden Tag und wunderte mich, wie gut sie die auferlegte Klausur ertrug: Sie schrieb – Gedichte, kleine Szenen, Scharaden, Porträts. Ihr Bett war mit losen Blättern übersät. Die gelungensten Texte widmete sie ihrem Vater. Eines Tages besuchte er sie und brachte ihr einen Kasten Buntstifte mit, worauf sie sich sofort in den Kopf setzte, Malerin zu werden. Die nächsten zwei bis drei Tage widmete sie sich ganz dem Zeichnen, dann ließ sie die Buntstifte liegen und wandte sich wieder der Sprache zu.

Im Frühling 1913 beschloß ich, sie zur Erholung nach Arcachon zu bringen, wo Joaquin eine alte, pseudo-gotische Villa gemietet hatte, die passenderweise «Les Ruines» hieß. Der dichte Efeu verdeckte die Risse in den Mauern, und um die Fenster sah man den Stein bröckeln. Doch dafür gab es einen riesigen Salon, in dem Joaquin sich als mondäner Gastgeber aufspielen konnte, angestachelt von seinem Nachbarn Gabriele d'Annunzio, dessen Ruf als Verführer den seinen sogar noch in den Schatten stellte. Eines Abends beehrte der große Meister uns mit einem Besuch. Joaquin setzte sich ans Klavier, und d'Annunzio bat mich, eine Arie von Caldara zu singen: «*O cessate di piagarmi!*» Hinreißend! Ich wurde von dem Dichter zur Diva gekürt. Joaquin küßte mir die Hand. Was für eine Farce! Drei Schritte von mir entfernt stand seine Mätresse – ein blutjunges Ding, zwanzig Jahre jünger als er, die seine Schülerin gewesen war! Steinreich, natürlich. Ebenso reich wie nichtssagend. Maruça. Noch heute tut es mir weh, ihren Namen auszusprechen. Anaïs hat sie auf Anhieb gehaßt. Sicher hatte sie unter der scheinbaren Aufrichtigkeit gleich die Heimtücke erkannt.

Am Abend des 14. Mai eröffnete Joaquin mir ganz plötzlich, daß er uns wegen eines kurzfristig vereinbarten Konzerttermins verlassen müsse.

Anaïs durchschaute die Lüge. Als er die Hand auf die Türklinke legte, fing sie hysterisch an zu schreien. Flehend klammerte sie sich an seinen Mantel. Sie hätte selbst den Teufel zu erweichen vermocht.

Joaquin riß sich los und verschwand.

Da geschah etwas Eigenartiges. Anaïs wurde plötzlich ganz ruhig. Ganz finster. Nachdenklich. Sie war zu einem grausamen Schluß gekommen: Sie selbst war schuld an unserem Unglück. Ihretwegen hatte Joaquin uns verlassen. Jetzt verstand sie es. Sie hatte die Hoffnungen ihres Vaters enttäuscht. Sie besaß weder Genie noch Schönheit. Sie allein war die Schuldige.

«Sag mal, Mama, gibt es in New York auch Turon?»

Anaïs ist ganz wild auf diese Süßigkeit, zwischen Pinienkerne gepreßte Mandelmasse, die ihre Großmutter ihr in Barcelona immer zusteckte.

Barcelona ... eine glückliche Etappe nach der schmerzhaften Trennung. Ich hatte begriffen, daß Joaquin nicht mehr wiederkommen würde. In Frankreich hielt mich nichts mehr zurück. So zog ich nach Spanien, dank der freundschaftlichen Unterstützung von Enrique Granados, der mir einen Posten als Gesangslehrerin versprach; er leitete ein Konservatorium in der katalanischen Hauptstadt. Der Bequemlichkeit halber quartierte ich mich bei meinen Schwiegereltern ein, die über die Hintergründe dieses Umzugs nur vage im Bilde waren. Als Joaquin davon erfuhr, warf er seinen Eltern moralische Erpressung vor. Mein Lehrergehalt erlaubte es mir, eine Wohnung in der Nähe des Hafens zu mieten. Dort blieben wir ein Jahr. Lange genug, um wieder an das Glück zu glauben.

Weißt du noch, Anaïs, der luftige Balkon mit der durchbrochenen Brüstung, wo du dich am Duft der Jasminblüten berauschtest! Die lauen Nächte! Das Streifenmuster, das der Mond durch die Fensterläden auf deine Bettdecke warf! Die Kinder in schwarzen Strümpfen, die durch die Straßen rannten! Und – riesigen Arumlilien gleich – die Flügelhauben der Nonnen, die dich unterrichteten!

Und dieser Himmel! Wie drückst du es in deinem Tagebuch aus? «Wir werden diesen blauen Himmel, der mich so entzückt, nicht mehr sehen.»

Meine kleine Tochter hört mich nicht. Wenn sie schreibt, existiert nichts anderes mehr für sie als ihre Hand, ihre Feder und die Wörter. Sie erscheinen ihr wirklicher als die Menschen um sie her. Sie geht mit ihnen um wie mit lebendigen Wesen, deren Sprache nur sie allein kennt. In Cádiz hatte ich sie in die Kathedrale geführt. Schau, Anaïs, und staune! Schau, diese Altäre, diese Leuchter! Aber ich schau doch schon, Mama! Nein; auf einem Betstuhl zusammengekauert, schrieb sie eifrig in ihr Tagebuch.

Ich kann es ihr nicht vorwerfen. Ich selbst habe ihr das Heft in Cádiz geschenkt, damit sie die Eindrücke ihrer Reise darin festhielte. Doch ich konnte natürlich nicht ahnen, daß es ihr zu einem so viel ehrgeizigeren Anliegen dienen sollte. Ab und zu las sie mir ein paar Stellen daraus vor; mal erklärte sie, es für poetische Stilübungen, mal, es zur Gewissenserforschung zu gebrauchen – vor allem aber hatte sie vor, es ihrem Vater zu schicken. Was erhoffte sie sich davon? Ihn zu erweichen? Ihn zurückzugewinnen?

Wenn ich sie nicht zwingen würde, an Deck zu gehen, um frische Luft zu schnappen, würde sie ständig in ihrer Kabine hocken und schreiben. Seit sie in der Schiffsmesse eine Remington gesehen hat, träumt sie von einer eigenen Schreibmaschine.

«Meine Schrift ist unleserlich. Du bist die einzige, die sie entziffern kann.»

«Reicht dir denn deine Mutter nicht als Leserin?»

«Nein, ich brauche die ganze Welt.»

Am 11. August 1914 trifft Anaïs Nin in New York ein, in Begleitung ihrer Brüder, Thorvald und Joaquin, und ihrer Mutter, Rosa Nin-Culmell. Als sie auf dem Kai ihre Vettern sieht, die sie abholen gekommen sind, schnappt sie sich den Geigenkasten ihres jüngeren Bruders und drückt ihn fest an die Brust. Daß nur kein Mißverständnis aufkommt: *Sie* ist die Künstlerin.

Anaïs

Anaïs Nin. Ana is Nin.

«Ana» («sie» auf russisch). Sie ist Nin.

Im Namen des spanischen Vaters.

Ein Name, in dem sich die Sprachen verweben.

Wenn «das Unterbewußtsein wie eine Sprache strukturiert» ist, welche dient dann dieser Exilantin der Sprache?

Spanisch, Englisch, Französisch. Drei Lexika. Drei Gesetze. Drei Kulturen.

N/I/N: Spiegeleffekte, prismatische Reflexionen.

Under a Glass Bell. *

N/I/N: Das «Ich» («I» auf englisch) behauptet sich in der Widerspiegelung.

N/I/N: Im Herzen der Inversion.

Anaïs, die Eingeschlossene?

Unmöglich!

ANAÏS ebenso Yin wie Yang.

N. I. N.: stets zwischen zwei Männern (Miller/Hugo, Rank/Miller, Hugo/Rupert).

Und dennoch einsam.

* *Unter einer Glasglocke*, Roman, veröffentlicht 1947

2. Kapitel
Mutter und Tochter

In New York trifft Rosa ihre Schwester Edelmira wieder, die mit einem amerikanischen Marineoffizier verheiratet ist, Gilbert P. Chase. Edelmira zählt zu den aktivsten Mitgliedern der kubanischen Gemeinde. Dank ihrer moralischen und finanziellen Unterstützung bezieht Rosa schließlich ein Backsteinhaus im Herzen Manhattans, Nr. 158 in der West 75th Street. Es ist so groß, daß sie dort Untermieter aufnehmen kann – immer Kubaner, manchmal auch Freunde. Nachdem sie erfolglos versucht hat, ihren Lebensunterhalt mit Gesangsstunden zu bestreiten, paßt sie sich dem «american way of life» an und wird «Purchasing Agent», eine Art Vermittler zwischen den großen Kaufhäusern und deren Kundschaft. Sie entwickelt einen gesunden Geschäftssinn, eröffnet «downtown» ein eigenes Büro, versucht sich im Immobilienhandel und auf dem Aktienmarkt.

Die drei Kinder werden nach Kräften verwöhnt. Die Fotos aus jener Zeit zeigen sie geschmackvoll, fast luxuriös gekleidet. Rosa spendiert ihnen Kinobesuche, hin und wieder auch einen Theaterabend am Broadway. Im Sommer mietet sie einen Bungalow auf Long Island.

Anaïs war weder jenes verhätschelte «Königskind», als das Lawrence Durell sie darstellte, noch das bemitleidenswerte Geschöpf, das in den Tagebüchern heraufbeschworen wird: «Wir hatten kaum genug zum Leben . . . Die Gläubiger rannten uns die Tür ein, und wir mußten uns oft von Maismehl-Omeletts ernähren, die billigste Möglichkeit, dem Appetit meiner beiden Brüder beizukommen.» War dies nur ein Kunstgriff der Schriftstellerin, die vom Verleger dazu angehalten war, ihre Leserschaft zu rühren? Oder eher Ausdruck einer tief verwurzelten Neigung zum Tragischen?

«Anaïs dramatisierte gern», erklärt ihr Bruder Joaquin Nin-Culmell in einem der vielen Briefe, die er mir schrieb. «Wenn unsere Mutter sie einmal bat, einen Strumpf zu stopfen, notierte sie gleich, es wären zweihundert! Sie behauptete, immer nur die abgelegten Kleider ihrer Cousinen getragen zu haben. Das war wohl auch ein- oder zweimal der Fall. Aber meistens trug sie ganz entzückende Sachen, die aus den besten Geschäften stammten! Unsere ‹Armut› war sehr relativ! Wir hatten immer ein Hausmädchen.»

Um 1916 war es Monsita, eine Mulattin, die hervorragend kochte und ein feines psychologisches Gespür besaß.

Bericht von Monsita

Was ist nur in Madame gefahren, ausgerechnet dieses Haus zu mieten? Sieben Zimmer! Drei Badezimmer! Ich werde mich noch zu Tode schuften! Ich hätte schon längst das Handtuch geworfen, wenn ich nicht so eine Schwäche für Künstler hätte! Alle Untermieter von Madame sind Musiker. Jeden Abend wird hier gesungen, improvisiert, interpretiert! Lauter große Komponisten! Chopin! Schubert! Ich bekomme Gänsehaut davon! Einer der Untermieter besitzt ein Grammophon. Spanische Lieder, katalanische Weisen, kubanische Melodien, Tango! So viel man nur will! Gestern abend hat Joaquin sein erstes Konzert gegeben; er will Pianist werden. Sein Bruder Thorvald spielt Geige. Aber die Begabteste von allen ist und bleibt Madame. Eine goldene Stimme! Rosa Poncelle kann ihr nicht das Wasser reichen! Bei einem solchen Talent auf die Karriere zu verzichten, das nenne ich Heldenmut! Aber Madame hat nun mal drei Kinder zu ernähren. Also hat sie sich ins Geschäftsleben gestürzt. So billig wie möglich einkaufen, so teuer wie möglich verkaufen. Mit den Läden ein Rückgaberecht gekaufter Ware aushandeln. Die Bestellungen der Einzelkunden zusammenfassen. Sie verbringt den ganzen Tag in ihrem Büro am

Broadway und kommt jeden Abend überreizt nach Hause. Über nichts und wieder nichts regt sie sich auf. Oder versinkt so tief in Depressionen, daß sie morgens nicht mehr aus dem Bett kommt. Dann braucht sie einen Arzt. Er verschreibt Beruhigungsmittel, die sie nicht zu nehmen wagt, aus Angst, ihre Kraft zu verlieren. Sie denkt nur an die Arbeit! «Ich arbeite, um zu vergessen», erklärt sie mir. «Um *was* zu vergessen, Madame?» Sie nennt mich ein dummes Ding und verläßt den Raum. Ich habe sie noch nie dazu bringen können, den Namen ihres Mannes auszusprechen. Dieser Schürzenjäger wird hier als Abtrünniger angesehen. Wehe dem, der ihn erwähnt! Nur Anaïs erzählt mir von ihm, wenn ich ihr Fragen stelle. Wenn man sie so reden hört, möchte man meinen, es gäbe keinen vollkommeneren Menschen. «Nein, er hat uns nicht verlassen. Er muß sich in Europa um seine Karriere kümmern. Eines Tages wird er zu uns zurückkehren.» Mit welcher Inbrunst sie ihren Vater verteidigt! Soll sie sich doch ihre Illusionen bewahren. In ihrem Alter ist das sicher angebracht. Eines Tages wird sie begreifen, daß ihr Vater kein Gott ist, sondern nur ein Mann wie alle anderen auch – höchstens etwas verführerischer, nach dem Foto zu urteilen, das Anaïs vorne in ihr Tagebuch geklebt hat. Sie sieht ihm ähnlich. Die feingeschwungene Nase. Die wohlgeformten Lippen. Der offene Blick. Das Porträt trägt eine Widmung: «Für euch, meine lieben Kleinen, Anaïs, Thorvald, Joaquin, mit all meinen Gedanken. März 1916.»

Er ist kein Ungeheuer. Nur ein Egoist. Wie so viele Männer! Ab und zu schickt er den Kindern Pakete. Anaïs bekommt französische Bücher. Sie behauptet steif und fest, daß er ihr oft schreibt. Eine rührende Notlüge! Beim Aufräumen habe ich einen Brief von ihr gefunden:

«Liebster Papa, nachdem ich Dir mehrere Male geschrieben habe, ohne Antwort zu erhalten, habe ich Dir zwei Monate lang nicht mehr geschrieben; ich konnte mir Dein beharrliches Schweigen nicht erklären und war sehr traurig darüber. Manchmal fürchte ich, daß Du uns ein klein bißchen vergißt . . . Bevor ich diesen Brief beende, möchte ich Dich sehr, sehr bitten, mir zu schreiben, auch wenn es nur ein paar Zeilen sind, ich würde mich maßlos freuen, und ich werde aufhören zu denken, daß Du Dein Mädelchen vergessen hast, das Dich von ganzem Herzen liebt.» *(Das Kindertagebuch 1914–1919)*

In der Schublade ihres Frisiertisches habe ich noch andere, ebenso rührende Botschaften gefunden. Ob Madame etwas davon weiß? Ich glaube nicht. Sie hat ihren Kindern strikt verboten, dem Abtrünnigen zu schreiben; was bei Anaïs genau das Gegenteil bewirkt.

Ihr Verhältnis zu ihrer Mutter ist recht merkwürdig. Es scheint ebenso von Zärtlichkeit wie von Auflehnung geprägt. Das kleine Mädchen ist die Ergebenheit selbst. Sie nimmt alles auf sich, um ihre Mutter zu entlasten. Waschen, kochen, einkaufen, Brennholz hinauftragen, Gemüse putzen und Socken stopfen. Und das alles mit größter Bereitwilligkeit. Ohne sie würden ihre Brüder richtig verwahrlosen. Sie hilft ihnen beim Anziehen und bringt sie in die Schule. Abends überwacht sie die Schularbeiten. Wenn ihre Mutter erschöpft wirkt, nötigt Anaïs sie, sich auszuruhen. Sie würde sogar noch ihre Rechnungen für sie tippen und ihre Schecks und Quittungen abheften. In ihrer Tochter hat Madame die hingebungsvollste aller Krankenpflegerinnen, die stundenlang an ihrem Bett ausharren kann. Und dennoch... Wie soll ich es beschreiben... Es kommt mir vor, als würde das Kind seine Gefühle aufbauschen. Kurz, sie zwingt sich, die Mutter anzubeten, weil sie sie nicht einfach lieben kann. Madame gegenüber verliert sie jegliche Spontaneität. Sie wägt ihre Worte und Gesten ab. Sie beobachtet sich. Fast scheint es so, als würde sie sich zurücknehmen. Wenn sie ihre Mutter beobachtet, entdecke ich in ihrem Blick oft eine gewisse Kälte. Welchen Groll nährt sie in ihrem Herzen? Daß sie ihrem Vater und Frankreich entrissen wurde, dem einzigen Land, in dem sie glücklich war? Daß ihre Mutter sie vor lauter Arbeit vernachlässigt? Daß sie nur ans Geld denkt? Daß sie den Gesang aufgegeben hat? Und damit die «Kunst», jenes Wort, das Anaïs immer mit süßer Stimme ausspricht? Daß sie nicht mehr wie früher in den Salons glänzt. Daß sie keine bewundernden Blicke mehr auf sich zieht?

Nach den Fotos aus Europa zu schließen, war Madame bezaubernd. Die Anmut ist verschwunden. Strenge Kleider. Unscheinbare Hüte. Schlichte Frisuren. Sie könnte sich die besten Schneiderinnen leisten. Aber nein. Luxus und Eleganz, die sie sich verwehrt, gönnt sie nur ihrer Tochter. Weiche Lederstiefeletten, Louis XV.-Absätze, Mäntelchen mit Pelzkragen, Hut und Jacke aus schwarzem Samt, selbst eine Hermelinstola für vierzig Dollar! Nichts ist zu gut für das Mädchen! Und wie sie für den Abschlußball der Tanzstunde herausgeputzt war, in ihrem perlenbestickten rosa Tüllkleid! Mit einer Blume am Gürtel, Seidenstrümpfen und Lackschuhen. Wie eine Prinzessin!

Ich sehe nur einen einzigen Grund, Anaïs zu einer solchen Koketterie anzustacheln: um sie so schnell wie möglich unter die Haube zu bekommen. Um dieses Kind abzuschieben, dessen Züge, dessen aufbrausendes – und manchmal widerspenstiges – Temperament Madame an jemand anderen erinnern ... für den sie Anaïs zum Sündenbock macht. Bei ihren Söhnen läßt sie immer Nachsicht walten. Doch Anaïs wird für jede Kleinigkeit gescholten. «Du Quälgeist! Tochter deines Vaters!» wirft sie ihr an den Kopf, was dem Kind aber gar nicht mißfällt. Die Liebe zwischen den beiden äußert sich in ständigen Zusammenstößen – oder in Zurückhaltung. Madame nimmt sich kaum je die Zeit, ihre Tochter ein wenig zu verwöhnen, außer wenn sie krank ist. Dann hört Madame ihr zu, nimmt sie in den Arm, wiegt sie zärtlich. Ich könnte schwören, daß Anaïs nur krank wird, um ein paar Brosamen mütterlicher Zuneigung zu ergattern.

Aber das alles ist Geschwätz, und dabei ist das Essen noch nicht fertig. Anaïs, komm aus deinem Zimmer und hilf mir! Madame hat für heute Reis à la Valencienne vorgesehen ... Was schreibst du da? Dein Tagebuch! Schon wieder! Was hast du dem nur immer Spannendes anzuvertrauen! Deine Seelenzustände! Du solltest dich lieber mit deinen Schularbeiten beschäftigen! Wenn du weiter so faul bist, bleibst du noch sitzen. So, das ist dir egal! Du lernst ohnehin nichts, was du nicht schon wüßtest! Wie kann man nur so eingebildet sein. Madame hat mir deine Diktate gezeigt. Du machst mehr Fehler als ich, und das will was heißen! Du hältst dich für gebildet? Was nützt es denn, französische Romane zu lesen, wenn man auf englisch kaum seinen Namen schreiben kann? So, du kannst Englisch nicht ausstehen! Das ist ja ganz was Neues. Hör auf mit dem Unsinn! Komm mal her. Wo hast du denn deine Brille? Du mußt sie aufsetzen! Sie macht dich häßlich? Ach wo, du Dummchen! Du bist doch wunderschön. Und das weißt du auch! Enrique Madriguera, unser Geiger im ersten Stock, sagt's dir ja schließlich oft genug. Schau, schau, wie rot sie da wird! Wasch dir die Tinte von den Fingern! Nimm den Korb da! Nicht zu fassen, immer ist sie mit dem Kopf über den Wolken. Wach auf, du kleine Träumerin! Geh Zwiebeln aus dem Keller holen. Vergiß den Korb nicht! Dieses Mädchen liest zuviel. Wenn man es übertreibt, benebelt einen das Lesen nur. Jetzt hat sie sich sogar bei der Stadtbücherei eingeschrieben. Angeblich, weil sie alles lesen will, ganz methodisch, von A bis Z! Dafür würde ein einzelnes Leben ja gar nicht ausreichen. Anaïs behauptet, ein Buch pro Tag zu lesen! Ihr ganzes Zimmer ist voll davon! Madame hat keine Zeit, einen Blick hineinzuwerfen. Anaïs verschlingt alles, was ihr in die Hände kommt! Die dicksten Wälzer! Ohne Bilder! Vor lauter Lesen wird dir noch der Kopf platzen!

«Mein Kopf ist das außerordentlichste Ding, das Gott mir auf die Schultern gesetzt hat!»

Was für eine Schlagfertigkeit! Ich war sprachlos.

3. Kapitel

Tagebuch einer Exaltierten

So hätte der Titel des *Journal d'enfance (Kindertagebuch)* lauten können, jener ersten Hefte, denen sie sich wie einem Komplizen anvertraute; in chaotischem Französisch und akribischer Schönschrift, mit so fester Hand, daß man den Druck der Feder auf den Seiten spürt.

Es ist der Auftakt einer weitgefächerten Sammlung von Gedanken, Porträts, Gedichten, Fotos und – oft spöttischen – Skizzen, mit scharfen, nervösen Strichen von quecksilberhaftem Temperament. Anaïs sieht zu viel, sie lebt alles, und sie will noch mehr.

Schreiben: Ihre Berufung offenbarte sich in einer von frühester Jugend an praktizierten Tugend, die sie unbeirrt bis zum Ende pflegte: der Exaltation.

Fiebrige Erregung. Entdeckungen. Enthusiasmus. Aufschwünge der Seele. Kribbelnde Unruhe des Körpers.

«Ach, wenn ich stark wäre!
wenn ich groß wäre!

Ich erschauere, ich zittere, ich balle die Fäuste, wenn ich erkenne, daß ich noch nicht einmal ein halbes Körnchen bin. Ich bin so klein!» *(Kindertagebuch 1914–1919)*

Aus ihrer Wesensart entwickelt sich ihr Stil. Ein hektisch skandierendes Ich, das sich aufbäumt, sich hin und her wirft, sich berauscht. Ausrufezeichen auf allen Seiten. Mit dem Schreiben das Leben einholen!

«Seit mehr als einer Woche schreibe ich nicht. Wo ich mir doch vorgenommen hatte, Stunde um Stunde, Minute um Minute meine täglichen Beschäftigungen aufzuschreiben!» *(Kindertagebuch 1914–1919)*

Melancholie, Eleganz der Pose:
Anaïs inszeniert bereits als Fünfzehnjährige ihr Bild.

Wer von ihr nur die Fotografie auf dem Umschlag ihres ersten Kindertagebuchs kennt, ein mattes, mit einem Grauschleier überzogenes Bild, oval ausgeschnitten wie die emaillierten Medaillons auf Grabsteinen, könnte sie leicht für melancholisch halten. Anaïs, die Melancholische? Aber auch die Unbekümmerte, die Leichtsinnige! Die Komödiantin, der stählerne Kolibri, der sensible Trotzkopf. In all den Spitznamen von damals läßt sich das wahre Wesen dieses Kindes erkennen, das sich die französische Kriegerin, die feurige Patriotin zum Vorbild erkoren hatte: Jeanne d'Arc.

«Ach Jeanne, wie ich dich liebe, wie ich dich bewundere! Oh, warum hast du diese Welt verlassen? Schau dir die Gefahren an, in denen Frankreichs Ruhm schwebt, rette es!»

Eine Heldin für ein Kind, das sich nach Helden sehnt. Idealbild für eine Heimatlose!

Frankreich befindet sich im Krieg, wie gerne würde sie mitkämpfen; statt dessen darf sie nur Schals für die Soldaten stricken oder patriotische Verse schmieden. Gott verspricht die wunderbare Erfüllung aller Wünsche; sie erfleht die Rückkehr des Abwesenden; sie geht in die Kirche, um dort Gehör zu finden; berauscht vom schweren Lilienduft, beschwört sie einen allmächtigen Vater, den sie für den eigenen Papa hält:

«Heute morgen bin ich zur Heiligen Kommunion gegangen, und ich trage Jesus in meinem Herzen. Meine Kommunion war nur für Papa. Ich habe immer wieder ‹Papa› wiederholt, lange, welch zärtlicher Name!» (Oktober 1914)

«Heute morgen bin ich zur Kommunion gegangen, während der Kommunion habe ich einfach geflüstert: ‹Gott, Frankreich, Papa!›» (April 1915)

Man fühlt sich erhöht, erhaben. Auserwählt!

Jeder Schriftsteller hat seine eigene Mystik. Anaïs schuf sich die ihre schon in frühen Jahren, indem sie Prosa und Poesie vermischte, Heiliges und Profanes, Traum und Wirklichkeit, Lust und Leid; indem sie aus Frankreich ein Paradies machte und aus ihrem Vater einen Gott.

Die Themen der späteren Bände klingen schon früh an.

4. Kapitel

Cousin-Cousine

Rosa zieht 1920, vor Überarbeitung immer hart am Rande der Depression, von Manhattan nach Richmond, einem ländlichen Vorort mit direkter Fährverbindung nach New York. Sie entscheidet sich für ein Haus mit roter Holzverkleidung und einem Erkerfenster, das auf den Garten hinausgeht. Eichhörnchen spielen auf dem Dach. «So weit das Auge reicht», erzählt Anaïs, «sieht man nichts als Bäume, Bäume, Bäume. Von hier aus kann ich philosophieren oder einfach sagen, was mir einfällt. Ich kann mich wie ein Dichter seitenlang auslassen. Ich kann soviel Tinte verschwenden, wie ich will. Schreiben! Schreiben, was mir durch den Kopf geht! Ich habe die Tinte im Blut.» Im *Delineator*, einer Zeitschrift für junge Mädchen, ist gerade eine Elegie von ihr erschienen. Glaubt sie ihre Zukunft nun gesichert genug, um die Schule abbrechen zu können? Aus Schwäche – oder aus Klugheit – läßt Rosa sich überzeugen! Ihre Tochter ist nicht für Disziplin geschaffen. Sie soll als Gasthörerin Literaturkurse an der Columbia-Universität besuchen. Schon durch die viele Lektüre verbessert sie ihre Bildung und entwickelt ihre Phantasie. Anaïs ist Autodidaktin; darauf wird sie ihr Leben lang stolz sein.

Zu den französischen Romanen gesellen sich nun die Werke der Moralisten – Emerson und Marc Aurel, Rousseau und Thoreau; die der romantischen Dichter – Keats, Shelley und Lamartine – und schließlich auch autobiographische Literatur. Mit der Feder in der Hand vertieft Anaïs sich in die Tagebücher von Eugénie de Guérin, Amiel und Marie Bashkistveff. Sie mißt daran den literarischen Wert ihres eigenen Tagebuchs, das sie von nun an als literarisches Werk fortzuführen gedenkt.

Sie ist siebzehn Jahre alt.

«Manchmal frage ich mich, ob du nachvollziehen kannst, wie sehr wir uns alle verändert haben. Joaquinito ist schon so groß... Thorvald ist trotz seiner fünfzehn Jahre ein Mann, so groß wie ich, eher fröhlich und neckisch. Und ich bin ein junges Mädchen. Ich mache mir schon einen Knoten, weil ich mich so ernst fühle. Als ich hier ankam, war ich anämisch, schüchtern... Jetzt bin ich nicht mehr mager, sondern schlank, noch ein bißchen schüchtern fremden Leuten und Männern gegenüber, aber sonst sehr offen.»

Dies ist also der Backfisch, den Eduardo Sanchez kennenlernt – ihr Cousin, zwei Jahre älter als sie, Sohn von einer der Schwestern Rosas, die mit einem reichen kubanischen Viehzüchter verheiratet ist. «Der erste Junge, den ich geliebt habe», wird Anaïs später sagen.

Joaquin Nin-Culmell beschreibt ihn als einen «sensiblen, verträumten, redseligen und schwachen Jungen. Anaïs war die Schwester seiner Träume, so sensibel und musisch wie er, aber stärker.»

Für diesen trägen Schönling, den man einem Roman von Maurice Sachs entstiegen meint, wird sie das Französisch aufgeben, das er nicht gut genug beherrscht, und ihr Tagebuch auf englisch weiterführen. 1930 wird sie ihn in Paris wiedertreffen und auf sein Anraten hin eine Analyse bei René Allendy beginnen.

* * *

Eduardo Sanchez erzählte jedem, der es hören wollte, daß seine Schönheit sein Verderben war; und daß er glücklicher gewesen wäre, wenn seine Mutter ihn seinen sechs Geschwistern nicht so vorgezogen hätte. Vor lauter Schmeichelei hatte man ihn wehrlos gemacht. Wer hätte seine Not erraten? Er gab sich distanziert, in Dingen des guten Geschmacks bewandert, auf subtile Weise egoistisch, mit einem ausgeprägten Hang zum Luxus und zum sorglosen Dahintreiben. Er las gern; ebensoviel gute Bücher wie schlechte. Er besaß durchaus eigene Standpunkte, die er jedoch leicht aufgab. Die jungen Mädchen bewunderten seine feingliedrigen Hände, und er achtete darauf, daß sie immer gepflegt waren.

In die Fußstapfen des Vaters treten? Niemals! Die Vorstellung, sich in Schlachthöfen aufzuhalten, widerte ihn an. So überaus zartfühlend, wie er war, fühlte er sich nur zu Menschen hingezogen, die wie er alles schätzten, was glänzte; bisher waren es immer junge Männer gewesen.

Anaïs hatte ihn überwältigt.

Nie würde er den Sommer 1919 vergessen. Seine Tante Rosa, die in Richmond Hill, Audley & Curzon Place Nr. 620 gerade ein kiefernumstandenes Haus mit Veranda gekauft hatte, lud ihn über die Ferien dorthin ein. Er langweilte sich in Kuba; er hatte seine Cousine noch nie getroffen; er nahm die Einladung an.

Anaïs kannte er nur von einem Foto, das auf der Terrasse aufgenommen war und sie lesend in einer Hängematte zeigte. So ernsthaft! Beinahe abweisend. Am Bahnhof von Kew Gardens hatte er das bezaubernde Mädchen, das auf ihn zukam, kaum wiedererkannt. Riesengroße Augen. Schwarze Wimpern. Volle Lippen. Vor allem der sensible Mund faszinierte ihn, so tiefrot wie nach einem Kuß, da Anaïs die Angewohnheit hatte, sich auf die Lippen zu beißen, um die Farbe zu verstärken.

In seiner Verwirrung rief er ihr in schlechtem Französisch zu: «*Bonjour cuisine!*» Sie hatte Tränen gelacht. Innerhalb weniger Tage war sie zu seiner Komplizin geworden. Sie lasen dieselben Bücher. Sie gingen zusammen ins Konzert. Sie wetteiferten in ihren Zukunftsplänen. Er würde Schauspieler werden, sie Schriftstellerin. Da gab es für Anaïs gar keine Zweifel. Ihre Zielstrebigkeit verblüffte ihn, der selbst so willensschwach war. Wer hatte sie in ihr geweckt?

«Mein Vater. Indem er uns verließ, hat er mich dazu herausgefordert, ihn zurückzugewinnen. Und ich habe keine andere Waffe als das Schreiben. Ohne Worte bin ich nichts. Ein ganz gewöhnliches junges Mädchen.»

«Aber deine Schönheit!»

Das war ihm spontan herausgerutscht. Anaïs zuckte die Achseln.

«Alle Frauen um ihn herum sind schön. Er verachtet sie.»

«Aber bei dir ist es doch etwas anderes. Seine eigene Tochter!»

«Glaubst du? Ich habe eher das Gefühl, sein Double zu sein. Eine weibliche Inkarnation seiner Fehler. Ich verachte genauso wie er schlichte Gemüter und habe denselben Egoismus. Wie er kann ich Dummheit ebensowenig ertragen wie schlechte Gerüche. Wie er ziehe ich gern die Blicke auf mich. Ich will immer die Erste sein. Die einzige . . . Wie könnte ich einen Vater in ihm sehen? Ich erinnere nicht mal mehr den Klang seiner Stimme. Die Fotos, die er mir schickt, stammen aus seinen Konzertprogrammen. Es gibt keinerlei Vertraulichkeit zwischen uns. Seine Briefe klingen affektiert; ich fühle, daß er sie sich abringt, während ich am liebsten den ganzen Tag damit zubringen würde, ihm zu schreiben. Ihm mein Leben zu erzählen und ihm zu zeigen . . .»

«Was denn?»

«Daß ich eine Künstlerin bin. Ich habe eine Berufung: die Literatur. Eine Besessenheit: mich auszudrücken, mich verständlich zu machen, angehört und geliebt zu werden . . . Warum glaubst du wohl, daß ich ein Tagebuch führe?»

«Um dich zu erinnern.»

Anaïs hatte für diese Banalität nur spöttisches Gelächter übrig.

«Ich habe es als Brief an meinen Vater begonnen, und jetzt möchte ich daraus einen Brief an alle Welt machen. Es soll von einem Land zum anderen weitergereicht werden, von Hand zu Hand, und jede Seele mit der gleichen Intensität anrühren, mit der ich die meine darin ausliefere.»

Sie hatte ihn in ihr Zimmer mitgenommen, um ihm ihr Tagebuch zu zeigen. Man hatte ihr das größte Zimmer des Hauses überlassen. Pastellfarbene Wände, Nippes auf dem Kaminsims, ein Käfig mit einem Kanarienvogel. Es unterschied sich in nichts von dem Zufluchtsort irgendeines anderen jungen Mädchens, bis auf die Schriftstellerporträts an den hellblauen Wänden. Eduardo erkannte

George Sand, Alexandre Dumas, Musset. Vor dem Fenster stand ein Frisiertisch mit einem dreiteiligem Spiegel. Doch statt der üblichen Kämme, Bürsten und Toilettenartikel waren darauf Bücher, Tinte und Federhalter ausgebreitet.

Anaïs schreibt vor dem Spiegel.

Aus Koketterie? Nein! Aus Unsicherheit. Ich bewundere mich nicht, betont sie. Ich will mich nur versichern, daß ich wirklich existiere, daß die heftigen Gefühle, die ich diesen Seiten anvertraue, einen Körper erbeben lassen, ein Gesicht erhellen, Haut zum Erröten bringen. Die meine. Man verliert sich im Schreiben. Man löst sich auf.

Aber welchen der drei Spiegelteile nimmt sie denn als Zeugen? fragt sich Eduardo. Der mittlere zeigt eine furchtsame Madonna. Der linke Flügel hebt die leichte Unregelmäßigkeit des Nasenrükkens hervor, die Strenge des Profils. Im rechten tritt das Kind hinter die Frau zurück, die sich ihrer Reize wohl bewußt ist; kleine, spitze Zähne, bereit zum Zubeißen.

Anaïs lächelt. Sie sagt Eduardo, er sei der einzige, der sie ernst nimmt. Als sie sich an der Columbia-Universität als Gasthörerin in den Fächern Literatur, Philosophie und Psychologie einschreiben wollte, hat man sie für zu jung befunden und abgewiesen. Ein Kind noch? Nur dem Anschein nach! Sie hat sich geschworen, es noch mal zu versuchen, ausgerüstet mit Lippenstift, Seidenkleid, hochhackigen Schuhen und breitkrempigem Spitzenhut!

Ihr Tagebuch ließ die gleiche Widersprüchlichkeit erkennen. Eduardo wußte nicht, was er davon halten sollte: Backfischgeplapper, das unvermittelt in Maximen endete. Tiefste Einsichten neben Belanglosigkeiten. Von einer Zeile zur nächsten schwang die Stimmung von bitterstem Schmerz zu jauchzendem Übermut um, von Chaplin zu Bossuet, von gravitätischen Satzgefügen, ausgewogen wie Alexandriner, zu flüchtig hingetupften Bildern, im schnellen Rhythmus der Wahrnehmung festgehalten. Eduardo hatte noch nie etwas so Freies gelesen.

Sie ließ sich durch keinerlei Vorbild einengen. Die großen Schriftsteller an ihren Wänden schüchterten sie nicht ein. Sie hörte nur auf ihre eigene Stimme. Und mit welcher Hellhörigkeit! Aber sie verstand sich auch darauf, die anderen zu beobachten. In sie einzutauchen: «Sein Gesicht ist sehr hübsch und gezeichnet von gewissen vertrauten Zügen, die all seine Gedanken widerspiegeln – ein sehr blasses Gesicht für einen Jungen. Er hat blondes Haar und Augen, die man schwer beschreiben kann... Was sie ausdrücken, gefällt mir: Träume, Freundlichkeit, Entschlossenheit, Ehrgeiz, jungenhafte Wünsche... auch tausend andere Dinge liegen in diesen Augen, doch ich kann sie nicht benennen, weil Augen sich mit den Gedanken und Gefühlen verändern. Sie können nachsinnen, blitzen, verwunden...»

Beim Lesen seines Porträts wurde es Eduardo doch etwas unbehaglich zumute; Anaïs hatte ihn durchschaut.

So erfand er schnell eine Romanze mit einer Debütantin aus Havanna. Und das, obwohl er zum ersten Mal nicht in ein Spiegelbild seiner selbst verliebt war, sondern in ein junges Mädchen, fast schon eine Frau. Er trat den Rückzug an. Seinen Eltern war das nur recht. Für Barnabé Sanchez, seinen Vater, war Anaïs nichts weiter als eine Zierpuppe mit genügend Geist, um einen Mann ins Unglück zu stürzen. Unter ihrem Einfluß wäre sein Sohn nur noch schwieriger geworden.

Auch Rosa war erleichtert. Die Zuneigung, die ihre Tochter dem dekadenten Vetter entgegenbrachte, hatte sie von Anfang an irritiert. Das war nicht der richtige Mann für sie. Hugo Guiler dagegen... Erstklassige Familie. Hervorragende Ausbildung. Diesem großen, dunkelhaarigen Jungen mit dem Pfadfinderlächeln stand ihre Tür weit offen.

Schönheit

In einem Alter, in dem andere kleine Mädchen mit Puppen spielen, pflegte Anaïs bereits die Kunst der Verführung: «Mein Vater fotografierte mich ständig. Seine ganze Bewunderung drückte sich nur mittels seines Fotoapparats aus.» Schön wie ein Bild sollte sie sein.

«Entzückend... ganz entzückend, sagte er. Es waren die einzigen Augenblicke, die wir zusammen verbrachten.» Gefallen, das heißt im Namen des Vaters existieren.

Als er fortgeht, gibt sie ihrer Unvollkommenheit die Schuld.

Von nun an wird sie niemals schön genug sein können.

Vollkommen genug, wie eine Ikone.

Mit dreißig läßt sie sich den Nasenrücken begradigen.

«Always treating the flesh as a mask.» (Haus des Inzests)

Ihre Maske zeichnet sich ab: die Augenbrauen zu einer feinen Linie ausgedünnt, die Lidränder mit Khôlstrichen betont, der Mund mit tiefrotem Lippenstift versiegelt.

Mit sechsunddreißig läßt sie die Lücke zwischen den oberen Schneidezähnen ausfüllen.

Mit vierzig leistet sie sich jede Woche einen Termin bei Elizabeth Arden. Sie sieht aus wie dreißig. Selbst ihr Arzt läßt sich davon täuschen.

Mit dreiundfünfzig schreibt sie: «Wir verzeihen es einer Frau nicht, daß sie altert... Eine alternde Frau ist wie verknitterter Satin.» (Tagebücher 1955–1966)

Sie läßt sich zum ersten Mal liften: Der orientalische Zauber ihres Namens spiegelt sich nun in ihrem Gesicht wider, das glatt und hell gepudert ist wie eine Nô-Maske.

Das zweite Lifting strafft die Haut über den Wangenknochen und erhöht die Wölbung der Stirn über den Haaransatz hinaus, so daß sich den Blitzlichtern der Fotografen eine Fläche bietet, die den jugendlichen Schmelz altersloser Idole bewahrt.

5. Kapitel
Hugo

Anaïs, die gegen Ende ihres Lebens so nachdrücklich für die Verbindung ohne Trauschein eintreten wird, denkt schon vor ihrem achtzehnten Lebensjahr daran zu heiraten. «Wenn ich mich schwach und mutlos fühle, möchte ich meinen Kopf an die Schulter eines Ehemannes lehnen.» Eines Ehemanns von Format, wohlgemerkt.

«Ein Genie! Ich möchte ein Genie heiraten!» bekräftigt sie in einem Tonfall, der an Lou Andreas-Salomé erinnert, welche sie später in ihren persönlichen Pantheon aufnehmen wird. Wie jene Muse von Nietzsche, Rilke und Freud sehnt Anaïs sich danach, von einem Mann angespornt zu werden, der ihren «Hunger nach Büchern und Begegnungen» zu stillen vermöchte, ihr «unermeßliches Bedürfnis zu wissen, zu verstehen».

Das vaterlose Mädchen sucht sich einen Gebieter.

Und einen Befreier. Rosas Bitterkeit einer gestrandeten Frau, ihre Ängste ob der mehr oder weniger gutgehenden Geschäfte, ihre aufbrausende Art und ihre starke Persönlichkeit machen es ihrer Tochter nicht gerade leicht, mit ihr auszukommen. Sie verlangt viel von ihrer Ältesten: Liebe, Gehorsam, vor allem aber moralischen Halt. Anaïs erstickt unter dieser Last.

Am 12. März 1921, kurz nach ihrem achtzehnten Geburtstag, lernt sie Hugo Guiler auf einem Ball im Hause seiner Eltern kennen. Sein Vater, Hugh Cheyne Guiler, ein Ire aus Boston, hat sich vor kurzem in Forest Hills niedergelassen, nachdem er in Puerto Rico jahrelang als Verwalter von Zuckerrohrplantagen tätig war. Dort verbrachte Hugo seine ersten sieben Lebensjahre, bevor er nach Edinburgh aufs Internat geschickt wurde. Da er seine Schulzeit in Schottland verbracht hat, scheint er fast schon ein Europäer zu sein.

Was auf sie natürlich sehr anziehend wirkt, hat sie sich doch nie mit ihrem Exil abfinden können . . .

* * *

Wenn seine Mutter die Finger in ihre Bluse verkrampfte, war dies ein untrügliches Zeichen, daß sie gleich in Tränen ausbrechen würde. Hugo war auf der Stelle entwaffnet. Er legte seinen Mantel wieder hin und erklärte sich seufzend bereit, zu Hause zu bleiben und mit der Familie zu Abend zu essen. Er würde dann eben sein Kolleg überarbeiten. Das sei ohnehin vernünftiger.

«Warum lächelst du?»

«Ich lächele doch gar nicht.»

Mrs. Guiler fingerte erneut an der Bluse. Sie war eine hochgewachsene Frau mit ängstlichen Augen, die früher, als sie in Puerto Rico scheinbar noch Ansehen genoß, eine angenehme Ausstrahlung gehabt hatte.

«Doch, du hast eben gelächelt . . . Hugo. Ich flehe dich an, antworte mir ohne Umschweife . . . Was findest du nur an ihr?»

Fast hätte er wieder nach seinem Mantel gegriffen und die Tür hinter sich zugeschlagen. Immer die gleiche Litanei. Immer die gleiche Drohung, wegen eines Namens in Tränen auszubrechen: Anaïs. Es war doch nicht seine Schuld, daß er sie liebte! Ein Philosoph hatte einmal gesagt, das Herz habe seine Beweggründe, die dem Verstand verborgen blieben. Doch mit solchen Erklärungen wußte diese Protestantin nichts anzufangen.

«Glaub mir, Hugo, das ist nicht die richtige Frau für dich.»

«Ich hatte nie die Absicht, sie zu heiraten.»

Sie sah ihn mit der vorwurfsvollen Miene eines kleinen Mädchens an.

«Guettie! Warum lügst du deine Mami an!»

Wann würde sie endlich aufhören, ihn so zu nennen? Mit dreiundzwanzig ist man doch kein Kind mehr! Wie gut haben es doch die Söhne, die kein Mitgefühl kennen! Sie brauchen ihren

Haß wenigstens nicht zu unterdrücken. Er hatte tausend Gründe, diese Frau zu hassen, die ihn ansah wie ein Hirte sein Schäfchen.

Sie hatte seine ganze Kindheit ruiniert.

Wenn er sich an die glücklichen Zeiten erinnerte, als er halbnackt unter den Kindern von Sklaven aufgewachsen war, wurde er fast melancholisch. Puerto Rico. Für ihn war es die schönste der Antilleninseln. Dort, wo die Hügelkuppen in die Wolken übergehen, wo immer ein sanfter Wind geht ... wo er sich im Karneval an der Hand seines Vaters unter die ausgelassenen Eingeborenen mischte. «*No tengo miedo ... pero dame tu mano* ... Ich fürchte mich nicht, aber gib mir deine Hand ...»

Sie hatte seine Kindheit ruiniert, hatte ihn der Obhut seiner fröhlichen, nachsichtigen Kindermädchen entrissen, um ihn zusammen mit seinem Bruder in ein schottisches Internat zu stecken; ein schauerliches Gefängnis, wo man ihn mit Linealschlägen das Fürchten lehrte, ihm die Angst vor der Sünde einbleute. Statt ihn zu erziehen, hatte man ihn nur verschreckt.

Sechzehn Jahre später saß ihm die Angst noch immer in den Knochen; wie er inzwischen begriffen hatte, war es die Angst, nie wieder glücklich zu sein.

«Glaub mir, Guettie, sie wird dich nur unglücklich machen. Eine Mutter irrt sich nie in solchen Dingen.»

1912 war er, nach allen Regeln der Kunst geschliffen und zurechtgestutzt, zu seinen Eltern nach Forest Hills bei New York zurückgekehrt. Das Leben im Kreis der Familie erschien ihm sehr behaglich. Willenlos ließ er sich die Zuwendungen einer Mutter gefallen, die versuchte, ihren Sohn zurückzugewinnen, und eines Vaters, der seine enttäuschten Ambitionen in ihm zu verwirklichen trachtete. Er sollte als Geschäftsmann oder Bankier Karriere machen. Durch den Krieg in Europa hatte das Land einen beträchtlichen Aufschwung genommen. Man konnte es jetzt schnell zu Reichtum bringen! 1916 schrieb er sich an der Columbia-Universität für Volkswirtschaft ein.

«Hast du nicht gesehen, daß ein Knopf an deinem Mantel fehlt? Guettie, ich rede mit dir!»

Er hatte tausend Gründe, sie zu hassen. Er konnte sich nicht dazu durchringen, ihr gegenüber etwas anderes als Gereiztheit zu empfinden. Und mit den anderen ging es ihm ebenso. Seine Gefühle kamen ihm schal und matt vor, als ob in seinen Adern statt Blut nur Wasser flösse.

Das Bewußtsein seiner Schwäche zermürbte ihn, seit er John Erskine kannte, einen erfolgreichen Romancier, der in Columbia Dozent für Literatur war und die Studenten beiderlei Geschlechts durch seinen Charme, seine Eleganz und seine Autorität beeindruckte. Hugo war von Anfang an von ihm fasziniert. Nach der ersten Stunde hatte er gewartet, bis der Saal sich leerte, um sich ans Pult vorzuwagen. Es war ihm gelungen, den Meister für sich zu einzunehmen. Sie trafen sich wieder. Erskine fand Gefallen daran, für den eifrigen Schüler, der zwischen einem Wirtschaftskolleg und einem Tennismatch noch die Zeit fand, Gedichte zu schreiben, die Rolle des Mentors zu übernehmen. Hugo glaubte, daß Erskine ihn vor der Engstirnigkeit bewahrt hatte, die seine Familie ihm aufzwingen wollte. Ohne Erskine wäre er nichts als ein gewöhnlicher «Eierkopf» geworden. Er brachte ihm schrankenlose Bewunderung entgegen. Seine Zigarren, seine Hüte, seine Gamaschen? Einfach großartig! Seine Romane? Wahre Meisterwerke! Makelloser Stil. Helden wie aus Marmor gemeißelt. Und ihr Schöpfer ähnelte ihnen. Erskine kannte keine Zweifel. Soviel Selbstsicherheit verblüffte Hugo ungemein.

Wenn er in den Spiegel schaute, fragte er sich, wie ein so kräftiger, muskulöser Körper eine so verletzliche Seele beherbergen konnte. Wie lange würde er seiner Umgebung noch das Idealbild eines Tatmenschen vorgaukeln? Für die anderen verkörperte er genau den Typus, den Amerika brauchte: breitschultrig, hochbegabt, ambitioniert. Ein Tennischampion mit hervorragendem Hochschulabschluß, der gerade bei der National City Bank eingestellt worden war, um in einer der europäischen Filialen eine leitende Stellung zu übernehmen. Man traute ihm zu, sein Land in Übersee zu vertreten. Seine Schwestern nannten ihn scherzhaft «den idealen Schwiegersohn». Was ihn sehr erboste, da er nicht die geringste Lust hatte zu heiraten. Bis er Anaïs traf.

Er kannte sie erst flüchtig, als sie zu dem Ball kam, den seine Eltern zu seinem Examen gaben. Alle jungen Damen der Nachbarschaft waren erschienen, in der Hoffnung, dem gefeierten Sproß der Familie zu gefallen.

Sie war in Begleitung ihrer Mutter gekommen. Mit Verblüffung bemerkte er den Kontrast zwischen dieser mandeläugigen Schönheit, an der alles vollkommen war, von der perfekten Frisur bis zu den kleinen Füßen in eleganten, zum rosa Tüllkleid passenden Seidenschuhen, und der Matrone neben ihr. Obschon erst um die vierzig, betonte Mrs. Nin ihr Alter durch ein schlichtes, dunkles Kleid, das sie schlanker wirken lassen sollte. Man konnte sich kaum vorstellen, daß sie in Paris das Leben eines berühmten Künstlers geteilt, daß sie Schmuck und Pelze besessen hatte, denn inzwischen schien sie auf alles verzichtet zu haben, was sie einst begehrenswert gemacht hatte.

Ganz offensichtlich betete sie ihre Tochter an. Sobald Anaïs sich von ihrer Seite entfernte, erstarrte ihre Miene in einem schmerzlichen Ausdruck; plötzlich sah sie zehn Jahre älter aus ... Man mußte schon sehr böswillig sein, um den Klatschgeschichten Glauben zu schenken, die über sie verbreitet wurden: Man munkelte, daß sie geschieden sei – und Feministin. Daß sie Anaïs in allem ihren Willen ließe. Von ihrer Tochter hieß es, sie habe aus purem Mutwillen die Schule abgebrochen; sie halte sich für eine Philosophin – was Hugo allerdings nicht mißfiel; sie ernähre sich von rohen Äpfeln; man habe sie sogar schon allein in einem Café an der Pennsylvania Station gesehen! Ganz fraglos sei es höchste Zeit, daß dieser aufsässige Geist von einem Ehemann gebändigt werde! Ihr Gatte! Ja, das würde er sein! Noch ehe er sie zum ersten Mal auf die Tanzfläche führte, hatte er sich schon vom Schicksal für sie bestimmt gefühlt.

Er forderte sie auf, mit ihm den Ball zu eröffnen. Errötend wandte sie sich zu ihrer Mutter um. Mrs. Nin lächelte dem jungen Mann zu: «Ich vertraue Ihnen meine Tochter an. Geben Sie acht, sie ist ein Original.» Und redselig dazu! Er hatte geglaubt, ihr beim One-step den Kopf zu verdrehen, doch nun war sie es, die ihn mit ihrem Geplauder bezauberte. Bei jeder anderen hätte es ihn irritiert, doch bei ihr verlor er den Boden unter den Füßen ... Sie besaß Geist und wußte ihn zu gebrauchen. Welches andere junge Mädchen hätte sich beim Walzer über Emerson ausgelassen? «Allein schon das Äußere des Buches – ein kleines Buch mit weichem Ledereinband – erweckt in mir einen Hauch von Stolz und Befriedigung», erklärte sie, während er ihre zierliche Taille bewunderte. «Ich habe den Essay über die Freundschaft gelesen, der, obwohl karg und streng, hervorragend ist, und den über die Liebe, der großartig und erhaben ist, wie es sich für das Thema schickt. Daß ich ihn lese und bewundere, heißt jedoch nicht, daß ich Emersons Philosophie zu meiner eigenen mache. Mehrere Male stimmte ich absolut nicht mit ihm überein. Geht es Ihnen nicht auch so?»

Was hatte er ihr geantwortet? Sicherlich irgend etwas Belangloses. Nie hatte der «Überflieger» aus Columbia sich so ungebildet gefühlt wie gegenüber dieser Autodidaktin. In der Stadtbibliothek hatte sie sich die Bücher in alphabetischer Reihenfolge ausgesucht. «Sie glauben mir nicht!» Er beeilte sich, das Gegenteil zu beteuern. «Dann beweisen Sie es mir!» Sie hatte ihn fester umfaßt und ihn mit herausfordernd blitzenden Augen angesehen.

Hugo beschloß, seine Verliebtheit auf die Probe zu stellen. Zwei Monate lang enthielt er sich jeglicher Annäherung. Er sah sie nur hin und wieder, wenn sie ihre Brüder zur Tennisstunde begleitete oder wenn ihr Vetter Eduardo neben ihr einherstolzierte. Wie konnte sie sich nur mit so einem eitlen Stutzer abgeben, der alle Welt mit seinen goldenen Manschettenknöpfen zu beeindrucken glaubte! Sie schien recht empfänglich für Äußerlichkeiten zu sein, für alles Luxuriöse. Sie war zugleich die rührendste und frivolste aller jungen Damen in seinem Umkreis.

«Anaïs ist nicht wie die anderen.»

«Genau das werfe ich ihr auch vor! Ich habe mir sagen lassen, daß sie schreibt.»

«Stimmt.»

«Großer Gott, was kann sie denn nur zu erzählen haben!»

«Ihre Gefühle.»

Mrs. Guiler zuckte die mageren Schultern. Die Gefühle der anderen waren ihr schon immer gleichgültig gewesen.

Anaïs hatte ihm ihr Tagebuch noch nicht gezeigt. «Es enthält das Beste von mir. Es ist das Schatzkästchen einer Frau, die niemals altern wird; es hortet all die Dinge, die niemals wiederkehren werden, und bewahrt sie in sich auf.» Welche Erinnerung mag sie wohl von jenem Junitag bewahren, als ich mit einem Buch von John Erskine in der Hand an ihre Tür klopfte? fragte sich Hugo. Wir hatten uns auf der Veranda unterhalten und waren in den Feldern hinter dem Haus spazierengegangen. Dann kam das Freiluftkonzert in Columbia; unsere erste Verabredung. Dann das Dinner im Hotel Bossert, wo wir auf der Terrasse tanzten; der Himmel über Brooklyn war so schwarz, daß man die Sterne auf der Erde suchte.

Seine Mutter schreckte ihn aus seinen Träumereien auf. Sie wollte seinen Mantel haben, um einen fehlenden Knopf anzunähen.

«Weißt du auch, daß sie die Schule abgebrochen hat?» fragte sie, über ihren Nähkasten gebeugt. «Angeblich beabsichtigt sie, sich Arbeit zu suchen.»

«Mrs. Nin hat Mühe, die Familie über Wasser zu halten. Es ist nur recht und billig, daß Anaïs ihr dabei hilft.»

«Indem sie Malern Modell steht!»

«Das ist mir bekannt. Sie geht jede Woche in den Women's Art Club.»

Strahlend hatte Anaïs ihm die Neuigkeit verkündet: «Stell dir vor, was ich für ein Glück habe, das grenzt schon fast an Zauberei! Ich bin just in dem Moment gekommen, wo der spanische Typ gefragt ist! Die Maler finden, daß ich persisch oder byzantinisch wirke!» Sie hatte ihm vorgeschlagen, sie zu begleiten, doch er ließ sie lieber allein gehen. Er wußte, wieviel Wert sie auf ihre Unabhängigkeit legte.

«Nein, damit ist es vorbei», entgegnete Mrs. Guiler. «Neuerdings geht sie in die Ateliers am Washington Square. Hat Anaïs dir auch schon gestanden, daß sie in leichter Bekleidung für Zeitungsillustratoren posiert?»

Hugo schwieg betroffen. Seine Mutter widmete sich wieder ihrer Näharbeit; sie hatte ihr Ziel erreicht. Anaïs einen Vorwurf zu machen, nein, dazu war er nicht imstande. Er beneidete sie. Sie erinnerte ihn an den kleinen Jungen, der am Strand von Puerto Rico Krabben gefangen und mit seinem Bruder um die tollkühnsten Einfälle gewetteifert hatte. Er sah sich wieder wie damals, nackt in der schwülen Hitze der Spätnachmittage. Die Erinnerung an diese gestohlenen Glücksmomente, zu der Stunde, da die Neger nach der Arbeit heimgingen, erfüllte ihn mit plötzlicher Scham... Man hatte ihm die Furcht eingebleut... Er war die Schwäche selbst. Anaïs dagegen: das Begehren... In ihrem schwarzen Samtkleid... Und er hatte sie begehrt. Aber nicht angerührt. Die Gesten, die er sich nicht erlaubte – hätten andere an seiner Stelle sie gewagt?

In seiner Verwirrung wandte Hugo sich impulsiv seiner Mutter zu; Mrs. Guiler summte leise vor sich hin.

6. Kapitel

Modell

Ich stehe Malern Modell, die ihre Ateliers am Washington Square haben, und auch anderen, die sich weitab von der Innenstadt isolieren... Ich sehe mein Gesicht auf den Titelseiten der Zeitschriften, an den Kiosken. In einer Ausstellung hingen zwei Porträts von mir, und eins davon wurde sogar prämiert.» (*Journal d'une fiancée.* Februar 1922)

Anaïs hat die Gewißheit: Sie ist schön. Jetzt sind es nicht mehr nur halbwüchsige Jungen, die es ihr bestätigen, sondern Künstler. Noch ein Punkt, den sie gegen ihren Vater verbuchen kann. Und auch Rosa gegenüber behauptet sie sich, indem sie ihren eigenen Lebensunterhalt bestreitet. Sie ist fast schon frei!

«Es war die Zeit meiner ersten Konfrontation mit der Außenwelt. Es war die Zeit, da ich entdeckt hatte, daß ich nicht mehr häßlich war, eine Entdeckung von großer Tragweite für eine Frau», schreibt sie vierzig Jahre später in ihren *Tagebüchern*. Seltsamerweise gibt sie jedoch vor, keinerlei konkrete Erinnerungen damit zu verbinden: «Die Stunden, in denen ich Künstlern Modell stand, waren irreal, verschwommen. Ich weiß noch, daß ich weinte, litt, aufbegehrte, gedemütigt wurde, aber auch stolz war... Und doch war es so, als sei das alles jemand anderem passiert.»

Segensreiche Amnesie einer Autorin, die in ihre Autobiographie vertieft ist! «Das Interesse, das ich für diese Episoden empfand, war das eines Schriftstellers, der einen guten Stoff erkennt.»

1941 verfaßte Anaïs im Auftrag eines privaten Sammlers einige erotische Kurzgeschichten, die erst nach ihrem Tod veröffentlicht werden sollten. Eine der Geschichten aus dem Band *Delta of Venus* spielt in einem Atelier am Washington Square. *Künstler und Modelle* beginnt folgendermaßen: «Vormittags erhielt ich einen Anruf. Ich sollte mich in einem Atelier in Greenwich Village vorstellen, wo ein Bildhauer eine kleine Statuette angefangen hatte...» Es ist eine der wenigen Erzählungen in Ich-Form. Anaïs gaukelt dem Leser etwas vor. Aber worauf greift sie dabei zurück? Auf ihre geheimen Phantasien? Oder ihre Erinnerungen? Ich habe mich für die zweite Hypothese entschieden.

* * *

Ein Dollar die Stunde... Heute werde ich vier Dollar verdienen. Vier Stunden Modellstehen! Eine Ewigkeit! Im Women's Club schliefen mir schon nach zwanzig Minuten die Beine ein. Ich werde mich weder bewegen noch lächeln dürfen. Mein Vater behauptete immer, meine Zähne seien nicht schön genug, um sie zu zeigen. Das war nach meiner Typhuserkrankung; damals hat er aufgehört, mich zu fotografieren. Als ich ihm Modell stand, war ich drei Jahre alt... Im Badezimmer, nur wir beide, hinter verschlossener Tür.

Mein Vater war kurzsichtig. Hinter den doppelten Gläsern der Fotolinse und der Brille blieben mir seine Augen verborgen. Ich konnte nicht sehen, wie er mich anschaute. Ich war erstarrt vor Befangenheit.

Er ließ mich verschiedene Posen einnehmen. Nackt in der Badewanne. Klick. Klick. Ich hatte eine Gänsehaut. Ich wagte nicht, nach einem Handtuch zu greifen, aus Angst, er würde dann aufhören, mich zu fotografieren. Es waren die einzigen Momente, in denen ich sicher sein konnte, daß ich für ihn existierte... Schließlich rief er dann das Zimmermädchen, damit es mich wieder anzog. Er verweigerte jegliche väterliche Geste. Nicht dem Vater sollte ich gefallen, sondern dem Mann.

Gefallen! Und zwar allen! Verführen! Aus Koketterie? Nein. Aus innerster Notwendigkeit. Gefallen zu erwecken, beweist mir, daß ich existiere. Im Women's Art Club behaupten sie, ich sei hinreißend. Die Frauen sind Heuchlerinnen.

Modellstehen: Eine Freundin von Rosa hatte Anaïs darauf gebracht. Nach anfänglichem Widerstand ließ ihre Mutter sich schließlich erweichen. Ihre Geschäfte gingen nicht allzugut; so kam es ihr recht gelegen, daß ihre Tochter ein paar Dollar dazuverdiente. Im Women's Art Club malen die Damen, wie andere stricken: um sich die Zeit zu vertreiben.

Bald langweilt Anaïs sich dort. Sie möchte mit richtigen Künstlern zu tun haben. Also beschließt sie, an einem Modellwettbewerb teilzunehmen. Man kämmt ihr die Haare straff aus der Stirn, bildet einen Nackenknoten und setzt ihr einen Strohhut mit Blumen auf. Man zieht ihr ein Kleid mit Reifrock an, in dem sie wirkt wie einem Bild von Greuze entstiegen. Sie gewinnt den ersten Preis und unterzeichnet einen Arbeitsvertrag mit einer Agentur.

Ihr erster Termin am Washington Square, zwischen den zwielichtigen Bars und den Tanzcafés. Sich ganz allein nach Greenwich Village vorzuwagen! Hier beginnt erst das wirkliche Leben! Und sie verdient ihr eigenes Geld! Ein Dollar die Stunde. Sie trägt ein schwarzes Samtkleid. Die Ateliers sind nur selten gut geheizt. Je näher sie ihrem Ziel kommt, desto heißer glühen ihre Wangen. Sie setzt sich über ein Verbot hinweg. Sie hat das Gefühl, endlich ihrem innersten Wesen gemäß zu handeln; heimlich, im verborgenen. Wie der Maler wohl aussehen mag, der sie gleich empfangen wird? Hat man ihm bei der Agentur auch zu verstehen gegeben, daß sie nicht nackt posieren will? Mehrmals ist sie versucht, wieder umzukehren.

Sie muß sich auf die Zehenspitzen stellen, um an das Türfenster zu klopfen. Sie kommt sich vor wie in der Höhle des Löwen. Und der Mann, der ihr öffnet, ähnelt mit Künstlermähne und struppigem Bart tatsächlich einem Löwen, der auf einer qualmenden Zigarettenkippe herumkaut. Während er sie prüfend mustert, beginnt sie, ihren Entschluß ernstlich zu bereuen. Er will wissen, wie groß sie ist.

«Ein Meter fünfundfünfzig.»

«Ich bin doch kein Miniaturenmaler!»

Die Stimme ist von Tabak und Alkohol rauh. Es ist noch nicht zu spät, vielleicht kann sie doch noch den Rückzug antreten. Aber hat sie nicht in ihrem Tagebuch geschrieben: «Ich wähle immer die größte Gefahr, weil sie am meisten Unvorhergesehenes enthält»?

Sie tritt ein. Mitten im Raum steht ein ungemachtes Bett. Auf den schmuddeligen Laken sind verschiedene Frauenkleider verstreut. Der Maler zieht ein andalusisches Kostüm hervor und deutet auf die dunkelste Ecke des Ateliers.

Ein Vorhang mit Fransenborte verbirgt ein Waschbecken und eine Kochplatte auf einem verschmierten Küchentisch. Wo soll sie ihren Hut und ihre Tasche ablegen? Auf dem Hocker dort, den sie vorsichtshalber erst abstaubt. Während sie sich umzieht, kramt der Maler zwischen Pinseln und Farbtöpfen. Das prosaische Geklapper wirkt beruhigend. «Wie alt bist du?» ruft er ihr über die Schulter zu.

«Neunzehn!» gibt sie zurück. Das Kleid ist ihr zu weit. Die geringste Bewegung würde ihre Brust entblößen. Noch hat kein Mann ihre Brüste erblickt. Nicht einmal Hugo. Was würde er wohl sagen, wenn er sie hier sähe? Er hatte es ja schon kaum toleriert, daß sie vor Frauen Modell stand. «Man kann nie wissen.» «Nie *was* wissen?» Er hatte geschwiegen. Sie haßt es, wenn man ihr die Antwort schuldig bleibt!

Sie hat ein paar Nadeln in ihrer Tasche gefunden, mit denen sie sich das Kleid zurechtsteckt. Jetzt ist sie bereit. Der Maler gibt einen bewundernden Pfiff von sich. Noch nie hat jemand sie so durchdringend gemustert – außer ihrem Vater. Ihr Magen krampft sich zusammen.

«Zieh Schuhe und Strümpfe aus. Ich will für die *Saturday Evening Post* einen Artikel illustrieren, in dem es um ein Verbrechen geht. Du stellst das Opfer dar . . .»

Nichts leichter als das. Sie versteht sich hervorragend darauf, das Gesicht wie eine Märtyrerin zu verzerren. Sie kann auf Kommando weinen. Zu Hause nennt man sie Sarah Bernhardt.

«Oh, was für niedliche Füßchen, mit so beweglichen Zehen, wie die Finger einer Hand! Du hast doch bestimmt schon einen Freund? So hübsch, wie du bist!»

Ja: ihr Tagebuch. Ständig fühlt sie sich zu ihm hingezogen, allein schon um des Vergnügens willen, mit den Fingern über seinen abgenutzten Einband zu streichen. Zwischen den Heftseiten und ihrer Hand vibriert eine Spannung, die sie magnetisch an ihrem Tisch festhält. Sie vertieft sich so sehr ins Schreiben, daß ihr fast der Sinn der Worte dabei abhanden kommt. Sie nimmt nichts anderes mehr wahr als das stetige Knirschen der Feder auf dem Papier. Man könnte sie töten; sie würde es nicht einmal merken.

Die Männer hören einem kaum zu. Sie wollen einen ganz für sich. Auf dem Ball im Hause seiner Eltern hatte Hugo sie gezwungen, sich seinen Tanzschritten anzupassen, obwohl er gar nicht im Takt war. Als sie versuchte, ihn zu führen, hatte er sich dagegen gesperrt.

Ich sollte hier nicht an ihn denken, inmitten dieser schlampigen Boheme-Atmosphäre, die er verabscheut. Doch wenn der Körper bewegungslos verharren muß, schweift der Geist, wohin er will... Ich sehe ihn wieder, wie er an unserem Gartentor an der Audley Street stand und mir einen Gruß zurief. Ich las auf der Terrasse. Seit dem Ball hatte ich ihn nicht mehr getroffen. «Meine Familie ist für ein paar Wochen nach Europa gereist. Ich wohne inzwischen bei meinem Onkel, gleich hier vorne an der Straßenecke. Wir sind jetzt also fast Nachbarn. Da wäre es doch unverzeihlich, mich nicht bei Ihnen zu melden.» Seine Stimme klang fest, sehr männlich. Ich schwieg. Meine Mutter rettete die Situation, indem sie ihn hereinbat. Dann ließ sie uns allein. Hugo flößt ihr Vertrauen ein. Er ist nicht so extravagant wie Eduardo. Er scheint ihr reifer. Am nächsten Tag kam er wieder und brachte ihr einen Blumenstrauß mit. Das hat sie endgültig für ihn eingenommen. Seitdem predigt sie mir ständig, Hugo sei die Chance meines Lebens. Wahrscheinlich hat sie recht.

Mama hat uns erlaubt, bis Mitternacht auszubleiben. Hugo führte mich ins Dîner Dansant, ein schummriges kleines Lokal in

Greenwich Village, wo die Paare an den Tischen Gin Fizz aus hohen Gläsern schlürften. Ich wagte nicht, mehr als einen Orangensaft zu bestellen. Unter den abwesenden Blicken der Jazzkapelle verschlangen wir uns mit den Augen. Er lieferte mich pünktlich zu Hause ab. Er hat mich nicht mal geküßt. Er hat sich meine Handfläche angesehen und gemurmelt, er lese dort unendlich viel Schönes. Beinah wäre ich herausgeplatzt: «Dann sorg dafür, daß ich Eduardo vergesse!»

Wie kann ich mich gleichzeitig von zwei so verschiedenen Männern angezogen fühlen? Eduardo ist blond, Hugo dunkel. Der eine ist träge, der andere sportlich. Der eine ist Kubaner, der andere fast ein Brite – von einer Reserviertheit, die schon an Kälte grenzt. Eduardo facht meine Leidenschaften an. Hugo beruhigt sie. Eduardo ist eine Spielernatur. Hugo scheint mir unfähig zu schummeln.

Der Maler beginnt seine dritte Skizze. Sie wagt kaum zu atmen, um den gleichmäßigen Linienzug des Kohlestifts nicht zu unterbrechen. Der rechte Ärmel rutscht ihr von der Schulter. Mit ein paar schnellen Strichen wird der Faltenwurf auf der Leinwand eingefangen.

Hugo hat nur einen einzigen Fehler: Er ist nicht kreativ, mehr Vernunftmensch als Träumer. Als er den Einstellungswettbewerb der National City Bank gewann, war er überglücklich. Man hat ihm einen Posten in einer der europäischen Niederlassungen angeboten. Vielleicht sogar in Paris! Dort, wo ihr Vater wohnt... Wenn er sich für Paris entscheidet, wird sie ihn heiraten! Anaïs Guiler... Guiler Anaïs... Unmöglich. Der Nachname erstickt ihren Vornamen, übertönt mit seinen dumpfen Gutturalen das suggestive Wispern der Vokale. Anaïs Guiler... Etwas in ihr bäumt sich dagegen auf. Hugo heiraten. Den stürmischen Aufwallungen abschwören, die ein Unbekannter in ihr weckte. Ihre Impulse bezähmen. Ihr Ideal verleugnen. Sich geschlagen geben. Sich der Herausforderung ihres Vaters schließlich doch nicht gewachsen zeigen... Anaïs Guiler. Eine Frau wie jede andere... Sie, seine Tochter! Nicht mehr denken. Sich auf die äußere Form reduzieren. Eine folgsame Puppe. Ein Objekt, das man betastet. Sich von dem Terpentingeruch benebeln lassen, der die Schleimhäute reizt und sich durch die Gehirnwindungen schlängelt . . .

Man legt ihr die Hände auf die Hüften! Der Maler hüllt sie in ein Laken, das er vom Bett gezogen haben muß. Er betatscht sie mit seinen rötlich behaarten Pranken. Sie wendet den Kopf ab, um seinem Atem zu entgehen. Der scharfe Geruch seines Kittels. Schweiß und Tabak. Noch nie ist sie sich so schmutzig vorgekommen. Und doch empfindet sie keine Scham. Was würde sie tun, wenn er sie plötzlich umarmte? Gar nichts. Sie fühlte sich frei. Sie ist gerührt. Frei und seltsam gerührt, wie ein Kind, das auf einmal begreift, daß die Worte einen Sinn haben.

Kostümierung

Die Schultern in Tüll gehüllt, an ihrem sechzehnten Geburtstag.

Nur spärlich von karmesinrotem Samt bedeckt, um neun Uhr morgens, mitten im Winter: Sie steht einem Maler Modell.

Als «russische Prinzessin» zur ersten Analysestunde. In rot, schwarz und stahlblau gekleidet, eine moderne Amazone, um Antonin Artraud zu treffen.

«Villa Seurat in meinem roten russischen Kleid»: Ob auf Allendys Couch oder Millers Bett, es ist die gleiche Aufmachung für das gleiche Spiel: verführen.

Im schlichten grauen Kostüm zur Mutualité. Keine lackierten Fingernägel mehr, keine Ohrringe: Sie hört Malraux über die Lage in Spanien sprechen.

Im schwarzen, rotgefütterten Samtcape auf der Terrasse des Deux-Magots: Sie wartet auf einen Verehrer.

Im hochgeschlossenen Diakonissenkleid begibt sie sich von Campus zu Campus, um schöne Worte zu predigen.

In düsterer Wolle gepanzert, am Bett einer Sterbenden; Anaïs kleidet sich nicht, sie verkleidet sich.

Indem sie sich zur Schau stellt, schützt sie sich.

«Die Männer glauben immer an meine Verkleidungen.»

Ritual einer Schauspielerin, einer Kurtisane, einer Prostituierten.

Drei Grundmuster der Weiblichkeit: die Frau, die lügt, die Frau, die schmeichelt, die Frau, die sich verkauft. Drei Versuchungen für Anaïs.

Verwandlungslust, Täuschung, Phantasma. Aber auch: Revanche einer mißachteten Schriftstellerin.

Da ihre Worte ungehört verhallten, hatte Anaïs sich für die Beredsamkeit des Körpers entschieden.

7. Kapitel

Verheiratet!

Anaïs Nin wird am 3. März 1923 in Havanna Anaïs Guiler. Ein Hochzeitsfoto von ihr ist nie veröffentlicht worden, noch nicht einmal in dem *Journal d'une jeune mariée*, dessen Publikation im Jahr 1983, sechs Jahre nach ihrem Tod, schließlich auch die Existenz von Hugo Guiler offenbarte.

Hatte Anaïs diese überstürzte Heirat aus ihrem Leben ausradieren wollen?

Zumindest fand sie fast im verborgenen statt. Weder die Guilers nahmen daran teil, die sich aus protestantischer Engstirnigkeit der Verbindung ihres Sohnes mit der Tochter einer so gut wie geschiedenen Katholikin widersetzten, noch der Vater der Braut. Seltsamer noch: Auch Rosa war nicht anwesend. «Meine Mutter war etwas überrascht von der Eile, mit der alles in die Wege geleitet wurde», erklärt Joaquin Nin-Culmell. «Ein wenig enttäuscht, daß man alles ohne sie arrangiert hatte. Ein wenig eifersüchtig auf die Rolle, die ihre Schwester bei dieser Hochzeit spielte.»

In Havanna spielt Antolina, Anaïs' Patentante, die lustige Witwe in purpurrotem Satin. Man drängt sich auf ihren Festen. Man beneidet sie um ihre Liebhaber. Sie ist zu sehr in die Liebe verliebt, um zuzulassen, daß man sie den Konventionen opfert. Als sie erfährt, daß die Guilers ihren Sohn nach Europa geschickt haben, damit er sich Anaïs aus dem Kopf schlägt, lädt sie ihre Nichte nach Havanna ein. Am 22. Oktober kommt Anaïs dort an. Als sie wieder abfährt, ist sie verheiratet . . .

Bericht von Antolina

Brav wie eine Klosterschülerin! Graues Kostüm, weiße Hemdbluse; so erschien mir Anaïs, als sie von Bord ging und sich in meine Arme warf, um mir ihre Dankbarkeit zu bekunden.

«Noch ist nichts geregelt. Hugo grämt sich nach wie vor in Europa. Seine Eltern bleiben eisern bei ihrer Ablehnung. Aber nach deinen Briefen zu urteilen, fürchte ich sehr, daß du selbst das größte Hindernis zu deinem Glück bist.»

Auf dem Weg zur Finca hielt sie krampfhaft meine Hände umklammert und wiederholte nur ein ums andere Mal: «Ach, Tantchen. Ach, Tantchen!» Ihre Hände waren eiskalt.

Ihr letzter Brief hatte mich zutiefst aufgewühlt. Sie teilte mir darin mit, daß der Mann, den sie liebte, nach Europa abgereist sei, daß er gerade eine Depression gehabt habe und daß alle Versuche, seine Familie umzustimmen, fruchtlos gewesen seien.

«Eine Stunde vor seiner Abfahrt habe ich so gelitten wie noch nie», schrieb sie. «Er rief mich an, um noch einmal meine Stimme zu hören. Meine letzten Worte waren: ‹Sei glücklich!› Bis zu jenem Tag hatte ich geglaubt, daß ich Hugo mehr liebte als mich selbst und bereit sei, alles für ihn zu opfern ... Jetzt fühle ich mich hin- und hergerissen zwischen dem Wunsch, ihm zu sagen: ‹Laß mich, ich habe eine größere Aufgabe zu erfüllen!› und dem Impuls, ihm zuzurufen: ‹Ich liebe dich!› Glaubst Du, Tantchen, daß ich zuviel verlange? Hugo ist menschlich. Schlicht und einfach menschlich. Und gerade das Menschliche ist es, das ich bei den anderen ablehne ... Ich habe niemanden, dem ich mich anvertrauen könnte ... Mama hat schon mit Thorvald und Joaquin genug zu tun ... Die Vorstellung, einen reichen Mann zu heiraten, der sie unterstützen könnte, geht mir oft durch den Kopf.»

Ich kenne meine Nichte. Sie wäre imstande, sich aus purer Verzweiflung von einem ebenso fetten wie reichen Kubaner zum Altar führen zu lassen. Gräßlich! Also gab ich sofort ein Telegramm an meine Schwester Rosa auf, in dem ich ihr befahl, mir die Unglückliche so schnell wie möglich herzuschicken.

Kaum war sie eingetroffen, konnte ich sehen, wie sie auflebte, in dieser milden Luft, die abends vom Duft frischer Früchte erfüllt ist. Hier wissen die Frauen nichts anderes zu tun, als zu lieben. Sie hat sich von der trägen Geruhsamkeit anstecken lassen, hat die seidenen Turbane übernommen, die weiten, lässig gegürteten Baumwollkleider, den phantasievollen Schmuck, die Fächerspiele, den wiegenden Raubtiergang. Ich habe sie in das Gassengewirr von Havanna geführt, wo die Sonne einem nicht die Stirn verbrennt, durch die engen Sträßchen voller munter scherzender Negerinnen, Hausierer, Zuckerbäcker, die ihre palmengeschmückten Karren hinter sich herziehen, und Eisverkäufer, die einem nur Mango anbieten, wenn man von Erdbeersorbet träumt.

Ich konnte beobachten, wie ihr spanisches Blut sich allmählich bemerkbar machte, wie ihre Wangen einen mattbraunen Schimmer annahmen und ihre Hüften sich rundeten. Meine Köchin Carlotta hat ihre ganze Kunst entfaltet. In einem Monat ist das blasse, verschreckte kleine Ding zu einer strahlenden Amazone erblüht.

Ich war verblüfft von der Energie, die in diesem zierlichen Tanagra-Figürchen steckte. Es schien ihr Spaß zu machen, ihre Kräfte zu erproben, ihre Erschöpfung zu genießen, sie geradezu herauszufordern. Sie ließ keine der Abendeinladungen aus, mit denen wir uns hier die Langeweile vertreiben; die Klatschspalten der Zeitungen übertrafen sich in Lobeshymnen über ihren Charme. Von einer so reservierten jungen Dame hätte man kaum so meisterliche Verführungskünste erwartet. Ein verletzbares kleines Mädchen? Eine geheimnisvolle Fremde? Ein Akzent von undefinierbarem Reiz. Ein Augenaufschlag voller treuherziger Provokation. Mein Sohn Charles, der längst als routinierter Don Juan gilt, folgte ihr wie ein treues Schoßhündchen, zum größten Ärger eines reichen Reeders, dessen Name mir entfallen ist. Mochte er auch noch so reich sein, er wurde deswegen nicht besser behandelt. Anaïs lud ihn ein, in der

Finca unter unseren englischen Sonnenschirmen mit uns Tee zu trinken. Sie schenkte ihm eine Tasse ein und zog sich dann unter dem Vorwand eines Migräneanfalls zurück. Dem armen Tropf verschlug es die Sprache. Wie gut die Frivolität zu ihr paßte! Ich begann schon, mich zu fragen, ob sie überhaupt für die Ehe taugte. Ein Teil ihres Wesens drängte sie dazu. Doch ihre Lebenslust schien so übermächtig, daß die Ehe mir eher wie eine Verstümmelung ihrer innersten Natur vorkam.

Anfang Dezember erreichte uns ein Telegramm von Hugo, in dem er in aller Form um ihre Hand anhielt. Wir verbrachten daraufhin eine schlaflose Nacht. Anaïs wollte alles unter einen Hut bringen: ihr Glück, das ihrer Mutter, das von Hugo. Ihn ihrem Ehrgeiz zu opfern, erschien ihr geradezu kriminell, und doch wollte sie nicht auf ihre Ambitionen verzichten. Die Ehe machte ihr angst. Ihre Mutter hatte sie gewarnt, daß Ehemänner ihrer Rolle als Liebhaber bald überdrüssig würden. Ich konnte sie keines Besseren belehren.

Die Hochzeit wurde wie ein Staatsstreich angezettelt. Hugo konfrontierte seine Eltern mit einem Ultimatum. Anaïs stellte ihren Vater vor vollendete Tatsachen. Rosa zog es angesichts dieser rasanten Entwicklungen vor, sich nicht von der Stelle zu rühren. Sie war verärgert, weil ich ihren Thron usurpiert hatte.

Ich war als einziger Repräsentant der Familie zugegen. Wir luden nur wenige Freunde ein. Die Kirche war fast leer. Anaïs wirkte seltsam abwesend. Als der Priester ihnen die Eheringe reichte, zögerte sie kurz, bevor sie die Hand ausstreckte.

Am Hochzeitsmorgen, während ich ihr noch mit meiner Kammerzofe die Schleppe zurechtlegte, fragte Anaïs mich plötzlich, ob ich schon einmal in Paris gewesen sei. Sie begann, gedankenverloren vor sich hin zu summen: «Mein Vater wohnt da nämlich, weißt du. Und Hugo hat sich dort um eine Stelle beworben. Kannst du dir einen schöneren Liebesbeweis vorstellen, Tantchen?»

8. Kapitel

Hugo an seinen Bruder John und an seine Mutter

Paris, 4. Januar 1925

Lieber John,
entschuldige, daß ich Dir nicht gleich nach unserer Ankunft geschrieben habe, aber seit dem 24. Dezember habe ich mich mit soviel Problemen herumschlagen müssen! In Paris unterzukommen ist nicht gerade einfach. Ich will Dir gar nicht erst die unmöglichen Löcher beschreiben, die wir uns angesehen haben, ehe wir schließlich restlos erledigt in einer Familienpension landeten, Rue d'Assas Nr. 60, übrigens in der Nähe meiner Schwiegermutter, die mit ihren beiden Söhnen eine bescheidene Wohnung am Boulevard Raspail teilt. Hoffentlich müssen wir hier nicht Wurzeln schlagen. Im Treppenhaus riecht es nach Lauchsuppe. Man kommt sich vor wie in einem Roman von Balzac. Anaïs verbeißt sich tapfer alle Klagen. Aber Du kennst sie ja gut genug, um zu verstehen, wie deprimierend so eine abstoßende Umgebung auf sie wirkt. Weißt Du noch, was sie aus unserem Bungalow in Richmond Hill gemacht hat?

Ich denke mit Wehmut an den Pavillon mit dem roten Dach zurück, in dem wir die ersten Monate unserer Ehe verbrachten. Der Eingang in maurischem Stil, die Kupferlampe mit den bunten Glasornamenten, das Schlafzimmer mit seinen hellgrauen Wänden, die altrosa Lampenschirme in dem grün-braunen Salon, von der gleichen Farbe wie die Vorhänge, hinter denen sie auf meine Rückkehr wartete, während unser Laddie im Garten Wache hielt. Diesen großen, rötlichen Foxterrier hatte ich mir zur Abrundung meines Glücks gewünscht... Ich weiß nicht, Brüderchen, was für ein Bild wir damals wohl abgegeben haben. Wahrscheinlich das eines jungen, fast zu friedlichen Ehepaars. Wir gingen kaum aus, verbrachten die Abende lieber mit Lesen. Sonntags beschäftigte ich mich am liebsten im Garten, wobei Laddie mir Gesellschaft leistete, während Anaïs ihre Mutter besuchen ging, die zwei Straßen weiter wohnte. Es war ein beschauliches Dasein, das mir sehr gefiel. Aber Anaïs dachte immer nur an Paris. Aus Liebe zu ihr und auch aus Freundschaft zu ihrem Bruder habe ich mich schließlich erweichen lassen. – Dank meiner Unterstützung kann Joaquin mit seiner musikalischen Ausbildung fortfahren. Wir haben ihn hier leider nicht bei guter Gesundheit angetroffen. Es besteht Verdacht auf Knochentuberkulose. Wenn es sein muß, werde ich die Behandlungskosten übernehmen. Sag mir nur nicht, daß meine Großzügigkeit mich ruinieren wird. Du kennst das Unheil, das Geiz anrichtet, ebensogut wie ich. Ich bin von Natur aus eher berechnend; aber ich schäme mich dieser Eigenschaft. Anaïs hilft mir, sie zu bekämpfen: Ich würde im Stroh schlafen, um sie zufriedenzustellen . . .

Ich möchte Dir noch unsere Überfahrt schildern. Vor allem möchte ich Dich bitten, unserer Mutter auszurichten, wie gerührt Anaïs war, daß sie noch uns verabschieden gekommen ist. Als das Kommando zum Ablegen gegeben wurde, haben sie sich herzlich umarmt. Ihre Versöhnung hat mich die Unannehmlichkeiten der Überfahrt leichter ertragen lassen. Am vierten Tag kam ein Sturm auf. Wir hielten uns gerade im großen Salon auf, ich meine Pfeife schmauchend, Anaïs über einen Brief gebeugt. Das Tintenfaß meines Kätzchens ergoß sich über den Teppich. Anaïs wäre fast unter das Sofa gekrochen, um sich ihr Eigentum zurückzuholen! Sie hat manchmal richtig kindliche Anwandlungen. Doch ihre Erscheinung ist durch und durch weiblich, wie mir die Blicke der Männer bestätigen, die sie bewundernd fixieren, wenn sie im Abendkleid die Treppe zum Speisesaal hinabsteigt. Obgleich sie nichts Provokantes an sich hat. Mehrmals hat sie mich gebeten, zum Essen in unserer Kabine bleiben zu dürfen, was ich ablehnte: Ich sehe es gern, daß sie anderen gefällt. Auch Du, Brüderchen, wirst jenes unrühmliche Gefühl bald kennenlernen, das unserer Männlichkeit schmeichelt.

Wie weit soll man die Nachsicht treiben? Ein junger Schauspieler aus dem Odéon, mit dem ich an der Bar etwas getrunken hatte, begann meiner Frau den Hof zu machen. Es ärgert mich jetzt noch, daß ich ihm nicht deutlicher die Meinung gesagt habe. Ich vertraue Anaïs blind. Was auch immer die Familie davon halten mag, ich habe sie nicht aus einer Laune heraus geheiratet. Es geschah aus reifer Überlegung, die ich in den zwanzig Monaten unseres gemeinsamen Lebens noch keinen Tag bereut habe. Ich kann Dir nur wünschen, daß auch Du einmal eine Frau treffen mögest, die Dir jeden Abend die Schuhe putzt, Dir jeden Morgen das Frühstück ans Bett bringt und Dir Deine Leibgerichte kocht – in Richmond Hill hat sie sogar ein Rhabarberbeet angelegt, um die Pies backen zu können, die unsere Mutter immer so gut machte. Anaïs hätte tausend Gelegenheiten gehabt, sich zu beklagen. Ich habe sie noch nie jammern hören. Manchmal hat sie mir ihre Hände hingehalten und mich gefragt, ob sie nicht schon ganz rauh seien vom Geschirrspülen ... Tat sie das mit Absicht, damit ich ihr versicherte, wie begehrenswert sie für mich blieb? Oder um mir dadurch anzudeuten, daß sie gerne eine Hilfe hätte? Ich kann es kaum erwarten, genug zu verdienen, um ihr all das zu geben, was eine Frau von einem verliebten Ehemann erwarten kann ... Nächste Woche werde ich die Arbeit in meinem Büro am Boulevard Haussmann aufnehmen. Wenn man mit mir zufrieden ist, wird man mich wohl bald mit der Leitung der Kreditabteilung betrauen.

Eben fällt mir wieder ein, was Anaïs' Vater sagte, als er von unserer Verlobung hörte: «Das ist das erste Mal, daß ein Mitglied meiner Familie einen Geschäftsmann heiratet.» Ein merkwürdiger Mensch. Hochmütig, sehr snobistisch und dabei zu den erstaunlichsten Gesten fähig: Zum Beispiel hat er darauf bestanden, uns in Le Havre abzuholen. Als ich ihn in seinem dunklen Kaschmirmantel am Kai stehen sah, mußte ich an «Don Juan» von Baudelaire denken: «Aufrecht in seiner Rüstung stand gewaltig ein Mann aus Stein am Steuer, das die schwarze Flut durchschnitt, doch unbewegt der Held, auf sein Rapier gestützt, sah auf die Spur im Strome und geruhte anders nichts zu sehn.» Rührung lähmte ihn. Anaïs gelang es besser, die ihre zu verbergen. Auf dem Weg von Le Havre nach Paris plauderten wir nur über Banalitäten; er erzählte von seinen Konzerten, ich von meinen beruflichen Aussichten. Anaïs beobachtete uns schweigend. Am Bahnhof Saint-Lazare hat er uns fluchtartig verlassen, um meiner Schwiegermutter zu entgehen, die uns begrüßen gekommen war. Dann haben wir ein scheußliches altes Taxi genommen. Anaïs hatte Mühe, ihre Geburtsstadt wiederzuerkennen: «Wie schmutzig Paris ist!» murmelte sie vor sich hin, die Nase an die Scheibe gedrückt. Nein, John, Paris ist eben nur steinalt. Es kommt einem unglaublich vor, daß im Schatten dieser schäbigen alten Gebäude der Puls der Welt schlagen soll.

Wir wohnen im Herzen von Montparnasse ... Im Künstlerviertel, wie man sagt. Bisher haben wir aber noch keinen gesehen. Dazu müßte man in jene Brasserie gehen, die gerade neu aufgemacht hat, das Select; die Bar hat die ganze Nacht offen und soll ein Tummelplatz von Exzentrikern sein.

Ein langer Spaziergang durch die Tuilerien hat Anaïs mit ihrer Stadt versöhnt. «Paris ist heute morgen so sanft», murmelte sie, während wir einem Alten beim Vogelfüttern zusahen. Man muß Paris mit Nachsicht betrachten. Die Concierges sind griesgrämig, die Taxifahrer hauen einen übers Ohr. Anaïs, die in Amerika gern ihre französische Herkunft hinausposaunte, hat für ihre Landsleute nichts als harte Worte übrig. Doch die Enttäuschung tut ihr nur gut. Es wird Zeit, daß sie die Welt mit den Augen einer Erwachsenen sieht.

Es wird Abend. Draußen hört man Katzen miauen. Anaïs ist in einen Roman von Anatole France vertieft, den sie bei den Bouquinistes an der Seine gekauft hat. Sie schreibt immer noch so viel, ohne jedoch recht zu wissen, was sie eigentlich sagen will. Manchmal arbeitet sie an einem Theaterstück, dann wieder an ihrem zweiten Roman. Ich weiß nicht, was aus dem ersten geworden ist. *Le Choix d'Aline* – die Seiten, die sie mir zu lesen gab, kamen mir reichlich wirr vor. Ich habe ihr ganz unverblümt gesagt, was ich davon hielt. Sie hat meine Kritik als persönlichen Angriff aufgefaßt. Schließlich beendete ich den Disput, indem ich sie in die Arme nahm. Das ist die rücksichtsvollste Art, einer Frau begreiflich zu machen, daß sie unrecht hat.

Adressiere bitte Deine Briefe an die Bank, bis wir eine feste Bleibe gefunden haben.

Dein Bruder. Hugo.

Paris, 22. Oktober 1925

Liebe Mutter,

ich glaube, ohne Prahlerei behaupten zu können, daß Du auf Deinen Sohn recht stolz sein würdest: Ich residiere in einem großartigen Büro mit Mahagonimöbeln und rotem Teppich, dessen Fenster auf eine Avenue unweit der Oper hinausgehen. Mit meinem dunklen Anzug, dezent gestreifter Seidenkrawatte und weißem Einstecktuch sehe ich jetzt schon aus wie der Finanzmagnat, der ich bald sein werde, wenn ich dem Lob meines Vorgesetzten Glauben schenken darf. Er hat mich mit dem Aufbau einer neuen Investitions- und Kreditabteilung beauftragt. Der konstante Verfall des französischen Franc kommt unseren Initiativen sehr zugute . . .

Wir haben endlich eine Wohnung gefunden, die unseren Vorstellungen entspricht: ein früheres Künstleratelier mit riesigen, efeuumrankten Fenstern. Die Rue Schoelcher geht direkt am Friedhof Montparnasse mit seinem herrlichen Baumbestand entlang, so daß man sich fast wie auf dem Lande fühlt. Glücklicherweise war auch das Nachbarstudio gerade zu vermieten, wo meine Schwiegermutter mit ihrem Sohn einzog, nachdem er von seiner Kur in Salies-de-Béarn zurück war. Joaquin bereitet sich jetzt für die Aufnahmeprüfung zur Schola Cantorum vor. Doch um auf unser neues «home» zurückzukommen: Kaum hatte ich den Mietvertrag unterschrieben, bestellte Anaïs schon alle möglichen Handwerker, durchstöberte die Flohmärkte und Stoffgeschäfte. Das Ergebnis hat durchaus seinen Reiz! Wände voller Bücher (Anaïs wollte sie erst nach ihren persönlichen Vorlieben sortieren und ihre Tagebücher neben den Werken von d'Annunzio und Marc Aurel aufstellen! Ich mußte einen ganzen Tag lang mit ihr argumentieren, um sie von den Vorteilen einer thematischen Anordnung zu überzeugen), Sitzpolster aus Leder, ein niedriger Tisch mit meinen Raucherutensilien und in «neugotischem Stil» geschnitzte Fenstereinfassungen lassen unsere Wohnung eher wie die Junggesellenbude eines Exzentrikers wirken – bis auf die geometrisch gemusterten Vorhänge im Schlafzimmer und die ganz in Weiß gehaltene Küche, die das ästhetische Empfinden einer modernen jungen Frau verraten.

Wir haben gemeinsam die *Exposition des Arts Décoratifs* besucht, diesen Jahrmarkt des guten und schlechten Geschmacks, der sich entlang der Seine vom Grand Palais bis zu den Invalides ausbreitet. Anaïs war besonders von dem russischen Pavillon angetan, der ganz aus Holz, Glas und Stahl gebaut ist. Neulich haben wir auf einem der drei Hausboote des Couturiers Paul Poiret diniert. In ihrem veilchenblauen Seidenkleid ähnelte Anaïs den Geschöpfen auf den Deckengemälden von Raoul Dufy.

Mein Freund Horace ebnet uns den Weg in die Pariser Gesellschaft. Ich könnte mir keinen besseren Fürsprecher wünschen als den Sohn des Grafen Guicciardi! Ein geschickter Finanzmann muß auch als Mann von Welt auftreten. Wir gehen sehr viel aus. Anaïs zieht die Blicke auf sich, wobei die Frauen einen Anflug von Eifersucht nicht überspielen können. Wie bringt sie es nur fertig, jedes Mal die Eleganteste zu sein! Und das ohne jeden Aufwand; es ist einfach zauberhaft. Eine spanische Stola über einem schwarzen, mit einer selbstgemachten Stoffblume geschmückten Kleid – und schon empfängt sie allenthalben ein Raunen der Bewunderung. Ich könnte mir keine wirkungsvollere Botschafterin erträumen! Es gibt nur eine Konvention, der sie sich nicht unterwerfen will, nämlich die Frauen meiner Kollegen in die Salons de Thé zu begleiten, während wir unsere Geschäfte abwickeln. Unsere angloamerikanische Sitten bürgern sich allmählich auch bei den Franzosen ein. Ich bin hier Mitglied in einigen Clubs. Noch widerstrebt es mir, Anaïs zuviel allein zu lassen, aber ich werde mich bald den üblichen Gepflogenheiten beugen müssen, um meine Karriere nicht aufs Spiel zu setzen. Begreift sie eigentlich, daß es um meine Zukunft geht? Wenn ich erschöpft aus dem Büro komme und nur noch meine Ruhe will, möchte sie mich ganz für sich haben. Ich soll ihr zuhören, meine Meinung über das abgeben, was sie am Nachmittag geschrieben hat. Doch mir fehlt die Kraft dazu. Dann wirft sie mir vor, ich ließe mich von meiner Arbeit in der Bank verschlingen, ließe den Dichter in mir verkümmern. Was soll ich ihr darauf antworten? Daß die Dichtkunst noch niemandem zu Reichtum verholfen hat? Daß ich meinen Beruf liebe? Aus ihrem Munde klingt das Wort Bankier wie ein Schimpfwort . . .

Mach Dir nur keine Sorgen. Bei ihrer Intelligenz wird Anaïs bald lernen, die Dinge flexibler anzugehen. Weißt Du, was ich am meisten an ihr schätze? Ihre Entschlossenheit, ihre jeweiligen Rollen so gut wie möglich zu beherrschen: In Richmond Hill die perfekte Hausfrau, in Paris die elegante Gesellschaftsdame und nach wie vor die liebevollste Ehefrau, die man sich denken kann.

Hast Du die Karte erhalten, die wir Dir aus der Touraine geschickt haben? Es erwies sich als gute Idee, Fahrräder zu mieten, um über Landstraßen gesäumt von duftenden Heckenrosen von Schloß zu Schloß zu fahren, durch pittoreske weiße Ortschaften, wo wir Rast machten und warme, mit Schokoladeriegeln gefüllte Baguettes bekamen. Diese herrliche Landschaft würde ich gern John Erskine zeigen, meinem Professor aus Columbia, der uns im Dezember mit seinem Besuch beehren wird. – Ich hoffe, daß auch Du uns bald besuchen kommst. Laß uns nicht zu lange warten! Herzliche Grüße, auch an meinen Vater, und Dir einen Kuß

von Deinem Sohn Hugo.

Das Tagebuch

Ob man isoliert unter den Seinen lebt wie Franz Kafka, als deutscher Offizier im besetzten Paris wie Ernst Jünger, als Kranke unter Gesunden wie Katherine Mansfield oder wie Anaïs als Ausländerin in Frankreich, als Europäerin in Amerika, als Schriftstellerin ohne Leser, bedeutet das Tagebuch in der Fremdheit des Exils doch stets eine Zuflucht, in der das zerrissene «Ich» sich wiederfindet und ewig neu erschafft.

Ein Foto geht mir nicht aus dem Sinn – das, welches Anaïs ihren Lesern zugedacht hat. Es zeigt sie in hochgeschlossener Bluse als keusche Vestalin im Tresorraum einer Brooklyner Bank, wo ihre Tagebücher *im verborgenen lagern, für die Ewigkeit aufbereitet wie Papyrusrollen in einer Krypta.* Diary: each day I die. *Die festgehaltene Gegenwart und der Tod. 15 000 Seiten im Verlauf eines halben Jahrhunderts niedergeschrieben. Zeugnis der Notwendigkeit, alles aufzuschreiben, «beim Warten auf eine Verabredung, am Kaffeehaustisch, im Zug, im Autobus, im Bahnhof, im Wartezimmer, beim Friseur, in der Sorbonne, wenn ich mich bei einer Vorlesung langweile, auf Reisen, fast noch im gleichen Moment, in dem die Leute mit mir sprechen.»*

Als ob die Tinte auf dem Papier ihr immer wieder bewiese, daß tatsächlich Blut in den Adern fließt.

«Ich lebe ganz im Sinne des unmittelbaren Ausdrucks, mit dem fieberhaften Drang, alles einzufangen, festzuhalten.» Doch sagen heißt auch verraten. «Das Tagebuch stellt mich immer wieder vor ethische Konflikte. Wie kann ich es vermeiden, die Menschen zu verletzen? Wie kann ich meine Darstellungen so subtil gestalten, daß sich daraus keine peinlichen Tatsachen, keine expliziten Aussagen ableiten lassen?»

«Alle Schriftsteller haben mehr verschleiert als enthüllt», betont sie zu ihrer Verteidigung; hin- und hergerissen zwischen ihrem Wahrheitsdurst und ihrem Hang zur Beschönigung, ließ sie nie davon ab, an ihren

Porträts zu feilen, ihre Urteile abzumildern, ihre Offenbarungen zu entschärfen, «das lebendige Hier und Jetzt» in überzeitliche Zusammenhänge einzubetten, indem sie ihre «Skizzensammlung» wie eine labyrinthische Kathedrale strukturierte, die dem Kult der eigenen Persönlichkeit geweiht war.

«Ein eindrucksvolles Bekenntnis, das, wenn es erst einmal der Welt übergeben ist, seinen Platz neben den Enthüllungen des heiligen Augustinus, Petronius, Abaelards, Rousseaus einnehmen wird.» Millers Kommentar zu den Tagebüchern hebt weniger das Bekenntnishafte als die Monumentalität des Werkes hervor.

Anaïs Nin – eine Frau, die in ein Mausoleum aus Wörtern eingemauert ist.

9. Kapitel
Ich ist eine andere

Journal d'une épouse – Tagebuch einer Ehefrau. Es ist das erste Mal, daß Anaïs eins ihrer Hefte mit einer Überschrift versieht (was ihr dann von den Dreißigerjahren an zur Gewohnheit wird). «Einer Ehefrau» betont sie, als wollte sie sich diese Tatsache nachdrücklich vor Augen führen.

Obgleich das Tagebuch in einer Atmosphäre ehelicher Harmonie beginnt, notiert sie bald: «Mein Leben mit Hugo: ein Traum, aus dem ich nie erwache, auch wenn sich allmählich einige Mißtöne einschleichen.» «Hugo riecht nach Bank», beschwert sie sich. Er stürzt sich so sehr in die Arbeit, daß er Magengeschwüre bekommt. Anaïs schlüpft wieder einmal in die Rolle der Krankenpflegerin, ohne sich jedoch ihren mondänen Verpflichtungen zu entziehen. Obwohl die Pariser Gesellschaft sie langweilt, bleibt sie dem ersehnten Milieu der Künstler und Intellektuellen fern. Ist es nicht merkwürdig, daß sie, die mitten in Montparnasse wohnt, nichts von dem typischen Flair des Viertels, den vielbeachteten «Happenings» zu berichten weiß? Mit keinem Wort erwähnt sie die im März 1926 stattfindende Eröffnung der Surrealistengalerie (in der Rue Jacques-Callot Nr. 16) noch Bretons erstes *Manifest des Surrealismus*, obwohl ihr Tagebuch von vergleichbaren Tönen widerhallt. Ebensowenig vermag sie unter den angelsächsischen Künstlern Fuß zu fassen, die sich regelmäßig in Adrienne Monniers Buchladen «Shakespeare and Company» in der Rue de l'Odéon einfinden. Auf der Caféterrasse des Dôme bemerkt sie Djuna Barnes, ohne zu wissen, wer sie ist und was sie schreibt. Sie, die sich später so glühend für Millers *Wendekreis des Krebses* einsetzen wird, ist angeblich schockiert über einen Roman von Anatole France! Der Pariser Zynismus stößt sie ab: «Nicht genug damit, daß die

Pariser selber verdorben sind, sie wollen auch noch die Angelsachsen in ihren Schmutz hinabziehen.» Was sie allerdings nicht davon abhalten wird, die erotischen Stiche heimlich aufzubewahren, die sie in der Wohnung eines Kollegen von Hugo entdeckt.

Anaïs nimmt gänzlich neue Seiten an sich wahr, die ihr eine tiefe Genugtuung bereiten, sie allerdings auch belasten. Sie schöpft daraus Anregung zum Schreiben. Das Tagebuch, in dem sie die Konflikte austrägt, bietet ihr immer wieder einen verläßlichen Ruhepol: «Mein Tagebuch kann mir helfen, die widerstreitenden Kräfte meines Charakters zu akzeptieren.»

«Eine Persönlichkeit hat nicht nur *ein* Gesicht, sondern Tausende, sie zeigt die gleiche Vielfalt wie die Seiten dieses Tagebuchs.» Hier wurzelt die Thematik der späteren Erzählungen, die sie mit den fragmentarischen Silhouetten des *Nu descendant un escalier (Akt, eine Treppe hinuntersteigend)* von Marcel Duchamp vergleichen wird.

* * *

«Was tue ich hier überhaupt?» fragt sie sich in einem Impuls plötzlicher Auflehnung gegen das bürgerliche Ambiente um sich her, das sie doch selbst mit solcher Sorgfalt gestaltet hat: diese komfortable Einrichtung, diesen erlesen gedeckten Tisch. Die biedere Banalität eines Ehepaars, das ein anderes Ehepaar zu Gast hat, ebenso bieder, vielleicht etwas reicher, etwas weniger glücklich und schon sehr viel länger verheiratet: John Erskine, Hugos früherer Professor, mit Frau und Tochter. Sie könnte darüber lachen, wenn sie nicht an die kostbare Zeit denken müßte, die sie damit verlor, die Wohnung auf Hochglanz zu bringen, Kochbücher zu wälzen und Einkäufe zu machen. Sie hätte etwas Besseres zu tun, als über den Markt am Boulevard Raspail zu streifen und sich unter all die Hausfrauen zu mischen, mit denen sie nichts gemein hat, die vom Leben nichts anderes zu erwarten scheinen als einen braven Mann, fleißige Kinder und frische Lebensmittel, um ihre Familie zu

Hugo Guiler in den Zwanzigerjahren, als er die Pariser Filiale der American City Bank leitete. «Er riecht nach Bank», beschwerte sich Anaïs.

ernähren. Während sie das Geflügel abschätzend in der Hand wiegt, befiehlt ihr eine innere Stimme: Laß dich nicht von deinen wahren Ansprüchen ablenken. Auch nicht Hugo zuliebe. Nur zu leicht kann man sich in der Obhut eines Ehemanns einlullen lassen. Hugo ist kein Egoist; er ermuntert sie sogar zum Schreiben – vorausgesetzt, das Essen kommt rechtzeitig auf den Tisch.

Wenn sie ihm erzählt, wie glücklich sie das Schreiben macht, fragt er sie mit verletzter Miene, ob sich das Gefühl mit den Momenten ihrer Intimität vergleichen ließe. Worauf sie pflichtgemäß antwortet: «Nein, mein Liebling, nichts kommt diesen Momenten gleich.» Erleichtert verspricht er ihr teure Kleider, Reisen, luxuriöse Geschenke, obwohl sie sich doch nur eins ersehnt: Zeit zum Schreiben.

Sie hat einen Roman begonnen, ein Theaterstück, ein paar Novellen, ohne sich darauf konzentrieren zu können. Ihr wirkliches

Interesse gilt einzig dem Tagebuch – diesem idealen Freiraum, den sie ganz nach Gutdünken arrangieren, beleben und betrachten kann, als Autor und Protagonist zugleich –, diesem festen Angelpunkt einer unruhigen, stets fluchtbereiten Seele. So sehr sie auch zu verheimlichen sucht, wieviel ihr diese strenggehüteten Hefte bedeuten, so wenig kann sie sich doch zurückhalten, sie ständig zur Sprache zu bringen und die Sätze immer wieder aufzupolieren wie ein Zwangsneurotiker, dem seine Stiefel nie blank genug sind.

Als Kind schrieb sie Tagebuch, um sich interessant zu machen, aus dem übermächtigen, die Abwesenheit des Vaters kompensierenden Bedürfnis, die Aufmerksamkeit ihrer Umwelt zu erregen. Natürlich war dabei auch Eitelkeit im Spiel. Ihr Tagebuch ließ sie als etwas Besonderes erscheinen – einzigartig, auserwählt. Wenn ihre Mutter Besuch hatte, trug sie es gern demonstrativ mit sich herum, fast wie ein Ritter sein Wappenschild.

Doch mit der Zeit kamen ihr die Blicke der anderen immer bedrohlicher vor, weit bedrohlicher als der Blick eines nach und nach unwahrscheinlicher gewordenen Gottes – wie gezückte Stilette, die sich bis in den Grund ihrer Seele bohrten. Wenn sie das Paradies hätte definieren sollen, hätte sie gesagt: ein Ort, an dem man keinen Blicken mehr ausgesetzt ist.

Die verstohlenen Blicke all derer, die sie unter dem Vorwand der Zuneigung belauern. Die forschenden Blicke ihrer Mutter, die bei jeder Gelegenheit hereinplatzt, wenn sie viel lieber ihre Ruhe hätte. Der mißbilligende Blick ihres Bruders, wenn sie sich für eine Abendgesellschaft zurechtmacht und den Bogen ihrer Lippen rot nachzieht, daß sie so aufreizend leuchten wie die seidene Mohnblume an ihrer Schulter. Der gerade, offene, allzu treuherzige Blick ihres Mannes.

«Was machst du?»

«Ich schreibe.»

«Wohin gehst du?»

«Schreiben.»

«Woran denkst du?»

«An das, was ich schreibe. Möchtest du es lesen?»

Manchmal fragt sie sich, ob sie nicht ihr Talent damit verschwendet, immer nur über sich selbst zu schreiben. Ob der Roman nicht doch der einzige Weg zur Erkenntnis sei. Um sich das Problem deutlicher vor Augen zu führen, hat sie einen Essay über diese angeblich «schlechte Angewohnheit» begonnen, an dem sie von Zeit zu Zeit weiterarbeitet. Sie ebnet sich ihren Weg... ihren Schicksalsweg? Ist sie dazu bestimmt, dem subtilen, changierenden, ungewissen, gewundenen Fluß des sogenannten «Bewußtseins» nachzuspüren? Manche Seiten hat sie in so übersteigerter Exaltation niedergeschrieben, daß sie sich schon am Rande des Irrsinns wähnte...

Ich sollte sie Erskine zu lesen geben, sagt sie sich, als Hugo ihr bedeutet, es sei an der Zeit, den Kaffee auftragen zu lassen.

«Möchte Ihre Frau vielleicht lieber einen Kräutertee? Und Ihre Tochter?»

«Ich glaube, sie trinken beide gern schwarzen Tee... Anaïs, das Essen war wirklich köstlich. Ihr Hühnchen allein hätte schon eine Seite in meinem nächsten Roman verdient...»

«Das letzte Mal hatte sie vergessen, die Innereien herauszunehmen; sie ist oft so zerstreut!»

«Aber das macht ja gerade ihren Charme aus, mein lieber Hugo. Ihre unirdische Ausstrahlung. Dieses Engelhafte!»

«Was tue ich hier überhaupt?» regt sich die Auflehnung in ihr, während die beiden Männer sich vom Tisch erheben. Hugo greift nach seiner Pfeife und der Tabakdose, die er seinem Gast anbietet. Erskine öffnet sie und schnüffelt mit Kennermiene an dem würzigen Kraut. Hugo läßt sich auf das Sofa fallen und streckt behaglich die Beine aus. Erskine setzt sich neben ihn und fährt mit seinem Monolog fort, den er ab und zu durch ein tiefes, behäbiges Lachen unterstreicht. Seine Tochter, die den ganzen Abend kein Wort gesagt hat, hört andächtig zu, wie Joaquin eine Mozartsonate spielt.

Mrs. Erskine würde sich gerne mit der Gastgeberin unterhalten. Doch was könnte Anaïs diesem Inbegriff an hausfraulicher Tugend, dieser Matrone im braven Serge-Kostüm schon zu erzählen haben?

Sie hat nur einen Wunsch: sich in ihr Zimmer zu flüchten, ihr Kleid auszuziehen und in ihren Kimono zu schlüpfen, in dem sie sich beim Schreiben so wohlfühlt; die Seite noch einmal aufzuschlagen, die sie zuletzt in einem Zuge niedergeschrieben hat und die in der Feststellung mündet: «Das Tagebuchschreiben empfinde ich als die Versenkung der Seele in sich selbst, in absoluter Freiheit und Aufrichtigkeit»; um dann endlich zu bekennen, was sie bisher immer verschwiegen hat...

Die Angst hindert sie daran, ihrer Feder freien Lauf zu lassen. Die Angst vor den anderen, die Angst vor all denen, die nicht an sie glauben. Sie fürchtet ihr Urteil, weil sie weiß, daß sie recht haben. Es ist die Angst, demaskiert zu werden, Angst, zuviel aufzudecken, Angst vor der eigenen Hellsichtigkeit – dem messerscharfen Blick, mit dem sie notgedrungen jeden verletzen muß, der sich mit all seinen Schwächen von ihr entlarvt fühlen würde. In den seltenen Fällen, wo sie kein Blatt vor den Mund nimmt, ändert sie die Vornamen oder retouchiert die allzu durchsichtigen Beschreibungen. Es ist auch die Angst vor Hugos Blick, wenn er von der Arbeit heimkommt und sie beim Schreiben ertappt. Dann klopft ihr Herz plötzlich schneller, als hielte sie statt eines Federhalters einen Dolch in der Hand.

Wann wird sie es endlich wagen, das Unsagbare zu gestehen – das Unvorstellbare, all das, was niemand einer Frau wie ihr zutrauen würde? «Mme Guiler sieht aus wie eine Madonna.» «Mme Guiler ist entzückend.» «Mme Guiler ist trotz ihrer Jugend schon eine vollendete Gastgeberin.» Mme Guiler... In ihren Ohren klingt es immer so, als sei von Hugos Mutter die Rede. Mme Guiler mit den blutleeren Lippen und den knochigen Händen. Mme Guiler? Ach, Sie meinen Anaïs Nin? Anaïs, die Aufsässige, die ewig Unbefriedigte. Anaïs, die sich hinter Rollen versteckt...

Ihr Geheimnis, von dem im Tagebuch keine Spur zu finden ist, das sie zwischen den Schenkeln unter Verschluß hält – dort, wo er seine Macht über sie zu beweisen sucht, wo eine ihr noch unbewußte Wildheit pocht, mit verdrängter Wut, wie das erstickte Lachen einer Verdammten... Eines Tages wird sie es schließlich herauslassen müssen. Hugo muß es doch einmal erfahren und aufhören, sich Illusionen zu machen über die Lust, die er ihr zu bereiten glaubt.

Sie erinnert sich an den Tag, als sie ihn zu seinem Schneider begleitete. Während sie im Wartezimmer saßen, betrachtete Hugo fasziniert die Fotos von aufgezäumten Revuegirls mit schweren Brüsten und Perlenschnüren um die Hüften. Er hatte nichts dazu gesagt, doch als er sie abends im Bett mit ungewohnter Brutalität umarmte, hatte sie ihn zum ersten Mal aufschreien hören... Eines Tages wird sie auch das zu beschreiben wagen...

Und beschreiben, wie sie in der Wohnung eines Landsmanns Rue Panquet Nr. 22, die sie im vorigen Frühjahr gemietet hatten, eine Sammlung pornographischer Bücher entdeckte. Sie hatte sie gleich versteckt, um sie heimlich zu lesen, während Hugo bei der Arbeit war. Sie waren alle illustriert, manche im Stil des achtzehnten Jahrhunderts, andere im zeitgenössischen Stil: Frauen mit Bubikopf, in schwarzen Strümpfen und aufreizend zerrissener Wäsche, Accessoires aus Leder und Stahl. Eine ganze Woche lang las sie nichts anderes als diese Bücher, die ihr völlig neue Perspektiven eröffneten. Plötzlich begriff sie, was es mit den elegant herausgeputzten Frauen auf sich hatte, die sie so oft am Nachmittag durch die Straßen hasten sah; mit den am hellichten Tag zugezogenen Gardinen, den verschwörerischen Blicken der Friseure, der Korsettmacherinnen... Sie hatte bald solche Antennen entwickelt, daß sie beim Betreten eines Hauses sofort wußte, welche Paare einander untreu waren. Auf den ersten Blick hatte sie in Mrs. Erskine eine Frau erkannt, die durch den fortgesetzten Verrat ihres Mannes längst keinerlei Wunsch mehr verspürte, verführerisch zu wirken – eine Frau, die ihre Verbitterung mit der Gier nach gesellschaftlicher Anerkennung zu kompensieren suchte; in untadeliger, steif gestärkter weißer Bluse, deren streng hochgeknöpfter Kragen einen früh verwelkten Hals umschloß.

Mrs. Erskine sieht alles, sagt aber nichts. So entgeht ihr auch nicht, wie die Hand ihres Mannes fast unmerklich Mrs. Guilers Taille streift, als sie vom Tisch aufstehen. Mrs. Erskine schluckt ihren Ärger hinunter, indem sie ihre Serviette zusammenknüllt, die so weiß ist wie Mrs. Guilers gepuderter Schwanenhals. Dann wendet sie sich mit scheinbar unbefangener Miene ihrer Gastgeberin zu und fragt sie, wo sie den Bezugstoff ihrer Polstermöbel gekauft habe.

«Im Bon Marché, glaube ich. Das ist hier ganz in der Nähe, Sie brauchen nur dem Boulevard Raspail bis zur Rue de Sèvres zu folgen. Zu Fuß schaffen Sie es bequem in einer halben Stunde...»

«Ich werde mir doch lieber ein Taxi nehmen.»

«Ach, Sie gehen wohl nicht gern zu Fuß...»

In Paris ist dies zur Zeit ihr einziges Vergnügen: Kreuz und quer durch die Straßen streifen, planlos und ungezwungen, nur vom nervösen Geklapper ihrer Absätze begleitet, das beim Klang eines gedämpften Lachens hinter halb geschlossenen Türen plötzlich innehält. Sie bleibt stehen, spitzt die Ohren – Stille –, dann setzt sie ihren Weg fort.

Ziellos durch Paris wandern, den Erinnerungen ihrer Kindheit auf der Spur, die Alleebäume der besseren Viertel als Wegzeichen: die Kastanien der Champs-Élysées, die Platanen der Avenue d'Iéna, der Avenue Niel, der Avenue de Wagram, des Boulevard Haussmann, wohin sie Hugo zur Arbeit begleitet, um dann den Boulevard Malesherbes entlang zurückzugehen. Im Parc Monceau gönnt sie sich unter der efeuberankten korinthischen Säulenreihe eine kurze Atempause, ehe sie ihren endlosen Streifzug wieder aufnimmt, in selbstbewußter Haltung, die sie vor unliebsamen Anbiederungen bewahrt.

Manchmal hat es fast den Anschein, als sei sie auf der Flucht. Oder auf der Suche, wenn sie im lichtdurchbrochenen Schatten der

Linden durch die Straßen um den Friedhof Montparnasse wandert, mit neugierigen Seitenblicken in die pittoresken, auf Trauergesellschaften spezialisierten Bistrots, wo die Frauen ihre schwarzen Kreppschleier anheben, um an einem Absinth zu nippen... Am Boulevard Montparnasse beschleunigt sie unwillkürlich den Schritt, und ihr Puls klopft schneller. Von den Caféterrassen schallt das glucksende, kehlige Lachen der Straßenmädchen herüber. Sie fühlt, wie ihr das Blut an der Schläfe, am Hals pulsiert. Ein gehobenes Lebensgefühl. Sie dringt in das Territorium derer vor, die es wagen, ihr Leben in vollen Zügen auszukosten – die Künstler und Bohemiens. Aber wo sind sie zu sehen? Im Select? Im Café La Rotonde? Sie erkundigt sich bei einem Antiquar des Quartier des Anglais, am Carrefour Vavin, dem sie einmal ein paar alte Bücher von Hugo verkauft hat. «La Rotonde! Gehen Sie da bloß nicht hin! Sogar die Klofrauen handeln da mit Koks, wenn sie ihre Reize nicht mehr an den Mann bringen können! Das Select? Voll von Ausländern... Die Künstler findet man überall und nirgends. In den möblierten Studentenbuden an der Avenue de Maine, in den billigen, verwanzten Absteigen der Rue Blomet, der Rue du Château, überall da, wo eine Dame wie Sie sich höchst fehl am Platz fühlen würde.»

Und doch würde sie ihnen so gern näherkommen, ihnen versichern, daß sie trotz ihrer eleganten Aufmachung im Grunde zu ihnen gehört – und sich an der Hitze ihrer Leidenschaft wärmen, seien es Maler, Bildhauer, Musiker, Tänzer oder Magier, wie jener Mann mit dem Raubvogelprofil und der wirren Mähne, der am Boulevard Raspail ihren Weg kreuzte, in Sackleinen gewandet, mit Sandalen an den bloßen Füßen. Wie ein Blinder war er an ihr vorbeigegangen. Und jene geheimnisvolle Unbekannte im schwarzen Samtcape, die ihr auf der Terrasse des Dôme aufgefallen war, wo Hugo sich gnädig zu einem Aperitif hatte überreden lassen. Wie majestätisch sie dort ganz allein vor ihrem Scotch saß! Rothaarig, das blasse Gesicht sorgfältig geschminkt, hatte sie etwas von einem Adler und einer trägen Raubkatze. Hochmütig, gleichgültig, würdigte sie niemanden eines Blickes. Obwohl man doch deutlich fühlen konnte, daß sie die äußere Erscheinung der Dinge wie mit Röntgenaugen durchschaute, das Skelett unter der Haut wahrnahm...

Sie ansprechen! Sich an dieser kalten Glut verbrennen! Doch Hugos Anwesenheit lähmte sie. Also hatte sie sich nur resigniert in ihrem Sessel zurückgelehnt und die Arme verschränkt wie in einer Zwangsjacke. Sich zurückhalten. Ihre Impulse verdrängen... Wie lange noch?

Nahrung

Vornehmlich auf das Geistige ausgerichtet, zieht Anaïs die Bibliothek dem Speisezimmer vor. In ihren Erzählungen steigen schwüle Dünste aus Kabaretts und Alkoven auf; Küchendünste nie. Ihre Figuren essen nicht. Sie selbst begnügt sich mit wenig.

«Ein Zwieback, ein Hähnchenflügel, das genügte ihr», berichtet eine Freundin aus den Fünfzigerjahren.

Seit ihrer Kindheit hat sie gegen die Anämie zu kämpfen.

Symptom einer latenten Anorexie?

Die Anorexie: Ausdrucksform eines seelischen Hungers, der nach ideeller Nahrung strebt, einer Revolte gegen die Mutter, deren Rolle als Ernährerin, Hausfrau und Weibchen man unbewußt ablehnt. «Was ich meiner Mutter vorwerfe: daß sie sich mehr als Frau denn als Künstlerin versteht.» (Journal d'une jeune mariée)

Wer zur Anorexie neigt, strapaziert seine physischen Kräfte gern bis zum Rand der Erschöpfung. Anaïs trainiert den Flamenco mit der Ausdauer einer Berufstänzerin. «Wenn du so weitermachst», warnt man sie, «wirst du noch so dürr, daß du wie eine Feder davonfliegst.»

Miller, der unersättliche Sensualist, gibt ihr ihre Formen zurück, den Geschmack an fleischlichen Genüssen. Gesättigt von «Koitus und Literatur», und den Paellas, die sie ihm in Louveciennes zubereitet, bekennt sie: «Es gefällt mir, ihn essen zu sehen. Es macht mir Spaß, mit ihm zu essen.» (Intimes Tagebuch)

Nach der Trennung von Miller nimmt sie wieder ab und hält fortan ihren Hüftumfang von 87 cm, mit Hilfe einer permanenten Magerjoghurt-Diät, der sie bis ans Ende ihrer Tage niemals überdrüssig wird.

10. Kapitel

Schöne Maske

In Paris verlangt Rosa von ihren Kindern, ihr zuliebe auf jeglichen Kontakt mit dem Vater zu verzichten. Offenbar wird ihr Wunsch auch weitgehend respektiert. Anaïs scheint Joaquin Nin gegenüber die größte Gleichgültigkeit an den Tag zu legen, nennt ihn in den Briefen an ihre Mutter stets «Mister N.» und erwähnt im *Journal d'une jeune mariée* nur zwei Begegnungen mit ihm: Die erste am Tag ihrer Ankunft in Le Havre, am 24. Dezember 1924, die zweite vier Tage später, als sie ihn und seine Gefährtin Maruça zum Abendessen trifft: «Er hat bei diesem Zusammentreffen nicht das Beste aus mir hervorzuholen gewußt. Ich befand mich im Vorteil, auch wenn eigentlich er es ist, der immer so gut, so überaus gut weiß, was man sagen muß und wie man es am besten ausdrückt. Aber als würdige Tochter meines Vaters verstehe auch ich mich darauf, wenn es sein muß, Komödie zu spielen, und diesmal habe ich wirklich gespielt... die kleine Frau, die er heiraten wird, ist ganz nett.»

Alles weitere wird verschwiegen. Es ist das erste Mal, daß sie dem Tagebuch untreu wird. Tatsächlich begibt Anaïs sich nämlich recht oft in die Rue Henri Heine Nr. 27, wo ihr Vater im 16. Arrondissement wohnt. Doch sie besucht ihn heimlich, wie einen Liebhaber.

* * *

Sie weiß, daß er lügt und betrügt, daß er sich in eitlem Glanz sonnt. Rabenschwarz gefärbtes, mit Brillantine geglättetes Haar, goldene Zigarettenspitze, cremefarbene Gamaschen, perlenbesetzte Kravattennadel: nichts als schöner Schein!

Und dennoch will sie, muß sie ihn wiedersehen, kann nicht

leben, ohne ihn wiederzusehen, fühlt sich zwanghaft zu ihm hingezogen wie zu einem Abgrund, unfähig, dem Sog der Leere zu widerstehen.

Als sie sich mit fahrigen Gesten zum Ausgehen fertigmachte, wollte ihre Mutter wissen, wo sie hinging. Sie hat gelogen, ohne zu erröten, genau wie er. Ihr Doppelgänger, von dem sie wie verhext ist. In dem Spiegel, den er ihr entgegenhält, sieht sie nichts als Chaos und Verwirrung.

Er hat ausdrücklich auf Pünktlichkeit bestanden. Sie springt ins nächste Taxi.

«Zur Rue Jasmin!»

«Welche Hausnummer?»

«An der Ecke zur Rue Henri Heine. Schnell!»

Der Fahrer zwinkert ihr verschmitzt zu. Sie fühlt sich bloßgestellt, gedemütigt. Dieses Mal soll endgültig das letzte sein! Diesen Mann nie mehr wiedersehen, der sie schmollend wie eine Kokotte empfängt: «Ich habe solche Kopfschmerzen!» Doch als das Taxi in die Rue Jasmin einbiegt und das rosa Backsteinhaus mit den gotischen Fenstern an der Ecke der Rue Henri Heine auftaucht, vergißt sie ihre guten Vorsätze.

In ihrer Hast gibt sie dem Fahrer zu viel Trinkgeld. Die Wagentür schlägt zu. Geschafft! Gerade noch rechtzeitig!

Ihr Vater wohnt in der saubersten Straße von Paris. Die Rasenflächen wie mit der Schere geschnitten, die Gittertore von steinernen Löwen flankiert. Dienstmädchen an den Fenstern. Ein Chauffeur, der neben der Limousine auf seinen Herrn wartet. Sie eilt auf das Haus Nr. 27 zu.

Von allen Häusern dieser ruhigen Straße ist es das größte und auffälligste. Drei Etagen. Die oberste hat ihr Vater eigens aufstokken lassen. Wie immer muß er alle um sich her dominieren. Das spitze Dach erinnert eher an ein überdimensionales Kasperletheater. Dominieren – grotesk! Anaïs blickt zu den drei blumengeschmückten Fenstern im ersten Stock auf, dem *piano nobile*. Dort, in dem großen Salon, erwartet er sie meist. Die Vorhänge sind zugezogen. Maruça öffnet ihr die Tür. Als Kind sah sie in ihr eine Feindin; inzwischen hat sie in ihr ein Opfer erkannt. Zart, fast zerbrechlich wirkt sie – wie ist es möglich, daß ihr Vater diese in Haute-Couture-Garderobe ausstaffierte Puppe noch nicht zerbrochen hat? Sie hat winzige Hände. Anaïs wendet den Kopf ab. Der Anblick dieser Kinderhände erweckt in ihr die schmerzlichen Erinnerungen: Arcachon. Der lange Sandstrand, den sie einsam entlanggging, während ihr Vater einem jungen Mädchen Klavierstunden gab, das er «Maria Louisa» nannte . . .

«Ich dachte mir, dieses Bild würde Ihnen vielleicht Freude machen . . .» Maruça reicht ihr ein altes Foto ihres Vaters, das aus jener Zeit stammt. Keine Falte über der Nasenwurzel. Nichts Hartes in den Zügen. Die Lippen halb geöffnet, bevor der Zynismus sie in eine starke Linie zusammenpreßt.

Ihr Vater hat alle Wände der Wohnung mit Kork tapezieren lassen, damit niemand ihn beim Klavierüben hört. Schweigend steigt sie die Treppe hinauf. Das Herz schlägt ihr bis zum Hals. Welches Thema soll sie sich heute einfallen lassen, um ihn bei Laune zu halten? Wird er wieder von der Scheidung anfangen? Ihr Vater will sie unbedingt durchsetzen und hat sogar schon die entsprechenden Papiere vorbereiten lassen. Nur die Adresse von Rosa fehlt ihm noch. Anaïs weigert sich, sie ihm preiszugeben. Ihre Mutter würde es nicht überleben. Für sie als Katholikin kommt eine Scheidung dem Absturz in die Sünde gleich. Ihr Vater glaubt an nichts. Er läßt nur seine eigenen Wünsche gelten. Bei jedem ihrer Besuche bedrängt er sie, bettelt geradezu schamlos. Vielleicht empfängt er sie überhaupt nur aus diesem Grund bei sich: um die Adresse seiner Frau zu erfahren.

Er erwartet sie in dem andalusischen Garten, den er mit verschwenderischem Aufwand an Stuck und Fayencen selbst entworfen hat. Neben dem Springbrunnen in der Mitte des Patio liegt er wie ein Genesender auf einer Chaiselongue zwischen Bergen von Partituren. Er streckt ihr die Hände entgegen. Wie weich und gepflegt sie sind! Er läßt sie ein paar Schritte zurücktreten, um sie zu betrachten.

«Bevor ich dich zum ersten Mal wiedersah, fragte ich mich, welche Seite in dir wohl inzwischen die Oberhand gewonnen hatte, die spanische oder die französische. Du hast niemals spanischer ausgesehen als jetzt. Du bist sehr schön geworden. Ganz bezaubernd. Dieses schwarze Haar, diese grünen Augen, diese roten Lippen. Man sieht, daß du gelitten hast, und doch wirkt dein Gesicht ganz glatt und gelassen. Der Kummer hat dich verschönt... Ich fühle jetzt, wie ähnlich du mir bist: stolz und unbeugsam, anspruchsvoll und so empfänglich für alles Ästhetische...»

Sie läßt sich in einen Liegestuhl sinken. Eine lockere Plauderei zwischen Vater und Tochter... «Welche Musik gefällt dir?» – «Debussy», antwortet sie, «Satie.» Er lächelt zustimmend. Er streichelt ihr den Nacken. Sie erschauert. «Willst du *La Mer* hören?» Nein, sie möchte lieber *ihm* zuhören. Er komponiert nicht nur, sondern verfaßt auch Essays über die spanische Musik und Kunstbücher: Schriftsteller und Musiker in einem, wie sie besessen von der Schönheit, der Harmonie. Plötzlich vertieft sich die Falte zwischen seinen Brauen. Seine Lippen werden schmal, der Blick eisig, die Finger in ihrem Nacken zu einer Klammer.

«Hast du an mich gedacht?»

Sie bäumt sich auf, springt vom Stuhl hoch. «Unmöglich! Ich habe es Mama versprochen.» – «Deine Mutter! Wenn du nur wüßtest! Eines Tages werde ich's dir noch erzählen.» Nein, sie will nicht. Es ist schon spät, sie muß gehen. Er wiederholt seine Bitte. Er fleht sie an. «Muß ich mich denn erst auf die Knie werfen?» Seine Hand umschmeichelt sie wieder. «Komm, gib mir die Adresse. Glaub mir, deine Mutter wird nur Vorteile von der Scheidung haben. Sie könnte endlich ein neues Leben beginnen. Liegt dir denn nicht auch ihr Glück am Herzen?»

Wie eine Frau, die vor einem Begehren kapituliert, das sie nie herauszufordern glaubte, gibt sie schließlich nach.

Auf der Rückseite einer Partitur kritzelt sie in fliegender Hast: *«11 bis, Rue Schoelcher, Paris XIVe».*

In der folgenden Woche erhält ihre Mutter die Scheidungspapiere. Ihre Haare wurden über Nacht weiß.

Liar: die Lügnerin

Anaïs log. Ihre ganze Kindheit war mit Lügen durchsetzt. Ein Vater, der lügt, ist ein trügerischer Gott. Woran soll man fortan noch glauben, außer an die Illusion?

Anaïs log: Nur die Toten lügen nicht mehr.

Anaïs log aus purem Lebensüberschwang, in ihrem Verlangen, alle Gefühle auszuloten, alle Orte kennenzulernen, alle Rollen zu spielen; hier und dort zu sein; in diesem Bett und in jenem, stets bestrebt, alles miteinander zu versöhnen. «I want to dope myself with experiences.»

Die Lüge war ihr Champagner. «I lie when I feel the necessity to stimulate my own life.» *Nur eine kleine Lüge, und schon erscheint das Leben prickelnder.*

Sie, die Miller seine Offenheit vorwarf, log, um nicht zu verletzen. Mit der Leichtigkeit eines Gesellschaftsmalers, der seine Porträts mit zarten Pinselstrichen retouchiert.

Die Lüge war tief in ihrem Wesen verwurzelt, ein Grundzug ihrer Weiblichkeit. Die Frauen haben die Lüge im Blut. Sie lügen alle; wie die Künstler.

Künstlichkeit.

Anaïs hört niemals auf, zwischen der Realität der Illusion (im Roman) und der Illusion der Realität (im Tagebuch) hin und her zu schwanken.

Zu hellsichtig, um sich vorzugaukeln, «die Wahrheit» erhaschen zu können, doch auch zu idealistisch, um darauf zu verzichten, wagte Anaïs sich immer weiter vor, über die Grenzen des Realen hinaus.

Eine Ungläubige auf der Suche nach einem Gral.

11. Kapitel

Ein leicht entflammbares Wesen

Hugo kann sich glücklich schätzen: Sein Gehalt ist um 75% gestiegen. Als stellvertretender Direktor der National City Bank wird er mit der Verwaltung beträchtlicher Vermögen betraut; zu seinem Kundenkreis zählen Geschäftsleute, Prinzen und sogar ein Maharadscha!

Anaïs bekommt ihren ersten Pelzmantel. Statt wie früher die handgenähten Kleider ihrer Mutter zu tragen, kleidet sie sich nun bei den renommiertesten Couturiers ein. Man reitet sonntags aus, fährt einen Citroën, geht ins Casino – kurz, man gehört inzwischen zur besseren Gesellschaft.

«Zu viele Einladungen. Wir sind ein schönes Paar. Alle Welt reißt sich um uns», notiert Anaïs, die sich mit der Prinzessin Natascha Troubetskoi angefreundet hat, einer Weißrussin und recht begabten Malerin, für die sie manchmal Modell steht und deren Atelier ihr während ihrer Liaison mit Miller als Briefkasten dienen wird.

Das Appartement in der Rue Schoelcher erweist sich bald als zu bescheidener Rahmen. So bezieht das aufstrebende junge Paar im Januar 1929 eine große Wohnung am Boulevard Suchet Nr. 47, in der Nähe des Bois de Boulogne. Auch diesmal mieten Rosa und ihr Sohn sich umgehend in einer Nachbarwohnung ein. Doch zwischen den beiden Frauen kommt es häufig zu Spannungen: «Mama verlangt das Unmögliche, daß ich ihr kleines Mädchen bleibe, aber ich habe nun endlich zu mir selbst gefunden.»

Sie hat an Selbstsicherheit gewonnen. Das Pariser Leben hat sie eine gewisse Unbekümmertheit gelehrt. Sie findet Geschmack am Spiel, am Champagner, am Salongeplänkel. Folgerichtig legt sie sich auch eine neue Moral zurecht: «Je mehr ich mich von dem rechtschaffenen Benehmen entferne, desto mehr liebe ich Hugo. Durch das Flirten werde ich abends nur noch schöner für ihn.» Sie brilliert. Sie lodert. Sie zerspringt fast vor Energie. Sie muß sich austoben – tanzen! Sie wählt den Flamenco, einerseits als Rückkehr zu den Wurzeln, vor allem aber als Vorstoß ins Unbekannte. Die Kurse finden in Clichy statt, dort, wo ihre Geschichte mit Miller beginnen wird – im kunterbunten, brodelnden, freizügigen Clichy, das sie schließlich von ihrer fiebrigen Rastlosigkeit erlöst.

* * *

An den breiten Wandspiegel gelehnt, in dem sich wie eine züngelnde Flamme die anmutige Silhouette einer Tänzerin reflektiert, läßt Mirallés seiner Begeisterung freien Lauf.

«Eso es! Anita! Eres un fenomeno!»

In trippelnder, bebender Spannung biegt der Körper sich weiter und weiter nach hinten, um sich mit einem geschmeidigen Hüftschwung behende wieder aufzurichten; der schwarze Volantrock schwingt hoch und läßt unter dunkel schimmernden Seidenstrümpfen ein Paar schlanke Fesseln aufblitzen... Mit einem temperamentvollen Stakkatowirbel der Absätze wirft sie den Kopf zurück und reckt sich hoch auf, in einer hinreißend perfekten Pose verlokkender Unnahbarkeit.

Mirallés muß sich zurückhalten, um nicht in spontanen Applaus auszubrechen. Anita könnte ihn alles vergessen lassen: sein Alter, seine steifen Knochen, seine Abwehrmechanismen. Eigentlich sollte er das Tanzen langsam aufgeben und zu seiner Schwester nach Valencia zurückkehren oder sich in seinem Studio in Pigalle einigeln. Nur in diesem Saal, in diesem Ambiente aus herbem Schweiß- und süßlichem Parfümgeruch kann er atmen, fühlt er Leben. Solange Anita noch zu seinen Kursen kommt, wird er jedenfalls bleiben.

Sie ist seine Lieblingsschülerin – die, deren Taille er am liebsten umfaßt, wenn er neue Tanzfiguren einstudiert, und die ihn immer von neuem anregt, *sus entranas* zu liefern: die passionierte *flamma*, die in ihm brennt und die auch sie verzehrt.

Anita. Anaïs. Nina. Meine Seele und mein Kreuz. Meine Gnade, meine Anmut. Meine Hure . . .

Als sie das erste Mal das knarrende Parkett des Tanzsaals betrat, hätte er sie beinahe hinausgeworfen. Er mochte keine neugierigen Zaungäste, und erst recht keine herablassenden Damen in Pelzmänteln, die ihm die Zeit stehlen wollten. Trotzdem hatte er den ungebetenen Gast nähertreten lassen. Im gelblichen Licht der Deckenlampen, das den meisten Gesichtern einen fahlen, erdigen Teint verlieh, behielt das ihre den zarten Schimmer der Perlen, die ihren Hals schmückten.

Mit leiser, etwas atemloser Stimme, deren fremdartigen Akzent er nicht einzuordnen vermochte, bat sie ihn, sie als Schülerin anzunehmen. Er lehnte ab. «Aber Sie werden doch keine Landsmännin abweisen!» hatte sie ihn beschworen. «Ich bin zur Hälfte Spanierin. Ich habe in Barcelona gelebt. Mein Vater ist ein bekannter Pianist. Sagt sein Name Ihnen denn nichts? Er ist ein Freund von La Argentina.» Mirallés horchte unwillkürlich auf: La Argentina! Antonia Mercé Y Luque! Sein großes Vorbild! Verlegen bat er sie in seine «Loge», eine enge, mit alten Plakaten tapezierte Kammer, wo er ihr nur einen alten Stuhl mit löcherigem Rohrgeflecht anbieten konnte.

Die schäbige Umgebung schien sie keineswegs zu stören. Im Gegenteil. Sie sah sich mit kindlicher Begeisterung um, offensichtlich froh, ihm gegenüberzusitzen und ihn mit «verehrter Meister» anreden zu dürfen. Geschmeichelt erklärte er sich bereit, sie in den Anfängerkurs aufzunehmen. Sie widersprach: Über das Anfängerstadium sei sie längst hinaus, schließlich übe sie schon seit einem Jahr zur Klavierbegleitung ihres Bruders *sevillanas* und *farrucas*. Auch die Kastagnetten verstehe sie recht gut zu handhaben. Also nahm Mirallés sie bereitwillig auf und kassierte die Kursgebühren für drei Monate im voraus. Das war zwar sonst nicht seine Art, aber sonst trug auch keine seiner Schülerinnen einen Persianermantel.

La Gracia – die Anmut – haftete seiner neuen Schülerin in erstaunlichem Maße an. Mirallés konnte sich nie an ihrer Metamorphose sattsehen, wenn sie in Hut und Korsett ankam und ihre eleganten Kleider wie eine Rüstung abstreifte, um in ein schwarzes Trikot und einen weiten Cretonnerock zu schlüpfen, ihr Haar zu einem strengen Nackenknoten zusammenzustecken und sich in grellen Farben zu schminken. Überwog die Euphorie der Verkleidung, des Rollenspiels, vielleicht gar die der tänzerischen Trance?

Nein, sie gab sich dem Genius des Tanzes mit Leib und Seele hin. Der Schweiß ließ ihre Schminke verlaufen und zeichnete sich in den Achselhöhlen ab; bei der Rhythmussteigerung der *taconeos* fiel ihr der Kamm aus dem Haar, doch sie hatte nichts anderes mehr im Sinn, als zu tanzen, immer besser zu tanzen.

Wenn er sah, wie sie sich ins Zeug legte, mochte Mirallés sich wohl fragen, ob sie nicht irgendeinen unbewußten Zweck damit verfolgte – als versuchte sie verzweifelt, einen Teil ihrer selbst abzutöten. Schon lange vor ihrem ersten Auftritt in privatem Kreise hatte sie sich einen Künstlernamen zugelegt. Warum «Anita», wo «Anaïs» ihrem ganzen Wesen doch in so idealer Weise entsprach: ihrer Geschmeidigkeit, ihrer melodischen Stimme, ihrem seltsam ambivalenten Blick – halb Kind, halb Hetäre? Und dieses lächerliche Pseudonym «Aguilera», ihrem Namen als Ehefrau nachempfunden, den sie anscheinend haßte. Hatte sie ihm nicht sogar ausdrücklich verboten, sie «Madame Guiler» zu nennen?

Mirallés wollte mehr über sie erfahren. Eines Tages lud er sie nach dem Kurs ins Au Moncey an der Place Clichy ein. Er kaufte ihr einen Veilchenstrauß, den sie freudig annahm, worauf er sich ein Herz faßte und sie um Geld bat; er habe die Absicht, demnächst zwei neue Ballette zu inszenieren.

Mirallés wußte sehr wohl, was er tat: Er wandte sich mit seinem Ansinnen an eine reiche Frau, die sich ihres Reichtums schämte. An eine Kokette, die sich gerne bitten ließ. An eine Tanzbesessene, die bereit war, für ihre Leidenschaft Opfer zu bringen... Sie versprach ihm, die Sache mit ihrem Mann zu besprechen. Dergestalt ermutigt, legte er seine rauhen Hände auf die ihren.

«Ich möchte Sie um noch einen Gefallen bitten.»

Sie lächelte; wenn ihm so viel daran lag, würde sie natürlich auch mit ihm zusammen auftreten. Man müßte eben nur noch häufiger trainieren, vielleicht zusätzlich am Mittwoch... Mirallés unterbrach sie hastig.

«Einen Kuß. Das ist es, worum ich Sie bitten wollte. Sagen Sie nicht nein! Sie haben mich selbst darauf gebracht. Durch die Art, wie Sie mich anlächeln, als hätten Sie noch keinem anderen Mann ein Lächeln geschenkt. Wie Sie sich meinen Händen überlassen, wenn ich Sie führe, als erwarteten Sie, daß ich Sie noch fester umfasse... *He sonato contigo*... Ich habe von Ihnen geträumt... Anita! Sie Verführerin! Wie Sie die mageren Reste meiner Glut anfachen!»

Langsam, Wort für Wort, wie man seinem Kind das Alphabet beibringt, erklärte sie ihm, daß sie ihn sehr gern habe, ihn aber nicht als Mann begehre. Seine Haare waren fettig, seine Brust eingefallen, und sein Geruch stieß sie ab.

«Nehmen Sie mir meine Ehrlichkeit bitte nicht übel. Ich will sogar noch aufrichtiger zu Ihnen sein... Sie haben mich oft gefragt, warum ich unbedingt einen Künstlernamen brauchte. Ich habe Ihnen immer ausweichend geantwortet, ich müsse mich unter dem Pseudonym Anita Aguilera verbergen, um den Zorn meines gestrengen Vaters zu besänftigen, der es nicht ertrüge, daß ich mich einer seiner Meinung nach degenerierten Kunst widme. Der schwüle Dunst der Umkleideräume, das Gestampfe im Kurs, Lola, Alma, Viva, die Pantöffelchen, die Kimonos, die großgeblümten spanischen Baumwollstoffe – alles, was er verabscheut, zieht mich an. Wenn ich an Ihrer Seite tanze, fürchte ich immer, mein Vater könnte plötzlich auftauchen und mir zurufen: ‹Hast du vergessen, wer du bist? Deinen Rang, deinen Namen, deinen angestammten Platz im Leben?›»

Mit zunehmender Nervosität zerknüllte sie die Handschuhe

zwischen den Fingern. «Aber wer bin ich denn, Mirallés? Die Frage stelle ich mir unaufhörlich. Lachen Sie nicht, sonst stehe ich auf und gehe. Es fällt mir schon schwer genug, mich klar auszudrükken... Sie fragen mich, warum ich einen anderen Vornamen gewählt habe... Manchmal hätte ich am liebsten zehn verschiedene... Ich habe mich schon immer mit der Vielfalt meiner ‹Ichs› herumgequält. An manchen Tagen empfinde ich es als Reichtum, an anderen nur als Krankheit. Seit ich tanze, kann ich beide Frauen in mir akzeptieren: die keusche und die sinnliche. Anita habe ich mich genannt, um Anaïs zu beschützen... Wenn Sie mich später mal besuchen, werden Sie verstehen, warum die, die mit Ihnen an der Place Clichy einen Kaffee trinkt, die sich im Maja-Kleid lasziv in Pose wirft, die sich im schwülen Dunst des Umkleideraums wohlfühlt, nicht denselben Vornamen haben kann wie die, die in einer luxuriösen Wohnung residiert, zwischen einer vorbildlichen Mutter, einem romantischen Bruder und einem charmanten, erfolgreichen Gatten, der aber leider nach Bank riecht...»

Auf die Einladung von Mme und M. Guiler begab sich Mirallés dann eines Abends in den Boulevard Suchet Nr. 47, zu einem kleinen Diner im engsten Kreise, wie auf der Karte vermerkt stand.

Anaïs öffnete ihm die Tür, angetan mit ihrem schönsten Maja-Kleid. Mirallés hätte sie am liebsten in die Arme geschlossen. Doch der Anblick des großartigen Dekors hinter ihr schüchterte ihn ein. Noch nie hatte er sich in einem so luxuriösen Ambiente aufgehalten, und dazu von so verblüffend individueller Prägung... Ein prachtvoller, türkis gekachelter Kamin, von saphirblauen Wänden umgeben, edles Mobiliar in maurischem Stil, mit Schildpatt und Perlmutter eingelegt, ein indischer Lampenschirm aus buntgemustertem Glas, tiefe Kanapees mit gestickten Seidenkissen, schimmernde Vorhänge, kostbare Perserteppiche, wie achtlos übereinandergelegt: Man fühlte sich förmlich in Weichheit und Wollust versinken...

Ein seltsames Unbehagen beschlich ihn. Welche Träume mochte sie, die diese Räume gestaltet hatte, wohl insgeheim hegen? Hatte er bisher geglaubt, hinter der Maske der Anita das verborgene Antlitz der Anaïs erkannt zu haben, mußte er sich nun eingestehen, daß er nichts von ihr wußte. In diesem Kleid, das er von allen am meisten liebte, war sie ihm wieder fremd geworden.

Die nächste Überraschung war Hugo Guiler. Mirallés, der auf einen vertrockneten Schotten gefaßt gewesen war, sah sich plötzlich einem gutaussehenden, braunäugigen Mann von eher dunklem Teint gegenüber, der mit unauffälliger Eleganz gekleidet war und ihn mit ungekünstelter Herzlichkeit begrüßte.

Anaïs rauschte in ihrer rüschenbesetzten Robe durch das Zimmer und kommandierte ihr Dienstmädchen mit der lässigen Arroganz einer großen Dame herum.

Zum spanischen Diner wurde Manzanilla kredenzt, was Mirallés gern als speziell seiner Person zugedachte Aufmerksamkeit verbucht hätte, wäre er nicht fast ausschließlich von Landsleuten umgeben gewesen: ein Pianist und seine Schwester, ferner ein amerikanischer Geiger, der mit Anaïs' Bruder befreundet war, ein kubanischer Dichter, der mit ihrer Mutter verwandt war, und ein entfernter Cousin, der in Paris als Korrespondent des *Daily Mail* tätig war.

Während des Essens fielen immer wieder illustre Namen. Manuel de Falla, Albenitz... Mirallés schwieg beklommen, aus Furcht, seine Schülerin zu enttäuschen. Aber hatte sie ihn überhaupt jemals bewundert? Allmählich begann er daran zu zweifeln. Ein verschwörerischer Seitenblick von Anaïs hätte ihn beruhigt, doch sie schien ganz und gar von ihrer Gastgeberrolle in Anspruch genommen.

Schließlich wurden Tisch und Stühle beiseite gerückt, Hugo verschwand und kam kurz darauf als Zigeuner verkleidet wieder, mit einer Gitarre in der Hand. Mirallés traute seinen Augen nicht.

«Hat meine Frau Ihnen denn nie verraten, daß ich ab und zu auch ein wenig in die Saiten greife?» lachte er. «So eine Geheimniskrämerin! Ich würde auch gern ein paar Flamencostunden nehmen, damit ich sie beim Tanzen begleiten kann. Wären Sie damit einverstanden?»

Ehe Mirallés zu einer Antwort ansetzen konnte, verkündete Anaïs, sie wolle jetzt tanzen.

Mirallés fing einen harten, fast gehässigen Blick von ihr auf, den Blick einer ertappten Hochstaplerin.

12. Kapitel

Lawrence' Lady

Ihre literarischen Anfänge verdankt Anaïs der Wirtschaftskrise von 1929! Hugo ist von dem Debakel an der Wall Street arg in Mitleidenschaft gezogen, seine besten Kunden sind ruiniert, der Wert seiner Aktien gefallen. Er sieht sich gezwungen, die Luxuswohnung am Boulevard Suchet aufzugeben, und zieht sich in ein Landhaus südwestlich von Paris zurück: nach Louveciennes, das dem Provinzstädtchen ähnelt, in dem Madame Bovary geboren wurde und starb, wie es im ersten Band der *Tagebücher* heißt: «Es ist alt, unberührt, unverändert von der modernen Zeit. Erbaut ist es auf einem Hügel, der sich über der Seine erhebt. In klaren Nächten sieht man Paris... Hinter den Fenstern der Häuser sitzen alte Frauen und beobachten die Leute, die vorübergehen.»

Das Haus in der Rue de Montbuisson Nr. 2b, wo sie einziehen, soll zur Zeit der Revolution der Mätresse Ludwigs XV., Madame du Barry, als Zuflucht gedient haben! Anaïs ist von seiner Altertümlichkeit fasziniert: «Mein Haus ist zweihundert Jahre alt. Es hat meterdicke Mauern, einen großen Garten, ein riesiges grünes Eisentor für Wagen und daneben ein kleineres für Fußgänger... Die Glocke klingt, wenn die Leute daran ziehen, wie eine riesige Kuhglocke. Sie schwingt und klingt noch lange nach. Sobald geläutet wird, öffnet Emilia, das spanische Dienstmädchen, das große Tor, und dann kommen die Wagen mit knirschendem Geräusch über den Kiesweg gerollt... Elf Fenster öffnen sich zwischen den Holzgittern der efeuübersponnenen Spaliere. Der Fensterladen in der Mitte ist nur der Symmetrie wegen eingefügt; ich träume oft von dem geheimnisvollen, nicht existierenden Zimmer hinter den geschlossenen Läden.»

Rosa und ihr Sohn ziehen mit ihnen dort ein: «Ich habe in dem rechten Flügel gewohnt, in der Mansarde der obersten Etage, und im Stockwerk darunter lagen das Zimmer meiner Mutter, Bad und Küche», erinnert sich Joaquin Nin-Culmell. «Anaïs und Hugo wohnten im linken Flügel, und im Erdgeschoß war ein großes Eßzimmer, das Anaïs rot gestrichen hatte, und der kleine blaue Salon mit dem türkisen Mosaikkamin. Wir lebten zusammen, aber jeder für sich.»

Anaïs behält die kleine Mansarde im linken Flügel für sich, die sie grau streicht, um dort «Schreibmaschine zu schreiben». Man könnte sich schwerlich einen Raum vorstellen, der mehr zum Nachdenken anregte! «Ich habe das Gefühl, in einem schönen Gefängnis zu sitzen, dem ich nur durch das Schreiben entfliehen kann.»

Sie arbeitet an einem Essay. Das Thema? Ein verkannter Autor, der vor kurzem gestorben ist und den sie an einem Dezemberabend des Jahres 1929 entdeckte: «Ich habe gerade ein seltsames und wunderbares Buch gelesen: *Women in Love* von D. H. Lawrence, das ganz der Beschreibung von Gefühlen und Empfindungen, der bewußten wie auch der unbewußten, gewidmet ist.» *(The Early Diary of Anaïs Nin 1927–1931)*

Anaïs ist zutiefst beeindruckt; die Themen in Lawrence' Roman sind genau die, die sie schon lange beschäftigen: Welche Tragweite hat die Sexualität in der Liebe und die geistige Dimension in der Sexualität, welche Rolle nimmt die Frau ein, welche Gefühle bewegen den Mann? Auch in Lawrence' Stil sieht sie teilweise ihre sprachlichen Eigenheiten vorweggenommen: «In der poetischen Intensität seiner Prosa finde ich den Mut zu meiner Ausdruckskraft» *(idem)*.

Ihr Enthusiasmus zeugt von avantgardistischem Scharfblick. Lawrence wird zu jener Zeit noch weitgehend als unbegabter Pornograph abgetan. Anaïs ist die erste, die sich über all die kolportierten Skandale hinwegsetzt, um sich in ihrem Essay ausschließlich seinem Werk zuzuwenden.

Zuerst faßt sie nur einen Artikel ab, den sie mit dem Pseudonym

Die kühle Madonnenstirn verbirgt ein glühendes Temperament. Sie hat gerade den Essay über D. H. Lawrence abgeschlossen und wird bald mit Henry Miller zusammentreffen.

«Mélisandra» unterzeichnet – um den Namen ihres Mannes nicht zu kompromittieren oder auch nur aus Freude an einer neuen Maske?

Der Artikel wird Ende 1930 im *Canadian Forum*, einer kanadischen Zeitschrift, veröffentlicht.

Sein Erscheinen dokumentiert ihre Geburt als Schriftstellerin. Diese gedruckten Worte sind aus ihrer Feder geflossen, aus ihrem Blut, ihren Träumen, sind in all jenen müßigen Stunden entstanden, die sie nur mit Nachdenken verbrachte, Nachdenken über das Dasein, *ihr* Dasein – warum es nur so trüb, so öde sei, und ihr Lebenshunger doch so übermächtig? Von nun an wird nichts sie mehr aufhalten können.

Sie fährt nach Paris, in die Rue Delambre, zu Edward Titus, dem Pfeiler der angelsächsischen Intelligenzija. Als Verleger und Herausgeber der Literaturzeitschrift *This Quarter* hat er *L'Almanach des dames* von Djuna Barnes publiziert, eine Satire auf den lesbischen Zirkel um Nathalie Barney, sowie einen Raubdruck von *Lady Chatterley's Lover*, D. H. Lawrence' skandalträchtiges Meisterwerk. Das Vermögen seiner Frau, Helena Rubinstein, erlaubt ihm, derartige verlegerische Risiken einzugehen. An der Ecke des Dôme, kurz bevor sie das Verlagsgebäude betritt, schwört Anaïs sich im stillen: «Titus wird mein Verleger.» Sie setzt auf ihre Trumpfkarte: ihr Talent zu lügen. Aus dem Artikel über Lawrence wird sie einen hundert Seiten umfassenden Essay machen, ein intuitives Bravourstück, wie es nur eine Frau von Genie zustandebringt.

«Wenn Ihr Schreibstil Ihrer Schönheit gleichkommt, werde ich Ihren Text sofort veröffentlichen!» In Gegenwart einer hübschen Frau kann Edward Titus sich solche galanten Bonmots nicht verkneifen. Anaïs errötet pflichtschuldigst. «Zum Glück ist sie wenigstens keine Lesbierin, wie all die anderen Blaustrümpfe», sagt sich Titus erleichtert. Ob es ihm wohl gelingen wird, sie zu verführen? Eine fiebrige Ungeduld gemächtigt sich seiner. Er muß dieses Manuskript so schnell wie möglich zu Gesicht bekommen!

Anaïs springt auf, bedankt sich hastig, streckt ihm die behandschuhte Rechte hin, entzieht sie ihm sofort wieder und verschwindet, während Titus ihr verdutzt nachblickt und gerade noch hinterherrufen kann: «Schicken Sie das Manuskript nicht mit der Post, das ist nicht sicher genug!»

Sobald sie wieder in Louveciennes ist, schließt Anaïs sich in ihrem Arbeitszimmer ein und macht sich ans Werk, unter den Fotografien von Lawrence, John Erskine, Eduardo, ihrem Mann und ihrem Bruder – sie füllen ihr damaliges Pantheon.

Sie schreibt von morgens bis abends; noch nie hat sie sich so verausgabt. Wenn Emilia, das spanische Dienstmädchen, sie zum Abendessen ruft, kommt sie mit schwankenden Schritten aus ihrer Klause herunter, erschöpft wie nach der Liebe. Doch für die Liebe hat sie keine Energie mehr übrig. Zwei Wochen lang ist ihr Körper wie abgestorben. Sie lebt und bebt nur für die hundert Seiten, die Edward Titus schließlich in einem Zuge durchliest, voller Verblüffung über die intellektuelle Kühnheit dieser naiv-koketten Bankiersfrau, die so unverfroren zu behaupten wagt, *Lady Chatterley's Lover* sei Lawrence' mystischster Roman!

Woher mag die Hellsichtigkeit stammen, die sie zu einer solchen Feststellung befähigt? Aus einer besonders entwickelten weiblichen Einfühlsamkeit oder aus einem erstaunlich unvoreingenommenen Urteilsvermögen?

Diese *Unprofessional Study* scheint in ihrer unerklärlichen, fast aus dem Nichts heraus entfalteten Meisterschaft an ein Wunder zu grenzen.

Anaïs sprengt urplötzlich den Kokon, der sie in der Rolle des sanften Weibchens gefangenhielt, befreit sich schlagartig von ihren katholischen Ängsten, ihren ehelichen Zwängen, ihren bürgerlichen Prinzipien. Alle Grenzen geraten so sehr ins Fließen, daß sie nicht mehr genau weiß, von wem sie spricht, wenn sie eindringlich betont: «Lawrence läßt uns die Wahl zwischen dem Leben und dem Tod oder vielmehr zwischen dem erfüllten Leben und dem Tod. Diese ‹Erfülltheit› ist der Angelpunkt seiner Welt, sein Licht, sein Schwerpunkt. In der Ehe sieht er vor allem eine Blutsverbindung, denn das Blut ist die Substanz der Seele.»

Ein Mann wird diese Zeilen mit Interesse lesen: ein Amerikaner in Paris namens Henry Miller.

13. Kapitel

Miller

Zuerst ein Gesicht.

«Ein rosiges Gesicht, das aus einem verknitterten Regenmantel ragt... meergrüne Augen, die Augen eines Seemanns, der es gewohnt ist, durch Gischtschleier bis zum Horizont zu spähen, und dieser ruhige, gelassene Blick – der aufmerksame, arglose Blick eines Hundes –, der mich hinter der dicken Hornbrille neugierig mustert.»

Dann eine Gestalt.

«Hager und sehnig, ohne ein Gramm Fett am Körper; dieser Mann hatte etwas von einem Asketen, einem Mandarin, einem tibetanischen Mönch.»

Das Porträt stammt von dem ungarischen Fotografen Brassaï, der in Montparnasse Millers Boheme-Leben teilt und mit ihm durch die Kneipen zieht, in denen Freudenmädchen sich als Musen aufspielen.

Jeden Abend taucht Miller im Dôme auf, in der Hoffnung, einen gleichgesinnten Kumpanen zu finden, der ihm Unterkunft gewährt. Der treueste seiner Anhänger ist Richard Osborne, ein Landsmann, der von seiner Wortgewandtheit, seinem Talent und seiner Unabhängigkeit fasziniert ist. «Dick» träumt selbst von einer Schriftstellerkarriere, ohne seinen einträglichen Anwaltsposten bei der National City Bank aufgeben zu können, wo er in einem Büro im Empirestil sitzt, auf derselben Etage wie sein Vorgesetzter, Hugo Guiler...

Bericht von Hugo

Ich habe es immer abgelehnt, Dick auf seine nächtlichen Streifzüge durch die zwielichtigen Lokale von Montparnasse zu begleiten – ins Jockey, La Cigogne, La Boule Blanche, Le Monocle, Bal Nègre in der Rue Blomet, und wie sie alle heißen –, von denen er jedesmal zerzaust und zerrupft zurückkehrt, voller Begeisterung über die Ansammlung von Genies, die er da in einer einzigen Nacht wieder aufgetan hat. Seit einiger Zeit führt er nur noch einen Namen im Munde: Henry Miller, ein Landsmann aus Brooklyn, mit einem Taxi-girl vom Broadway verheiratet; ein unermüdlicher Nachtschwärmer, ewig abgebrannt, von einer unstillbaren Gier nach Fleisch und Wein, nach Büchern, Weib und originellen Abenteuern getrieben.

Laut Dick ist er nach Paris gepilgert wie andere nach Mekka, mit der frommen Hoffnung auf Erlösung – in seinem Fall Erlösung von der Armut durch die Anerkennung als Schriftsteller. Einstweilen lebt er noch von der Hand in den Mund, pumpt jeden an und wechselt die Gelegenheitsjobs ebenso oft wie die schäbigen Absteigen, in denen er unterschlüpft – das alles angeblich mit dem einzigen Ziel, endlich ein Buch zu veröffentlichen.

Dick beherbergt ihn jetzt in seiner Wohnung am Champ-de-Mars, die er mit seiner russischen Geliebten Irène teilt. Miller steht morgens früh auf, klaubt alles Kleingeld zusammen, das Dick herumliegen läßt, und verschwindet dann in der Stadt, die er als seinen persönlichen Dschungel ansieht, wo er jede Gasse, jede Kneipe, jedes Straßenmädchen kennt . . .

Dick hatte mir so viel von ihm erzählt, daß mir dieser Freigeist schon ganz vertraut geworden war, der sich um nichts anderes zu scheren schien, als zwei warme Mahlzeiten am Tag zu ergattern; wozu es seiner gewitzten Berechnung nach nur vierzehn barmherziger Seelen bedurfte, die ihn einmal pro Woche zum Essen einluden.

Halb aus Neugierde, halb aus Freundschaft zu Dick hatte ich mich bereit erklärt, mich dem Kreis der potentiellen Gastgeber zuzugesellen – nicht zuletzt auch Anaïs zuliebe, die in Louveciennes doch ein wenig isoliert war und gerne jemanden kennengelernt hätte, der sich wie sie der Schriftstellerei widmete.

Chuzpe und Genie: Henry Miller. «Er ist wie ich, vom Leben berauscht.» «Anaïs, du bist Essen und Trinken für mich.»

Noch am gleichen Abend, als wir lesend in unserem marokkanischen Salon im Erdgeschoß saßen, erwähnte ich beiläufig den Namen von Dicks Protégé. Anaïs horchte begeistert auf.

«Miller! Habe ich den Namen nicht kürzlich erst irgendwo

gelesen? Ich glaube, es war in einer Zeitschrift ... Ja, jetzt erinnere ich mich! Ein Artikel in The New Review, in dem er *L'Age d'or* (Das goldene Zeitalter) lobte, jenen Film von Luis Buñuel. Ich wollte ihn dir noch zeigen. Sein Stil ist außergewöhnlich! Wild, lebhaft, vibrierend. Weißt du, Schatz, ich habe mir gleich gedacht: ‹Das ist ein Mann, der sich am Leben berauscht. Ein freier Mensch, wie Lawrence – einer, der an nichts und niemand glaubt.› Eine hervorragende Idee, ihn mal zu uns einzuladen! Ich kann es kaum erwarten, ihn kennenzulernen! So bald wie möglich! Warum nicht gleich morgen?»

Jedem anderen wäre diese fieberhafte Erregung sicher verdächtig vorgekommen. Aber ich kenne meine Frau: Kleinigkeiten können sie rückhaltlos begeistern ...

Bei Tisch sitzt sie mir in ihrem langen roten Samtkleid gegenüber, mit glühenden Wangen, und verschlingt diesen Kerl mit den Augen. Was kann sie nur an ihm finden? Dick lallt betrunken. Miller wirkt noch nüchtern, obwohl er bereits zwei Flaschen gelehrt und dazu drei Portionen Braten mit Kartoffeln verdrückt hat. Er trinkt, wie er redet, er redet, wie er ißt, er ißt, wie er lebt – unmäßig! Meine Frau hängt fasziniert an seinen fettglänzenden Lippen und scheint an diesem bebrillten, lachenden Faun einen regelrechten Narren gefressen zu haben.

«Verzeiht mir! Aber ich bin einfach überglücklich! All die Farben ringsum, das Feuer im Kamin, das Essen, der Wein, das ist alles so schön, so wunderschön ...»

Er hält mir sein Glas hin. Ich schenke ihm nach. Er dankt mir mit einem erstaunten, gutartigen Blick, in dem manchmal, ganz kurz, berechnende Schläue aufblitzt – die man aber nur bemerkt, wenn man, wie ich, schon darauf gefaßt ist.

Das Glas ist leer, der Monolog geht weiter. «Die berühmte Pariser

Luft hängt nicht nur in der Atmosphäre, sondern liegt auch in den Steinen, im Boden, im Blut und in den Keimdrüsen der Franzosen.» Anaïs ist hingerissen: «In den Keimdrüsen, sagen Sie? Wie aufregend!»

Doch Miller wechselt das Thema. Jetzt geht es um Literatur. Tolstoi, Gorki, Knut Hamsun, Dostojewski, Keyserling, Shakespeare, Balzac! Und Zola! Er hat anscheinend alles gelesen. Freud? Aber gewiß doch! Man sollte sich allerdings eingehender mit Jung beschäftigen, seinem Schüler, dessen Werk in der Zeitschrift *Transition* veröffentlicht wird. Meine Frau entgegnet eifrig, sie habe die Zeitschrift abonniert und sogar an Eugène Jolas geschrieben, um auch die früheren Ausgaben zu erhalten.

«Sie lesen also *Transition*! Breton! Duchamp! Dada! Das ist Ihre geistige Nahrung, sagen Sie? Großartig!»

Enthusiastisch greift er nach der letzten Bratenscheibe und verschlingt sie in riesigen Stücken.

«Dieses Rindfleisch ist ja himmlisch – ein Hochgenuß! Unglaublich gut! Und diese Zwiebeln! So zart, sie zergehen einem förmlich auf der Zunge... Wie Ihre Prosa, Madame. Dick hat mir Ihr Manuskript über Lawrence zu lesen gegeben... Ich war wie vom Donner gerührt! Noch nie habe ich die Wahrheiten so treffend und gleichzeitig so sensibel ausgedrückt gelesen! Aber warum ausgerechnet Lawrence? Dieser pathetische Sexapostel! Um ganz ehrlich zu sein, mir geht er auf die Nerven. Er schreibt nicht, er predigt! Als ich Ihren Text las, habe ich mich immer wieder gefragt, wie dessen Autorin wohl aussehen mochte. Dick hat mir etwas von einer Bankiersgattin gesagt... Das schien mir unvorstellbar. Und nun, da Sie hier neben mir sitzen, kann ich es mir noch weniger erklären. Wie kommt eine so schöne, so distinguierte Frau dazu, ein solches Buch zu schreiben! Das ist doch unglaublich! Wunderbar! Wie dieses Essen! Wie dieses lustig tanzende Feuer im Kamin!»

Ich habe den Eindruck, daß er meiner Frau schmeichelt wie irgendein dahergelaufener Schnorrer, der sich des Wohlwollens seiner

Gastgeberin versichern will. Doch ich halte mich zurück; Anaïs wirkt so glücklich ... Wie ein Kind an Weihnachten ...

«Sie haben Lawrence wohl doch zu oberflächlich gelesen, Mister Miller. Ich habe mich sehr lange mit ihm beschäftigt, und ich kann nur sagen, daß er mich ... aufgerüttelt hat. Ja, das ist das richtige Wort. Er hat meine intuitiven Einsichten nicht nur bestätigt, sondern mir noch viele neue eröffnet ... Ich fühlte, daß es mir helfen würde, meinen eigenen Weg zu finden, wenn ich über ihn schrieb ... Fast so, als machte ich mich auf die Suche nach einem Bruder, oder vielleicht auch einem Vater ... Und mit Hugos Ermunterung habe ich mich dann ans Werk gemacht ... Nicht wahr, mein Schatz?»

Ich murmelte irgend etwas Unverbindliches. Als sie sich an mich wandte, war Anaïs wieder in ihre normale, ziemlich hohe Stimme zurückverfallen, während sie Miller gegenüber einen gurrenden, kehligen Ton anschlug, den ich nur im Dunkeln zu hören bekomme, wenn ich sie an mich drücke und sie sich spielerisch meinen Zärtlichkeiten entzieht ... Es ist, als habe dieser Kerl uns mitten in der Umarmung überrascht ... Nein, eigentlich habe ich mehr das Gefühl, *ihn* zu überraschen ... Mit ihr, sozusagen in flagranti, wie mir ihre Stimme verrät ...

Am liebsten möchte ich laut herausschreien. Hatte sie mir nicht fest versprochen ... erst letzten Monat, an Bord der *Lafayette*, auf der Rückreise von New York. Das Meer war unruhig, wie auf jeder unserer Überfahrten; bisher hatte ich mich immer geweigert, ein böses Omen darin zu sehen.

Außer an jenem Tage ... Ich war wild entschlossen, endlich zu erfahren, was ich schon lange argwöhnte, auf Grund zufällig aufgeschnappter Gesprächsfetzen am Telefon und ihrer unerklärlichen Befangenheit, wenn ich sie in ihrem elegantesten Mantel das Hotelzimmer verlassen sah und wissen wollte, wo sie hinging; sie erfand immer irgendeine Ausrede, die ich ihr auch bereitwillig abnahm. Doch statt mich blind zu machen, schärfte die Liebe meinen Blick nur noch mehr. Anaïs betrog mich ganz offensichtlich mit meinem alten Freund Erskine.

Ich wartete bis zum dritten Tag der Überfahrt, um sie schließlich auf dem obersten Deck zur Rede zu stellen, wo der Wind alle Schreie übertönt. Ich war bereit, ihr zu verzeihen, vorausgesetzt, sie gestand mir die Wahrheit.

Zuerst hatte sie noch versucht, sich zu rechtfertigen: Zwischen Erskine und ihr habe sich nichts abgespielt. «Schluß mit den Lügen! Sag es mir!» Ich hielt sie mit eisernem Griff an den Armen, drückte sie gegen die Reling. Sie versuchte sich mir zu entwinden; der Wind wehte ihr die Haare ins Gesicht. Ich hörte, wie sie in abgerissenen Worten hervorstieß: «John hat mich geküßt. Auf den Mund, auf den Hals. Er wollte meine Brüste sehen. Er hat sie gestreichelt, aufgeweckt. Ich war wie besessen. Vollkommen aufgelöst... Ich hätte mich ihm hingegeben. Er hat die Gelegenheit nicht ergriffen. Seine Kräfte haben ihn verlassen... Seine Hände glitten über meinen Körper... Er murmelte alle möglichen Obszönitäten... Impotent... Es ist nichts passiert. Nie wieder...»

Jedes ihrer Worte durchstach mich wie ein Dolchstoß. Statt sie zum Schweigen zu bringen, grub ich ihr die Nägel in die Schultern und beschwor sie mit zusammengebissenen Zähnen, mir alles genau zu schildern. Die Eifersucht lief mir wie ein Gift durch die Adern und spannte alles in mir zum Zerreißen an. Ich lastete mit meinem ganzen Gewicht auf ihr, wie Erskine, als er sich über ihre Brüste hergemacht hatte. Ihr Atem ging rascher, mit wildem Blick, völlig außer sich, weit offen... Ich zerrte sie in unsere Kabine und befriedigte mein Verlangen an ihr, mit einer perversen Lust, die durch ihre Schilderungen heraufbeschworen wurde, als verschmelze Erskines Körper mit dem ihren... und dann mit dem meinen.

Ich bekam es mit der Angst zu tun.

Nie mehr diese widernatürliche Lust empfinden; diese maßlose Ekstase, die unweigerlich in Selbstekel gipfelt.

»Hugo! Mister Miller hat dich etwas gefragt!« *Mister* Miller! Unser Gast schmunzelt in sich hinein. Anaïs wirft mir einen gereizten Blick zu.

Je genauer ich sie beobachte – ihn mit seinen fettglänzenden Proletenfingern, wie er mit vollem Mund redet, und sie, wie sie mit verkniffenen Lippen an ihrer Serviette zupft –, desto überzeugter bin ich, daß sich nichts zwischen ihnen abspielen wird.

Sie haben so gar nichts miteinander gemein. Oder jedenfalls so gut wie nichts.

Orgasmus

Verklärt, mystifiziert, von einer Überfülle an Metaphern umwoben (die Preziosität als Symptom der Unerfülltheit, der Impotenz – siehe Salvador Dalí), doch hat sie ihn selbst je erlebt?

Eine Simulantin? Wohl oft: «Sie zeigte alle Symptome der Lust, die Scham pochte, der Atem ging rascher, der Pulsschlag erhöhte sich, das Herz klopfte. Dann kam das plötzliche Erschlaffen, das Wegsacken, der betäubende Nebel, der sie zu umgeben schien; sie konnte alles simulieren.» (Elena. Das Delta der Venus)

«Vor Henry verberge ich die Tatsache, daß ich kaum jemals zu einer wirklichen sexuellen Befriedigung komme.» (Intimes Tagebuch)

Der Höhepunkt à la Nin als ekstatischer Transfer der Schleimhäute: «Statt eines einzigen Lustzentrums schien Elenas Körper nun Tausende von erogenen Öffnungen zu besitzen. Alle waren gleichermaßen aufgepeitscht; jede Hautzelle war ein vergrößerter Mund.»

Betrachten wir also ihre Lippen: schmal, in der Mitte leicht eingezogen, mit dem Pinsel verbreitert – stets geschminkt, und später dann mit Hilfe der plastischen Chirurgie vervollkommnet. Die feingeschwungenen Lippen einer Göttin. Die streng konturierten Lippen einer Nô-Maske.

Noli me tangere. *Rühr mich nicht an.*

«Ich machte eine schreckliche Entdeckung: daß Hugo sexuell zu groß für mich ist, so daß meine Lust niemals ungetrübt sein konnte und immer irgendwie schmerzhaft blieb. War das das Geheimnis meiner Unzufriedenheit?» (Intimes Tagebuch)

14. Kapitel

Versuchung

June Miller. Rumänin und Jüdin. Juliet Edith Smerth. Hat sie ihren Mädchennamen in «Smith» umgewandelt, weil ihr ursprünglicher Familienname «Tod» bedeutet?

Mit fünfzehn schon Taxi-girl. Für *«ten cents a dance»* kann man den Arm um sie legen, für ein paar Dollar bekommt man sie ganz. Sie liest Strindberg, tritt unter dem Pseudonym «Mansfield» als Schauspielerin auf und ist als Mona/Mara im Millerschen Œuvre verewigt. Muse, Medusa, Mythomanin, erhebt sie die Unvernunft zum Lebensprinzip; gewitzt, unberechenbar, mit allen Wassern gewaschen, wirkt sie doch unwiderstehlich, schlägt jeden, den sie trifft, in ihren Bann.

Im *Wendekreis des Steinbocks* beschreibt Miller, wie er sie 1923 im Orpheum Dance Palace am Broadway kennenlernte: «Ich sehe eine Frau von vielleicht achtzehn, vielleicht auch dreißig Jahren: mit blauschwarzem Haar und einem großen, bleichen Gesicht, das voll und weiß ist, in dem die Augen leuchtend glänzen. Sie trägt ein Kleid aus blauem Duvetine... Was für ein Gang! Es ist kein Gehen, es ist ein Gleiten. Groß, majestätisch, in der Fülle ihres Fleisches, selbstbeherrscht durchschneidet sie den Rauch, die Jazzmusik und den Rotlichtschimmer wie die Königinmutter aller schlüpfrigen babylonischen Huren.»

«Er liebte sie», erklärte Alfred Perlès. «Wenn man dem Alkohol oder dem Opium verfallen ist, fragt man sich nicht, ob diese Drogen dem Organismus schaden. June war weit schlimmer als Alkohol.»

Sie trägt eine schwarze Seele unter dem engelgleichen Äußeren, die Anaïs auf den ersten Blick anzieht, als jene platinblond gefärbte Diva im schwarzen Samtcape am 30. Dezember 1931 an der Seite ihres Mannes in Louveciennes auftaucht: «Als sie aus der Dunkelheit meines Gartens auf mich ins Licht der Haustür zukam, sah ich zum ersten Mal die schönste Frau der Welt. Als ich vor Jahren einmal versuchte, mir wahre Schönheit vorzustellen, schuf ich in meiner Phantasie genau diese Frau... Ihre Schönheit überwältigte mich. Als ich ihr gegenübersaß, hatte ich das Gefühl, alles, auch das Verrückteste, für sie tun zu können, alles, worum sie mich bat. Henry verblaßte.»

Zusammentreffen zweier narzistischer Psychen, die gleichermaßen voneinander fasziniert waren; Spiegelgefecht zweier Spielerinnen: June spielt die Liebende, Anaïs liebt das Spiel. Zwei meisterhafte Lügnerinnen treten sich gegenüber, die eine in allen Begierden dieser Welt erfahren, während die andere nach Erfahrung giert. In June sieht Anaïs ihren Wunschtraum von einer unendlich vielfältigen, ungreifbaren Frau verkörpert; die Seite ihres Wesens, die sie sich nicht eingesteht. So verleiht sie June die Aura einer Priesterin oder eines Dämons, einerseits unschuldig, andererseits unheilvoll – doch immer parfümiert und theatralisch, also überaus begehrenswert für Anaïs, deren Sinnlichkeit ganz von der Ästhetik bestimmt wird.

June entfesselt Anaïs' Wagemut, ihren Donjuanismus, ihre latente Perversität.

In June begehrt Anaïs die «Blume des Bösen».

Die beiden Frauen sehen sich ständig, während ihre Ehemänner fort sind: Hugo auf Geschäftsreise in der Schweiz, Miller am Lycée Carnot in Dijon, wo er für fünf Francs im Monat nebst Kost und Logis einen Posten als Englischlehrer angenommen hat.

In Rosa, Violett und Schwarz gekleidet, besuchen sie die verruchtesten Tanzcafés, vor allem Le Monocle am Boulevard Edgar Quinet, wo die Damencombo einer Sappho zugeneigten Klientel aufspielt...

Bericht von June

Sie bestellt Champagner! Was will sie mir denn damit beweisen? Daß sie Geld hat? Man hat mir schon ganz andere Reichtümer zu Füßen gelegt! Daß sie mich liebt? Niemand liebt Juliet Smerth. Außer Anastasia. Stasia moïa. Sie ließ sich Jean Kronski nennen, wie ich June Mansfield. Ich habe meinen richtigen Namen immer gehaßt. Auf russisch heißt Smerth Tod... Stasia hat sich umgebracht, was Henry gerade recht war; er haßte sie, weil sie ihn nie rangelassen hat. Er behauptete, sie sei verrückt. Aber das sagt er ja von allen Frauen. In Wirklichkeit fürchtet er sie; nur die Huren nicht, weil sie die Beine breit machen und das Maul halten. Wenn er doch einfach in Dijon bleiben könnte! Anaïs glaubt, ich liebe ihn. «Die einzige Kraft, die Sie aufrecht erhält, ist Ihre Liebe zu Henry. Er tut Ihnen weh, aber er hält Ihnen Leib und Seele zusammen.» Was weiß sie schon davon? Ich sollte mich lieber vor ihr in acht nehmen... Vielleicht ist sie selbst in Henry verliebt und schmeichelt mir nur, um sich ihn zu angeln. Der alte Trick, die Rivalin zu anästhesieren... Sie ist zu allem fähig, um zu erreichen, was sie will.

Das fiel mir gleich am ersten Abend auf, als sie uns in ihrem überkandidelten Puppenhaus in Louveciennes empfangen hat. Henry hatte mir schon so viel von ihrer Eleganz vorgeschwärmt, daß ich extra mein schäbigstes Kleid angezogen hatte. Doch statt schockiert zu sein, war Anaïs anscheinend hingerissen. Sie hörte nicht auf, mich anzustarren, während Henry mal wieder nichts merkte; er war wie üblich am Monologisieren. Er fabulierte von unseren mageren Jahren in New York: die Kellerbar in Brooklyn, mit der wir pleite gingen, die Flucht nach North Carolina, sein mißglückter Versuch, einen Handel mit Damenunterwäsche aufzuziehen, unsere Rückkehr nach New York, abgebrannter denn je – der tägliche Überlebenskampf, die Abende im Catacomb Dancing, wo er mich, halb wahnsinnig vor Eifersucht, aus den Armen der Kunden riß...

«Was für ein Glück Sie haben! Ich würde alles darum geben, sowas erlebt zu haben!» Impulsiv hatte sie meine Hand ergriffen.

«Sie sind doch gar nicht in der Lage, auf dies alles hier zu verzichten!» hatte ich mit einem Blick über ihren Salon erwidert.

Henry war vor Ärger erbleicht. Sie hatte nur gemurmelt, ich hätte sicher recht.

Vielleicht liebt sie mich wirklich. Vielleicht tut sie auch nur so. Keine Ahnung. Ich biete ihr Paroli. Ich weiß, wie man den Leuten nach dem Munde redet, ihnen schöne Lügen auftischt. Es zahlt sich immer aus, einer gutbetuchten Dame, die sich so viel auf ihr Äußeres einbildet, wegen ihrer Anmut zu schmeicheln. «Wenn Sie gehen, scheinen Sie schwerelos dahinzugleiten.» Das haut sie fast um; als hätte ihr noch nie jemand ein Kompliment gemacht oder als könnte sie nie genug davon kriegen.

Was könnte ich ihr noch zuflüstern? Daß ihr rosarotes Kleid mit dem schwarzen Samtjäckchen mir gefällt? Sie wäre fähig, es auf der Stelle auszuziehen, um es mir zu schenken. Wie neulich ihren Türkisring, den ich bewundert hatte. «Hier, nehmen Sie ihn. Es ist ein Geschenk von Hugo, das Schmuckstück, das ich am meisten liebe. Es gehört Ihnen.»

Sie gibt mir auch Geld. Ich nehme es an, um mir Seidenstrümpfe und Parfüm zu kaufen. Mehr nicht. Irgend etwas stört mich daran. Immerhin ist sie eine Frau. Ich nehme lieber Männer aus. Die Piepen, die sie mir zusteckt, knöpft sie ihrem Mann ab. Ich finde das schäbig. Dieser Guiler ist ein netter Kerl. Vielleicht ein bißchen langweilig, aber anständig. Wenn er mich hören könnte, würde er seinen Ohren nicht trauen. Ich komme ihm wahrscheinlich vor wie die skrupellose Hure in dem Renoirfilm, der gerade in den Kinos läuft, *La Chienne* (Die Hündin), obwohl ich mehr Skrupel besitze als seine Frau, die mit ihrem Cousin Eduardo ins Bett geht, sobald ihr ehrenwerter Gatte auf Dienstreise ist. «Ich will mich an Erfahrungen berauschen», hat sie mir erklärt. Alles sehen, alles erleben, alles empfinden. Angeblich habe ich sie auf den Geschmack am Leben gebracht – oder am Laster?

Sie wollte Le Monocle kennenlernen. Ein schauerliches Lokal. Sie findet es so aufregend wie ein kleines Mädchen, das man in die Hafenkneipen mitschleppt. Staunend fixiert sie die Mannweiber, die sich unter den anbetenden Blicken ihrer blonden, meist schwindsüchtigen Freundinnen als Beschützer aufspielen. Sie deutet auf eine, die in fortgeschrittener alkoholischer Auflösung wie eine Wasserleiche aussieht, und fragt mich, ob ich sie gern küssen würde. Ich zucke die Achseln. Ich bin keine von der Sorte. Sie scheint enttäuscht. Sie würde mich am liebsten als pervers-verkommene Sumpfpflanze sehen. Sogar zum Opiumrauchen wollte sie mich schon animieren! Ich hätte mich fast totgelacht. Opium! Orientalische Träume! Schwere Samtvorhänge! Weihrauchbekken! Schwarze Sklavinnen! Seidene Sitzkissen zwischen Liliensträußen! Ausgeburten einer delirierenden Schriftstellerphantasie. Mit Jean habe ich Marihuana geraucht, ohne jede Wirkung. Da schnupfe ich schon lieber Koks. Anaïs wollte wissen, wie das ist. Ich schilderte ihr die bengalischen Feuer im Kopf, die trockenen Lippen, die Leere in der Brust . . .

«June! Ihr Schweigen macht mir immer angst.»

«Ich fragte mich gerade, warum Sie eigentlich so gut zu mir sind?»

«Ich bin doch nicht gut zu Ihnen, nur hilfsbereit. Bei Ihnen kann ich mich ritterlich fühlen, wie ein Mann – wissen Sie noch, in dem Schuhladen, wo ich Ihnen Sandaletten kaufen wollte, habe ich alles bekommen, um das Sie nicht zu bitten wagten. Ich gab den Ton an. Neben Ihnen übernehme ich die Rolle des Mannes.»

«Wenn die Männer so wären wie Sie, würde ich mich öfter mit ihnen einlassen!»

«June! Kommen Sie mir nicht mit solchen Trivialitäten! Sie sind eine wundervolle Frau. Henry schätzt Sie falsch ein. Sie sind kein Dämon. Es ist nur das Leben, die Fülle des Lebens in Ihnen. Ich liebe Sie, June. Wir haben die gleichen verrückten Phantasien. Sie sind die einzige Frau, die es mit meiner Einbildungskraft aufnehmen kann. Wie ich sind Sie immer auf der Suche nach der Ekstase. Wir sind Ertrinkende. Lassen wir uns doch gemeinsam versinken. Das ist so schön . . . Gib mir deine Lippen, June.»

Sie greift nach meiner Hand, zieht mein Gesicht zu sich hin. Ich lege meine Lippen auf die ihren. Um uns her sitzen die Frauen Arm in Arm, zärtlich aneinandergeschmiegt.

Henry würde das Ganze sicher zu einer schönen Szene aufbereiten.

Sapphismus

Zunächst ein spezielles Klima, das seit der Belle Époque von Passy bis zum Faubourg Saint-Germain vorherrscht – eine ungewöhnliche Offenheit und Toleranz für alle nur erdenklichen Extravaganten (in Paris war die Homosexualität nicht strafbar wie in London).

Ferner ein literarisches Motiv, das von Baudelaire bis Pierre Louÿs immer wieder anklingt; ein distinguierter Zeitvertreib für manche Dame von Welt, wie die Marquise de Belbeuf, die Duchesse de Clermont-Tonnerre; eine exzentrische Neigung, der man in Künstlerkreisen frönte: Sarah Bernhardt, Colette; eine Spezialität gewisser Freudenhäuser.

Ja, sogar eine Ethik: die der Pionierinnen der Rive Gauche, deren Modernität in der Hinwendung zum eigenen Geschlecht verankert war: Nathalie Barney, Djuna Barnes, Sylvia Beach, Romaine Brooks, Gertrude Stein.

Für die dreißigjährige Anaïs ergab sich daraus eine Gleichung:

Sapphismus = Freiheit = Dandytum.

Ihre Liebe zu June empfindet sie als Emanzipation: «Ich habe entdeckt, welche Freude ich daran habe, mein Leben wie ein Mann zu führen, indem ich June den Hof mache.»

Eine Perversion, die vor allem ästhetische Züge trägt: «Die harmonische Ergänzung von Strumpfhaltern und schwarzen Seidenstrümpfen... Myrrhe zwischen den Brüsten, Weihrauch in ihren Mündern...» (Die Spiegel im Garten)

Eigenliebe.

Die Faszination der sterilen Vereinigung.

«In der Liebe zwischen Frauen kann kein Leben existieren. Unsere Liebe würde den Tod bedeuten. Die Umarmung von Phantasiebildern.» (Intimes Tagebuch)

Anaïs zweifelte nie daran, daß die lesbische Liebe nichts als eine

Spielart des Narzismus sei: «Es war nicht das Verlangen, die andere zu besitzen, sondern die andere zu werden ... Ihre Körper waren zusammengeprallt, als wären sie ihrem eigenen Spiegelbild begegnet. Sie hatten die Kälte einer Eiswand gespürt, eine Kälte, die in der Umarmung mit einem Mann niemals aufstieg.» (Die Spiegel im Garten) Eine Lust ohne Höhepunkt: «Sie ließen voneinander ab, ohne gefunden zu haben, was sie suchten. Es war nicht die Vereinigung, die sie sich erträumt hatten.»

«Was sucht die Frau?» fragte sich Freud.

Anaïs versuchte, darauf zu antworten.

Indem sie sich jedem konkreten Eingeständnis verweigerte.

Indem sie die lesbische Liebe beschrieb und dennoch stets abstritt, sie selbst gekostet zu haben: «Frauen gegenüber empfinde ich eine warmherzige Freundschaft, aber nie ein sexuelles Verlangen ... Niemals habe ich eine Frau sexuell geliebt.» (Tagebücher 1955–1966)

Fürchtete sie gar, von Women's Lib vereinnahmt zu werden? Oder Ruperts Liebe zu verlieren?

Hatte sie womöglich Otto Ranks intuitive Einsicht vergessen: «Die Homosexualität als Identifikation mit der Mutter beim Mann und mit dem Vater bei der Frau zu deuten genügt nicht. Es geht dabei um die Überschreitung gewisser Grenzen, durch die sich der schöpferische Impuls ausdrückt: eine drängende Energie, die wenig mit der üblichen sexuellen Aktivität gemein hat.»

Kann man von einem Künstler überhaupt verlangen, sich auf ein einziges Geschlecht festzulegen?

15. Kapitel

Ein teuflischer Pakt

Anaïs ist gerade neunundzwanzig geworden. Die Erinnerung an ihre Idylle mit June, die plötzlich wieder nach New York entschwunden ist, läßt ihr keine Ruhe. Doch bald schon wird sie durch eine wahre Sintflut von Briefen abgelenkt, dem unerschöpflichen Monolog eines Literaturbesessenen, dem verbalen Delirium eines Lebenssüchtigen, der in seinem tristen Exil in Dijon unter schweren Entzugserscheinungen leidet. Seine ersten Briefe schreibt er ihr «in einer eiskalten Mansarde ohne fließendes Wasser, über dem Schlafsaal im obersten Stock des Internats» – spontan hingeworfene, scheinbar chaotische Zeilen, eilig auf irgendwelche Papierfetzen gekritzelt, auf Umschläge, auf die Rückseite einer Speisekarte; meist undatiert, aus der Laune des Moments entstanden, oft über mehrere Seiten dahinbrodelnd wie feurige Lavaströme: So brechen Millers Episteln mit der entfesselten Kraft einer Naturgewalt über Anaïs herein, die von sich selbst sagt: «Es gibt zwei Möglichkeiten, an mich heranzukommen: durch Küsse oder mit Hilfe der Phantasie. Aber es gibt eine Hierarchie: Küsse allein genügen nicht.»

Die Romane von D. H. Lawrence hatten sie aufgewühlt. Die Briefe von Miller werden sie bezwingen; noch vor seinen Händen sind es seine Worte, die von ihr Besitz ergreifen.

Im Jahr 1932 schreibt Miller ihr neunhundert Briefe.

Als sie sich in einem Zimmer des Hôtel Central, Rue du Maine Nr. 1b, schließlich dem *Mann* hingibt, ist sie dem *Schriftsteller* längst verfallen...

«Sehr seltsam ist, daß wir zusammen oder auch allein so menschlich sind, so sanft und milde menschlich (diese Stunden in der Küche),

Anaïs in Louveciennes, zu der Zeit, als sie Henry Miller kennenlernte.

in unserem Schreiben dagegen turbulent, bombastisch, fiebrig, monströs; durchtränkt mit homoerotischen Fleischeslüsten. Mein polierter Stil und Dein muskulöser, ein Ringen, ein wechselseitiges Entlocken von Funken.» *(Brief von Anaïs an Miller, Oktober 1932)*

Sie haben sich öfter geschrieben als sich geliebt. Sie schrieben sich weniger aus Sehnsucht als aus Freude am Schreiben; vereint in ihrer Liebe zur Literatur, waren sie sich «nachher» näher als «währenddessen», wenn sie, nackt beieinanderliegend, ihr *»work in progress»* sogleich wieder aufnahmen. «Selbst nachher reden wir fast nur vom Schreiben», vermerkt Anaïs. Die Worte sind ihr wahres Lebenselixier.

«Das, was Henry unzerstörbar macht; was auch mich unzerstörbar macht: daß in unserem Kern ein Schriftsteller lebt, und nicht ein menschliches Wesen.»

Ein Schriftsteller, der zugleich männlich und weiblich ist – oder zumindest die Grenzen seines Geschlechts transzendiert –, zutiefst allein, so losgelöst, so entrückt, daß er/sie im Grunde nichts anderes zum Leben braucht als genügend Muße und Material zum Schreiben.

Ein Schriftsteller, der sich selbst in der Ekstase noch beobachtet, sich also weder der Liebe noch der Lust vollkommen ausliefert. «Zwischen Henry und mir besteht dieser teuflische Pakt zweier Schriftsteller.»

Ohne die Literatur wären diese beiden, die so grundverschiedenen Welten entstammen, sich niemals nähergekommen.

Ohne diesen unerschöpflichen Strom von Worten, unablässig sprudelnd wie ein artesischer Brunnen, ohne jene kaum bezähmbare Ungeduld, endlich etwas zu veröffentlichen.

Diese Schreibbesessenheit spiegelt sich in ihrer ausufernden Korrespondenz, in ihrer überschwenglichen Freude, im anderen jemanden gefunden zu haben, der ihr Talent zu würdigen versteht –

und der die Überzeugung teilt, daß es «im Menschen ein Gewaltpotential freizusetzen gilt, ohne das seine schöpferischen Fähigkeiten verkümmern».

Sie schreiben sich permanent, bei jeder Gelegenheit. Die Briefe – «lebendig, vibrierend, weißglühend» *(Brief von Anaïs)* – enthalten Lob und Kritik zu den Manuskripten, die sie sich gegenseitig zu lesen geben, in ausgewogenem Verhältnis: «Du bist nicht die Rivalin meiner Arbeit. Du bist nicht die geopferte Muse», betont Miller, erschüttert von der Lektüre des *Kindertagebuchs*, das er als echtes Meisterwerk preist.

Sie denken nur ans Schreiben, sie leben für nichts anderes. Selbst ihr sexuelles Begehren bleibt dem Schreiben untergeordnet: «Was Du mir geschrieben hast, ist so schön, daß es schmerzt.»

So übertrifft die intellektuelle Spannung die erotische, bis eine neue Gestalt zwischen sie tritt – bleich, blond gefärbt, in Schwarz und Violett gekleidet. June, mit der Aura träger Laszivität, reines Objekt der Begierde; unfähig zu schöpferischem Ausdruck, produziert sie nur schillernde, chaotische Bilder, aus denen die beiden Schriftsteller ihre Phantasmen schöpfen. «June sieht keinerlei Unterschied zwischen der Fiktion und der Realität», schreibt Anaïs. «Gerade das lieben wir so an ihr.»

Ehe sie zueinanderfanden, haben beide June begehrt, haben in der Tiefe ihrer schwarzen Seele ihre eigene dunkle Seite entdeckt. Miller hat durch sie gelitten, Anaïs durch sie ihre Bereitschaft zur Hingabe erkannt.

June wird zum Katalysator ihrer Leidenschaft.

«June sagte mir sofort, daß Sie in mich verliebt seien oder auch ich in Sie», schreibt Miller. «Dann lernte June Sie kennen und verliebte sich in Sie, und ich war ein wenig unglücklich, nicht Junes wegen, sondern Ihretwegen. Und als ich zu Ihnen kam und in Ihrem Haus weinte, verspürte ich unter meinem ganzen Kummer das tiefe Verlangen, Sie in die Arme zu schließen.»

Am nächsten Tag, nachdem sie sich Miller im Hôtel Central hingegeben hat, schreibt Anaïs: «Henry – die Liebe zu June ist immer noch da. Ich konnte es gestern nicht ertragen, sie (ihre Fotografie) zu sehen. Sie besitzt uns beide...»

Als sie mit Hugo das «32» aufsucht, ein Bordell in der Rue Blondel, das Miller ihr empfohlen hat, läßt sie sich dort «lesbische Positionen» vorführen: «Ich berühre den Kern von Junes Sein», notiert sie darauf in ihrem *Intimen Tagebuch.* Ein paar Wochen später vertraut sie ihm folgenden Traum an: «Ich habe letzte Nacht von June geträumt. June war unerwartet zurückgekommen. Wir schlossen uns in ein Zimmer ein... Ich bat sie, sich auszuziehen... Ich bat sie, mich zwischen ihre Beine sehen zu lassen. Sie öffnete sie, hob sie, und ich sah dicht mit grobem schwarzem Haar bedecktes Fleisch, wie bei einem Mann... Ich beobachtete sie fasziniert und angewidert; dann stürzte ich mich auf sie und sagte: ‹Ich möchte meine Zunge da hineinstecken.› Sie ließ es zu...»

Ohne June kein Verbot, keine Erotik. Miller hat nichts von einem Sade. Oder einem Baudelaire. Sein einziges Laster ist das Leben. Seine Umarmung ist die eines vitalen Mannes, der nicht an seiner Männlichkeit zweifelt. «Ich werde Dich bis ins Innerste öffnen, Anaïs... Du bist Essen und Trinken für mich, ja, die ganze verdammte Maschinerie... Ich sitze hier und schreibe Dir mit einer enormen Erektion.»

Wohltuende Worte, belebende Freuden für die unbefriedigte Ehefrau eines allzu respektvollen Schotten. Vielleicht eine Spur zu normal, zu eindimensional für eine Frau von so komplexem Wesen, deren Ambiguität zugleich mit der Sinnenfreude erwacht ist. «Ich möchte Drogen. Ich möchte perverse Menschen kennenlernen, mit ihnen intim werden. Für naive Gesichter habe ich nichts übrig. Ich möchte mitten ins Leben beißen und von ihm zerrissen werden. Henry gibt mir das nicht alles. Ich habe seine Liebe geweckt. Zum Teufel mit seiner Liebe!» gesteht sie sich mitten in ihrer Liaison.

Sie, die geglaubt hatte, einen Meister zu finden, sieht sich nun einem Mann gegenüber, den das Glück so friedlich, weich und rührselig macht, daß er sie sogar heiraten möchte! Seit wann heiratet man denn seinen Liebhaber!

Im August 1932 notiert Anaïs im *Intimen Tagebuch*: «Wenn ich Henrys glühende Liebesbriefe lese, berühren sie mich keineswegs. Ich habe es nicht eilig, zu ihm zurückzukehren ... Ich komme mir unaufrichtig vor. Ich weiche dem Thema aus. Ich schreibe weniger, als ich sollte. Ich muß mich zwingen, überhaupt zu schreiben.»

Ein entlarvender Satz: Kein Briefwechsel scheint suspekter als der zweier Schriftsteller, denen Worte mehr bedeuten als Gefühle; und deren Beteuerungen in erster Linie zur Stilübung dienen.

Niederkunft

«Damals wußte ich nicht, daß ich es ablehnte, Mutter zu sein, eine Mutter von Kindern. Ich wollte die Mutter von Träumen und Kunstwerken sein, die Mutter von Künstlern.» (Leitern ins Feuer)

Wer Kunst erschaffen will, soll sich nicht fortpflanzen.

«Ich bin nur Schmerz und habe keine Erinnerung ... Ich bin zu erschöpft, um mich zum Licht zu drehen oder meinen Kopf zu wenden und auf die Uhr zu sehen. In meinem Körper brennen Feuer, ich werde gemartert, das Fleisch ist Schmerz. Das Kind ist kein Kind, sondern ein Dämon, der mich würgt.» (Unter einer Glasglocke. Geburt)

Zwischen dem Ego eines Künstlervaters und der Bitterkeit einer geopferten Mutter hin- und hergerissen, war sie unbewußt von dem Verbot zu gebären geprägt; so daß sie im September 1934, statt neues Leben zu geben, ein totes Kind zur Welt brachte: «Ich preßte voll Zorn, voll Verzweiflung, voll Raserei, mit dem Gefühl, beim Pressen sterben zu müssen, preßte, als fühlte ich den Tod herannahen ...» (Geburt)

Ein kleines Mädchen, das ihr glich. »Zeigen Sie es mir. Der Arzt hält es hoch. Es ist dunkel und klein, wie ein winziger Mann, aber es ist ein kleines Mädchen. Es hat lange Wimpern über seinen geschlossenen Augen.» (Geburt)

Die Kette des Fleisches war gesprengt, das Diktat der Anatomie entkräftet. Fortan würde sie ihr Schicksal selbst bestimmen.

Aus diesem Tod schuf sie eine Erzählung: Birth.

Aus diesem Tod, neue Worte.

Die Tagebücher: eine lebenslange Schwangerschaft.

Schreiben: Worte gebären, Phantasmen zum Leben erwecken.

«Als Frau schreiben ... Alles ereignet sich im wirklichen Mutterleib, nicht in dem Mutterleib, den sich die Männer als Ersatz fabrizieren ... Und es ist dieser Abstieg in den wirklichen Mutterleib, der mich

fasziniert, zu dem ich den Mann hinablocke, um ihn dort festzuhalten, während ich gleichzeitig darum kämpfe, ihn von der Frau zu befreien, damit er einen anderen Mutterleib erschaffen kann.» Anaïs ist Gaia, die mythische Urmutter.

«Ich bin die junge Mutter der ganzen Gruppe», sagt sie über die Gäste in der Villa Seurat. «Ihrer aller Mutter. Die Muter ihrer Träume. Ich gab ihnen, was ihr Vater, ihre Mutter keinem von ihnen geben konnten.» (Tagebücher, 1934–39)

«Ihre Kinder! Gütiger Gott!» spottete Miller. «Sie betrachtete alle ihre Freunde – mich eingeschlossen – als ihre Kinder, als ob wir unfähig gewesen wären, ohne sie zu überleben!»

16. Kapitel

Loslösung?

Von 1934 an, nach der Totgeburt des kleinen Mädchens mit den langen Wimpern – sein Vater, schreibt Anaïs, «ist ein Künstler, der alle Liebe, alle Wärme für sich beansprucht» –, macht sich in ihren Briefen allmählich ein gewisses Ressentiment bemerkbar. Anaïs hätte Miller gern von sich abhängig gesehen. Body and Soul: durch den Sex und das Geld an sie gekettet. Doch nichts vermag diesen ewigen Nomaden festzuhalten, diesen mystischen Heiden, der die Liebe einer Frau mit der gleichen Selbstverständlichkeit genießt wie das Aroma des Weins. «In Wirklichkeit bist du doch vollkommen zufrieden, ganz allein in Clichy», wirft sie ihm vor. «Ein bißchen Sonne, und schon werde ich euphorisch, ein bißchen Glück, und schon vergesse ich – zu schnell, wie du sagst – all meinen Kummer. Im Grunde bin ich ja ein fröhlicher, lebenslustiger Kerl, mit dem leicht auszukommen ist», entgegnet er; ein Adam vor dem Sündenfall, ein Adam ohne Eva, frei, weil frei von Schuldgefühlen. Anaïs hatte gehofft, June den Platz in Millers Pantheon streitig zu machen. Wie so viele Geliebte von Künstlern hätte sie gern jene stendhalsche Kristallisation bewirkt, die aus ihr ein «ewiges Idol» gemacht hätte. Für Miller – der sie deswegen liebte – war Anaïs die verständnisvolle Komplizin, der man alles sagen konnte, und sei es auch nur, am Ende eines Briefes: «Jetzt muß ich mir ein Schnitzel kaufen!»

Sie forderte das Ideal. Er verklärte den Alltag.

Der erste Schritt zur Trennung findet im November 1934 statt, als Anaïs dem Analytiker Otto Rank nach New York folgt, ohne Miller den Grund der Reise zu gestehen. Um seine Eifersucht zu schüren, inszeniert sie ein perfides Verwechslungsspiel, indem sie ihm einen Brief schickt, der für Hugo bestimmt war, und Hugo den an Miller gerichteten Brief zukommen läßt. Doch schließlich kommt er ihr auf die Schliche: «Den *wirklichen* Grund für den Irrtum zu enträtseln, diesen eigenartigen Irrtum, durch den Du Dich vollkommen reingewaschen hast – das dauert einige Zeit bei einem begriffsstutzigen Einfaltspinsel wie mir... Ich weiß nicht, warum ich mich verletzt fühle, aber ich tue es; ich weiß auch nicht, warum ich mißtrauisch bin, aber ich bin es... Es ist schrecklich. Ich kann mir sagen, daß Du eine Frau bist und daß alle Frauen Lügnerinnen sind, unverbesserliche Lügnerinnen, selbst die besten unter ihnen», schreibt er ihr, bevor er sich ebenfalls nach New York einschifft.

Weder ihr Wiedersehen, noch ihre literarische Zusammenarbeit (Miller schrieb ein Szenario, dem ihre Erzählung *Alraune* zugrunde lag, und sie fuhr nach London, um bei der Kritikerin Rebecca West für ihn einzutreten) konnten ihre einstige Verschworenheit wieder aufleben lassen.

«Wenn ich in deine Wohnung trete, sehe ich das ausdruckloseste Gesicht, die vagesten Gesten, die vollkommene Geisterhaftigkeit. Es genügt nicht, eine Frau bloß zu sich ins Bett zu holen, weißt Du», schreibt sie ihm im Jahr 1937, mit der Kälte einer Frau, die einen neuen Liebhaber gefunden hat.

Sie wird noch viele weitere haben – jüngere, schönere, reichere, doch ohne jenen unbefangenen Charme, mit dem Miller ihr einst seine Ergebenheit beteuerte: «Du kannst jederzeit einen Fußabtreter für Deine Kunst aus mir machen. Das müßte Dir eigentlich gefallen, Anaïs Nin (denn Du bist eine große Künstlerin).»

«Hätte ich damals schon den Sinn für Humor gehabt, den ich heute habe, und hättest Du damals die Qualitäten gehabt, die Du heute hast, wäre vermutlich nichts zerbrochen», bekannte sie im Jahr 1953. Zu spät.

17. Kapitel

Boheme

Clichy, Avenue Anatole-France Nr. 4. Ein kleines Arbeiterhäuschen, eine halbe Stunde zu Fuß von der Endstation der Métro, «Porte de Clichy». «So schön wie die Park Avenue!» ruft Miller begeistert, als er im Frühling 1932 mit Alfred Perlès dort einzieht.

«Fred», gebürtiger Österreicher, Journalist in der Pariser Redaktion der *Chicago Tribune*, hatte Henry und June 1928 kennengelernt, als sie sich zum ersten Mal in Europa aufhielten. Zunächst unglücklich in June verliebt, hatte er seine Zuneigung dann auf diesen Tausendsassa aus Brooklyn verlagert, den er um seine Unbeschwertheit beneidete. Miller verdankt ihm seinen Posten als Korrektor bei der Zeitung, der ihm fünfundvierzig Dollar im Monat einbringt.

Ein geradezu fürstliches Gehalt für jemanden, der bisher darauf angewiesen war, in den Cafés die Trinkgelder von den Untertassen zu stehlen! Endlich kann er sich ein eigenes Quartier leisten.

Die Wohnung besteht aus zwei Zimmern – durch einen Flur getrennt, so daß die beiden Komplizen ungestört kommen und gehen können –, Bad und Küche: «Der wichtigste Raum der Wohnung, wo wir unsere glücklichsten Stunden verbrachten. Vor allem fand man im Kühlschrank immer etwas zu essen ... Wir mußten uns nie um die nächste Mahlzeit sorgen, noch nicht mal um die übernächste ... Doch diese Zauberküche in Clichy ernährte nicht nur unsere Körper; sie wachte auch über unsere Seelen. Wie oft habe ich mit Tränen in den Augen an die endlosen Abende zurückgedacht, die wir dort zusammensaßen, bis die Morgendämmerung das nächtliche Schwarz vor den Fenstern in ein metallisches Blau verwandelte ... Es gibt kein Thema auf der Welt, das wir in dieser Küche nicht angesprochen hätten. Wir waren fröhlich und unbekümmert, und die Inspiration kam uns ganz von selbst.» (Alfred Perlès, *Mein Freund Henry Miller*)

Das ideale Boheme-Ambiente für die bürgerliche Frau, die sich jedes Mal heimlich dort einfindet, wenn ihr Ehemann auf Dienstreise ist. Mit Freuden vertauscht Anaïs die Behaglichkeit von Louveciennes, den Garten, das Klavier, das spanische Dienstmädchen und das edle Mobiliar gegen den morbiden Blick auf die Wellblechdächer der Vorstadt, die Wachstuchdecke des Küchentischs voller Wein- und Tintenflecke, an dem man nächtelang über Gott und die Welt diskutiert und die Liebe feiert...

»Wie kostbar, die Augenblicke in der Küche von Clichy, auch mit Fred. Die beiden frühstückten um zwei Uhr mittags. Bücher türmten sich – Bücher, die sie mir zu lesen geben wollten, und das eine, das ich ihnen gebracht hatte. Dann allein in Henrys Zimmer. Er schließt die Tür, und unser Gespräch geht über in Liebkosungen und schönes, kräftiges, bis zum Kern vorstoßendes Ficken.» *(Intimes Tagebuch)*

In einem Brief an Anaïs vom 17. Juni 1932 kündigt Miller ihr einen neuen Gast in Clichy an: «Als ich gestern abend heimkam, fand ich eine Frau vor – eine Mlle. Paulette, neunzehn Jahre, eine Freundin von Fred. Kein Hausputz mehr! Paulette wird alles besorgen... Sie kann alles. Es macht mich sehr glücklich, sie zu beobachten – ist ganz wie ein Kind.»

* * *

Fred hatte ihr schon so viel von «der Göttin», wie er sie nannte, vorgeschwärmt, daß Paulette darauf brannte, sie endlich kennenzulernen; es schien dem Mädchen unvorstellbar, daß eine Göttin sich mit einem armen Schlucker einließ, der durchlöcherte Socken trug, seine Streichhölzer an der Schuhsohle anzündete, jeden Fusel trank und die Sardinen direkt aus der Büchse fraß!

Paulette hatte sich sagen lassen, daß jene hochverehrte Göttin sehr wohlhabend sei, eine Dame von Welt, die im Westen von Paris ein nobles Landhaus bewohnte.

Wenn Paulette Henrys Zimmer putzte, hatte sie stets ihr Parfüm in der Nase; der süßlich-schwere, an Narzissen erinnernde Duft hing sogar in den Vorhängen. Wenn sie sein Bett frisch bezog, fand sie manchmal noch ein loses Strumpfband. In der Kommodenschublade, wo Miller seinen Papierkram aufbewahrte, häuften sich feinste Seidendessous . . .

Wie Fred gerne sagte: «Anaïs bei uns, das ist wie Perlen vor die Säue geworfen.»

Paulette verließ dann immer beleidigt den Raum. Eines Morgens, als sie noch im Bett faulenzte, klopfte es an der Tür. «Wer ist da?» rief sie und zog hastig das Laken bis zum Kinn. «Ich bin's», tönte es von draußen – eine hohe, seltsam atemlose Frauenstimme. Paulette erriet sofort, daß es nur die Göttin sein konnte. Sie sprang in die Kleider und riß die Tür auf, vor der eine sehr kleine atemlose Dame stand, die offenbar im Laufschritt hergeeilt war. Was war denn so Besonderes an ihr, abgesehen von ihren Türkisohrringen? Ihr Blick: der geheimnisvolle Schimmer kostbarer Jade. Sie hatte einen großen Koffer neben sich gestellt und spähte mißtrauisch in das Zimmer.

«Wo ist Henry?»

«Mit Fred in der Redaktion . . .»

«Sind Sie Freds neue Freundin?»

Paulette nickte mürrisch. Irgend etwas an dem Ton der Dame mißfiel ihr.

«Ist das Zimmer schon aufgeräumt?»

Paulette hätte sie am liebsten angefaucht: «Für wen hältst du dich eigentlich, Göttin?» Doch der Anblick des Koffers ließ sie in Ehrfurcht verstummen. Was für Wunderdinge er wohl enthalten mochte? Neugierig folgte sie Anaïs in Millers Zimmer.

Anaïs begann den Raum eingehend zu inspizieren, öffnete den Schrank, die Nachttischschublade, sah sich einen Brief an, der auf der Kommode herumlag, und ließ die Hand sogar in die Taschen seiner Hose gleiten, die über einer Stuhllehne hing. Sie schien fast enttäuscht zu sein, nichts zu finden. Dann entschloß sie sich, ihren Koffer auszupacken. Paulette trat gespannt näher, die Hände hinter dem Rücken verschränkt. Sie konnte nichts bewundern, ohne es sogleich betasten zu wollen. Paulette schrie vor Entzücken auf. Göttinnengewänder! Unterröcke aus Satin, Spitzenkorsagen, Seidenstrümpfe, ein Schlafanzug aus Crêpe de Chine. Mitsouko von Guerlain. Puder von Caron: *«N'aimez que moi.»* Zwei oder drei Bücher und ein dickes Heft, das sie vorsichtig auf das Bett legte.

«Rühren Sie das ja nicht an! Das ist mein Tagebuch. Henry soll es heute abend lesen.»

Ihr Tagebuch! So dick, daß Fred es «der Walfisch» nannte! Henry hatte es einmal mitgebracht, um es seinem Komplizen zu lesen zu geben. Paulette konnte sich noch lebhaft an ihre Auseinandersetzung erinnern. «Sie täte besser daran, ihr Tagebuch an die Wand zu nageln, um es ein für alle Mal zum Schweigen zu bringen! Sie sollte lieber leben, statt ihr Leben derart zu mumifizieren!» hatte Miller gelästert. «Aber das ist doch unglaublich sensibel, einfach überwältigend!» hatte Fred empört eingewandt. «Nichts als hohles Gewäsch! Sie sollte weniger schreiben und mehr schwitzen. Ihr Stil ist zu dramatisch, überspannt, geradezu hysterisch!» – «Sie muß es unbedingt veröffentlichen. Dieses Tagebuch reibt sie noch auf!» So hatten sie die ganze Nacht hin und her argumentiert.

Man mußte doch leicht meschugge sein, um sich über bloßes Papier so ereifern zu können.

Und das galt auch für Anaïs!

Die beiden Frauen kamen jedoch recht gut miteinander aus. Anaïs legte ihren überheblichen Tonfall ab und freundete sich mit dem jungen Mädchen an, das ihr Gesellschaft leistete, als sie ohne Vorwarnung in Clichy aufkreuzte, mit dem Koffer in der Hand, höchst ungehalten, Miller nicht vorzufinden. Paulette bot ihr einen Kaffee an, und Anaïs setzte sich zu ihr in die Küche. Das Gemüseputzen beruhigte ihre Nerven. Während sie geschickt das Schälmesser handhabte, horchte sie Paulette aus. Wann Henry gestern heimgekommen sei? In welcher Bar er gewesen sei? Mit wem? Paulette log gewissenhaft. Anaïs hätte zu sehr gelitten, wenn sie erfahren hätte, daß Henry überhaupt nicht nach Hause gekommen war.

Beschwichtigt und dankbar küßte sie ihr die Wange.

«Ach, sie ist eigentlich ganz nett, wenn man sie erst besser kennt», verteidigte Paulette sie vor denen, die sie für hochmütig hielten. Und wie gut sie Tortillas backen konnte! Man mußte sie so heiß wie möglich essen, mit einem Glas Rotwein dazu. Anaïs war niemals betrunken, nur angeheitert genug, um über die derben Scherze der Männer zu lachen.

Danach zog jedes der Paare sich in sein Zimmer zurück. Manchmal hörte man sie aufschreien: «Henrich!»

Ob sie ihn liebte? Auf den ersten Blick sah es ganz so aus. Nichts war zu gut für ihn. Wie viele Hemden mochte sie ihm geschenkt haben? Und die Schreibmaschine, die man bis zum Morgengrauen klappern hörte. Und der Plattenspieler! Und all die Platten! Und natürlich jede Menge Geld.

Doch sie konnte sich auch grausam zeigen, wenn sie seine Schlampigkeit tadelte, einen Fettfleck auf dem Hemd, Soßenspuren in den Mundwinkeln. Miller errötete dann wie ein Kind, das ausgeschimpft wird. Es war ihre Art, sich zu rächen. Und sie hatte allen Grund dazu. Miller war alles andere als rücksichtsvoll. Oft gab er ihr Geld für Huren aus, was Anaïs sehr wohl wußte. Ihre Großzügigkeit, ihre Engelsgeduld kamen Paulette fast ein wenig pervers vor. Welche Frau ertrug es schon freiwillig, sich Lobpreisungen auf ihre Rivalin anzuhören? Anaïs!

Miller war nach wie vor von June besessen. Junes Stimme, Junes Blässe, Junes unwiderstehlicher Charme, Junes majestätische Statur. Diese Hexe! Diese Hure! Dieses Monstrum! Er erging sich in den wüstesten Beschimpfungen. Anaïs nahm sie in Schutz. «Du beurteilst sie falsch, Henry. Hör mir zu. Ich bin die einzige, die sie versteht. Ohne dich ist sie verloren. Sie hat sich mir anvertraut. Eines Tages werde ich meine Version von June niederschreiben.»

Wen von beiden liebte sie nun eigentlich?

Eines Tages, als Paulette mit Fred durch den Bahnhof Saint-Lazare ging, hatten sie Anaïs mit Tränen in den Augen in der Schalterhalle umherirren sehen. Fred war auf sie zugetreten, und sie hatte sich schluchzend an seine Schulter geklammert.

«Ich bin am Ende! Wissen Sie, daß er mir regelmäßig die neuesten Seiten seines Manuskripts zuschickt? Sein Buch über June... Gestern abend habe ich wieder ein Paket erhalten, dreißig engbeschriebene Seiten, auf denen er sich nur über seine Leidenschaft für eine andere Frau ausläßt! Ich habe sie die ganze Nacht wieder und wieder gelesen... Es quält mich so unbeschreiblich, diese Ergüsse zu lesen, selbst wenn ich es gern tue. Seine Worte durchbohren mich wie Dolche, seine Sätze vergiften meine Träume, all diese kleinen Bemerkungen über ihre Vorlieben und Eigenarten.»

«Beruhigen Sie sich doch, Anaïs. Wenn ein Mann über eine Frau schreibt, heißt das, daß er sie innerlich schon überwunden hat. Nehmen Sie doch nicht alles gleich so wörtlich. Miller fabuliert sich das meiste doch sowieso nur aus der Phantasie zurecht.»

«Ist das alles, was Sie mir zum Trost sagen können! Daß er sie praktisch frei erfunden hat! Was nützt es mir denn, ob er eine wirkliche Frau liebt oder nur seine Projektion einer Frau, solange *ich* es nicht bin!»

Doch es gab auch glückliche Tage. In Louveciennes. Paulette, Fred und Henry fuhren mit Fahrrädern zu ihr hinaus. Henry nahm seine Manuskripte auf dem Gepäckträger mit. Er schrieb keine Zeile mehr, ohne sie von Anaïs begutachten zu lassen. Ihr Urteil galt ihm mehr als das von Fred.

Paulette war von Louveciennes begeistert. Die Kupferpfannen, die kostbaren Gläser, der marokkanische Messingtisch, auf dem ein paar Räucherstäbchen glommen. Und die Schlafzimmer erst! Das von Anaïs, im ersten Stock, war in verschiedenen Rosatönen gehalten, von den Tapeten bis zu den Bettlaken. Anaïs hatte dort eine Schale mit frischem Obst bereitgestellt, Zeitschriften auf dem Nachttisch und einen Strauß Feldblumen auf dem Fensterbrett. Und natürlich gab es auch einen himmlischen Morgenrock zu bewundern.

Wie konnte eine so kultivierte Frau ihren Liebhaber im eigenen Ehebett empfangen? fragte sich Paulette, unwillkürlich für den Unbekannten in Tennisdreß Partei ergreifend, dessen Foto sie eben erst auf dem Kaminsims im Salon gesehen hatte. Hugo Guiler schien sich seinen jungenhaften Charme bewahrt zu haben, aber auch die Verletzlichkeit der Jugend. Er verdiente es nicht, daß man ihn so hinterging. Fred hingegen sah die Sachlage etwas differenzierter.

«Guiler weiß alles.»

«Warum sagt er dann nichts?»

«Offensichtlich ist es ihm ganz recht so. Anaïs zehrt an seinen Kräften ... Also wartet er lieber ab.»

«Worauf wartet er denn?»

«Daß die Leidenschaft von selbst erlischt. Eines Tages wird Anaïs es leid sein, Henry auszuhalten ... Woher glaubst du wohl, daß sie das viele Geld hat?»

«Sie verkauft ihre Kleider ...»

«Ja, das behauptet sie! In Wirklichkeit frisiert sie die Haushaltsrechnungen, die Guiler ohne einen Mucks bezahlt, kassiert die Restsumme und steckt sie Henry zu, der nichts Eiligeres zu tun hat, als das Geld ins Bordell zu tragen.»

«Sei doch nicht so gemein!»

«Das ist die Wahrheit. Anaïs leistet sich ein Genie, das ihr Spaß im Bett verschafft. Und Miller eine Dame der besseren Gesellschaft, die sich für Literatur begeistert. Keiner von beiden kommt dabei zu kurz. Sie wissen sehr gut, was sie machen, warum sie es machen und wie lange sie so weitermachen wollen.»

«Und wenn Henry sie nun heiraten wollte?»

«Das wollte er ja, aber sie hat abgelehnt. Sie wird ihren Mann nie verlassen. Weißt du, was sie mir mal gesagt hat? ‹Henry geht es vor allem ums Körperliche, deshalb liegt ihm auch so viel an June. Ich liebe ihn zwar auch physisch, aber so etwas ist doch nie von Dauer. Er ist dazu verdammt, mich irgendwann zu verlieren.›»

Anaïs kann sehr hellsichtig sein, wenn es ihren Zwecken dient.

transition

Den Mut, sich aus dem Intimbereich des Tagebuchs hervorzuwagen, sich ihrer Phantasie wie einer Droge zu bedienen und ihrer Träume wie eines Brennglases, den Mut, aus ihrer Dreisprachigkeit eine bereicherte Sprache zu schöpfen und aus ihrer Neurose eine literarische Thematik, diesen Mut verdankt Anaïs nicht zuletzt transition.

Eine Zeitschrift, die *Kultzeitschrift jener angelsächsischen Literaten, die im Fahrwasser von James Joyce und Gertrude Stein die Revolution des Wortes propagierten; derer, die wie Eugène Jolas, der Gründer der Zeitschrift, die Notwendigkeit einer neuen Sprache erkannt hatten, einer Sprache, die alle Sprachen, alle Mythen, alle Künste in sich vereinen sollte. Unter den von Miró, Mondrian und Duchamp entworfenen Titelblättern eröffnet sich ihr, der nach Louveciennes Exilierten, ein neues, kongeniales Territorium, durchsetzt von dadaistischen Dissonanzen, surrealistischen Geistesblitzen: Texte von Breton, Kafka, Michaux, zum ersten Mal ins Englische übersetzt, die lautmalerischen Gedichte von Hugo Ball, Texte von Schizophrenen. Ihr Bruder Joaquin erinnert sich, daß Anaïs «mehr an Jolas' Theorien über Halluzinationen interessiert war als an den Auszügen aus Joyce' Werk, das sie aber stets mit Verve gegen alle hämischen Kritiker verteidigte.»*

»transition *hat meine dichterische Imagination entfesselt», schreibt sie im April 1932, als sie mit dem Entwurf von* Haus des Inzests *beginnt, dessen lyrische Prosa ganz dem Stil von* transition *entspricht.*

Frühling 1932: Die Nummer 21 der Zeitschrift bringt ein Manifest heraus, in welchem zu lesen steht:

«Die Revolution der englischen Sprache ist eine unleugbare Tatsache.

Der literarische Autor hat das Recht, die Grundsubstanz seines Schaffens nach Belieben zu desintegrieren: die Wörter, die ihm von Handbüchern und Lexika vorgeschrieben sind.

Er hat das Recht, sich frei erfundener Wörter zu bedienen und sich über alle grammatischen und syntaktischen Regeln hinwegzusetzen.

Die Zeitfolge ist eine Tyrannei, die es abzuschaffen gilt.

Zum Teufel mit dem gewöhnlichen Leser!»

Welche Droge könnte einer gerade im Werden begriffenen Schriftstellerin gelegener kommen als diese Leitsätze?

Anaïs wird sich ihrer fast exzessiv zu bedienen wissen.

18. Kapitel

Allendy

Als Anaïs sich zum ersten Mal in die Rue de L'Assomption Nr. 67 begibt, geschieht es auf Anraten ihres Cousins Eduardo: «Jetzt ist für dich der Moment gekommen, mit einer Analyse zu beginnen. Du brauchst jemanden, der dich in deiner Selbstfindung anleitet.» Ein Zimmermädchen läßt sie in einen dunklen Salon eintreten, der mit braunen Samtstühlen möbliert ist. Hinter einem goldbestickten chinesischen Vorhang verbirgt sich eine Tür: Sie führt in Dr. Allendys Ordination.

Allendy: eine paradoxe Figur, im vagen Grenzgebiet zwischen institutionalisierter Psychiatrie und esoterischen Randströmungen. Mit Marie Bonaparte hat er die «Société de psychanalyse française» gegründet, interessiert sich jedoch auch für Allopathie, Okkultismus, Alchimie – und für moderne Kunst. Er und seine Frau Yvonne unterstützen Antonin Artaud, der jeden Sonntag bei ihnen zu Abend ißt und dessen Genie er so hoch einschätzt, daß er ihn einlädt, im Rahmen des von ihm geleiteten Zyklus über «philosophische und wissenschaftliche Studien zur Erforschung neuester Tendenzen» an der Sorbonne eine Vorlesung zu halten. Anaïs hatte sich einige seiner Vorträge dort angehört, bevor sie ihn persönlich kennenlernte. Ein Satz hatte sich ihr besonders eingeprägt: «Die Psychoanalyse kann die Fatalität überwinden.»

Ihre Initiative, sich einer Psychoanalyse zu unterziehen, ist nicht besonders mutig. Für die meisten ihrer Zeit- und Standesgenossen gehört der Gang zum Analytiker fast schon zum guten Ton. Anaïs' Einstellung scheint dagegen zwiespältig. Von Schuldgefühlen wegen ihrer Lügen verfolgt, noch immer im Bann ihres Vaters und von der Erinnerung an June besessen, verbindet sie mit der Analyse

Dr. René Allendy, der sie ein «literarisches kleines Mädchen» nannte.

zunächst einmal die banale Hoffnung auf Befreiung. Zugleich mißtraut sie ihr aber, weil der Jargon sie abstößt und die Methode ihr angst macht. Wenn sie ihr Innerstes zu sehr ausliefert, was wird ihr dann noch für das Tagebuch bleiben?

Trotz allem entschließt sie sich, den Schritt zu wagen: aus Experimentierfreude, um die Ansätze weiterzuentwickeln, die sie den Surrealisten verdankt – um letztlich zu ihrer eigenen «Surrealität» vorzustoßen.

Auch Allendys «patriarchalisches Aussehen» ist ihr zunächst nicht ganz geheuer: «Es hätte besser zu ihm gepaßt, Horoskope zu stellen, mit magischen Formeln zu arbeiten oder aus einer Kristallkugel zu lesen. Er sah nicht wie ein Arzt, sondern wie ein Magier aus.» *(Tagebücher, 1931–1934)* Er wird sie enttäuschen. Er nimmt sie nicht ernst, nennt sie sein «literarisches kleines Mädchen», reduziert alles auf den Inzest. Sie hatte sich einen Magier, einen Priester, einen Gott erhofft; den Mann lehnt sie ab, entzieht sich seiner Autorität, indem sie ihn verführt.

Otto Rank wird es nicht anders ergehen.

Man hat ihr Verhalten als Koketterie, als Nymphomanie oder gar als Hysterie gedeutet. Man könnte es jedoch auch als einen Akt der Befreiung verstehen. Seinen Analytiker verführen heißt, die Analyse beenden, ohne deshalb auf das Unbewußte zu verzichten.

* * *

Der schwarze Vorhang fiel zurück. Allendy lehnte sich gegen die Tür und versuchte, an seiner Hand noch einen Hauch ihres Parfüms zu erahnen. Umsonst. Hatte er sie nicht fest genug an sich gedrückt? Während der letzten Sitzung hatte Anaïs sich über ihre zu kleinen Brüste beklagt: «Vielleicht ist es ein Zeichen, daß das männliche Element in mir überwiegt.»

Arglos hatte er wissen wollen: «Sind sie denn völlig unterentwickelt?» Er hatte die Frage als Arzt gestellt. Doch statt ihm kurz und bündig zu antworten, hatte sie geseufzt und vielsagend gelächelt. Ihre Gesten straften ihre Worte oft Lügen; ihre Intonation verriet, was ihr Blick zu verbergen suchte. Die gleiche Ambivalenz zeigte sich auch in ihrer Kleidung: Zum streng geschnittenen Kostüm trug sie eine tief ausgeschnittene Bluse, unter einem schlichten dunklen Mantel ein feuerrotes Kleid.

Lächelnd hatte sie ihre blassen, spitzen, jungfräulich anmutenden Brüste vor ihm entblößt.

Anaïs. Anaïtis. Göttin. Vestalin. Femme fatale. Schwester. Verführerin. So skandierte einer seiner Patienten, Eduardo Sanchez, ihren Namen in jeder Sitzung. Anaïs war seine Cousine; sie war auch seine Geliebte – zumindest ein-, zweimal. Aus Mitleid, behauptete er. Um mein Selbstvertrauen aufzurichten, mir zu beweisen, daß ich ein Mann bin. Nein, sie ist nicht pervers. Sie ist aufrichtig – mögen andere es auch lasterhaft nennen.

Zu ihrem ersten Termin bei ihm war sie als Amazone verkleidet erschienen. Allendy hatte sich von der kupfern schimmernden

Haarpracht, den groben Armreifen, dem steifen, stahlblauen Kleid nicht irreführen lassen. Hinter der kriegerischen Maske verbarg sich ein überaus verletzliches Geschöpf.

«Ich habe alles von Ihnen gelesen. Das Thema der inneren Bestimmung interessiert mich brennend. Wußten Sie schon, daß ich ebenfalls schreibe?»

«Eduardo erzählt mir oft von Ihrem Tagebuch.»

«Er hat Angst davor. Alle haben sie Angst davor. Er, Hugo, mein Vater, selbst Henry, der immer behauptet, es sei eine Form von Regression. Am liebsten würden sie es vernichten. Wie kann man eine Frau besitzen, die ihr Innerstes zu Papier bringt? Als ich über Lawrence schrieb, war mein Körper zwei Wochen lang wie abgestorben! Hugo verstand gar nichts mehr! Er gab sich selbst die Schuld, grämte sich. Ich mußte ihn beruhigen, trösten, bemuttern. Nicht die starken Frauen machen die Männer schwach, sondern die schwachen Männer die Frauen zu stark!»

Sie hatte sich in Rage geredet, ihre Wangen glühten, ihre Hände zitterten. Er entgegnete trocken: «Hören Sie auf zu lügen.»

Sie brach in Tränen aus.

Sie verabredeten, sich fortan jeden Donnerstag zu sehen.

Ihre Lebhaftigkeit, ihre Sensibilität, ihr erstaunliches visuelles Gedächtnis, die Geschicklichkeit, mit der sie ihre Träume ausspann, all das machte sie zu einer faszinierenden Patientin; obwohl ihr Fall alles andere als außergewöhnlich war.

Mit Bedauern mußte Allendy sich gestehen, daß er es wieder einmal nur mit einem banalen Ödipuskomplex zu tun hatte. Das Schuldgefühl, kombiniert mit der Erfahrung des Vaterverlusts, bestimmte das Verhalten seiner Patientin nach einem ewig gleichen Schema: ein übermächtiges Verlangen, in jedem Mann den verlorenen Vater zurückzugewinnen, und eine ebenso heftige Furcht, von ihm dominiert zu werden, eine Furcht, die sie durch ihre Don-Juan-Taktik zu vertreiben trachtete. Mit diesen klassischen Symptomen entsprach ihre Neurose dem Schulbeispiel, das er in seinem letzten Vortrag als eine morbide Form von Idealismus gedeutet hatte.

Seit ihrer Kindheit hatte sie sich schuldig gefühlt. Sie wurde immer wieder von Bildern heimgesucht, die ihr verzerrt, wie unter Wasser erschienen: schwarze Koffer in einem Eisenbahnwaggon, eine Christusfigur in einem langen spanischen Cape, vor den leeren weißen Blättern eines Schreibheftes aufragend, ein enger Tunnel mit drohend flexiblen, reptilhaften Wänden. Allendy entschlüsselte die Symbolik ohne Mühe. Mittels seines höheren Wissens drang er gewaltsam in ihr Unterbewußtsein vor.

Anfangs war sie sehr aufmerksam, kooperativ, ja geradezu enthusiastisch, als er sie bat, einige Recherchen für ihn zu übernehmen, zu denen ihm die Zeit fehlte. Sie annotierte medizinische und astrologische Handbücher für ihn, übersetzte seine Artikel für eine amerikanische Fachzeitschrift, fehlte bei keinem seiner Vorträge. Mit ausgesuchter Eleganz gekleidet, nahm sie in den ersten Reihen Platz und winkte ihm verstohlen zu, was ihn mit naivem Stolz erfüllte. Er spielte gern den Beichtvater für Damen von Welt.

Zu einem Klavierkonzert gebeten, das Anaïs' Bruder in der Salle Chopin gab, erschien er mit seiner Frau Yvonne, deren altmodisches Sackkleid sie etwas plump wirken ließ. Sie verstand sich nicht anzuziehen. Obwohl ihm ihre hausbackene Art sonst eher rührend vorkam, haßte er sie an jenem Abend dafür, wie bieder sie gegenüber der grazilen Gestalt im hautengen Lamékleid wirkte, die er in der Pause auf der Galerie erblickte. Sie nickten sich zu, doch sie machte keine Anstalten, zu ihm hinüberzukommen. Wie eine Aureole umgab sie ein Kreis von Verehrern, in dem sie als Diva glänzte. Eduardo ließ sie nicht aus den Augen. Hugo beugte sich über sie und schien wie gebannt an ihren Lippen zu hängen. In dem langen Lulatsch mit dem schütteren Haar, auf den Eduardo erfreut zustürzte – Hugos Schultern bebten fast unmerklich –, erkannte er Miller. Alle diese Männer, die sie umgaben. Jung, stolz, strahlend. Er kam sich unerwünscht vor, abgeschoben, ebenso fehl am Platz wie seine unscheinbare Frau.

Die Analyse drohte zu scheitern.

Er hatte es sich eigentlich zur Regel gemacht, während der Sitzungen stumm in seinem Ohrensessel zu verharren. Doch als sie am nächsten Donnerstag auf ihren Vater zu sprechen kam, der ebenfalls bei dem Konzert gewesen war, stammelte er unwillkürlich:

«Und ich? Was haben Sie von mir gedacht?»

«Sie hatten einen so traurigen Blick. Sie wirkten irgendwie menschlicher, fast unglücklich.»

Warum lächelte sie? Warum stand sie plötzlich auf? Warum kam ihm die Zigarette, die sie sich anzündete, so bedrohlich vor? Er versuchte sich zu verteidigen.

«Kaum fühlen Sie sich von jemandem abhängig, setzen Sie alles daran, die Rollen zu vertauschen; Sie wünschen sich, daß ich Sie brauche. Sie müssen ständig erobern, weil Sie es nicht ertragen, daß Sie selbst erobert worden sind . . .»

Sie rauchte schweigend. Ihre Lippen, die sich um das Mundstück der Zigarette rundeten, wirkten auf einmal voller, sinnlicher. Er fühlte Panik in sich aufsteigen.

«Ich habe Henry Miller beim Konzert Ihres Bruders gesehen. Wissen Sie, wie er mir vorkam? Wie ein Monstrum. Es ist nur Ihre Neurose, die Sie June, Henry und Konsorten in die Arme getrieben hat. Sie, eine so außergewöhnliche Frau . . . Wie eine Blume auf einem Misthaufen!»

Sie brach in ein aufreizendes Lachen aus; ihr weit geöffneter Mund mit seinen kleinen, spitzen Zähnen erinnerte ihn an eine fleischfressende Pflanze.

«Sie sind ja eifersüchtig! Das ist wirklich zu komisch! Na, kommen Sie, beruhigen Sie sich. Fragen Sie mich doch aus! Ich will Ihnen alles sagen! Meine Nächte mit Henry! Liebesspiele im Taxi mit June! Was sehen Sie mich so finster an? Wollen Sie mich vielleicht als Lesbierin abstempeln? Bin ich denn eine, werter Meister? Was wissen Sie schon davon? Sie bilden sich doch bloß ein, alles zu verstehen.»

«Die Liebe zwischen Frauen ist eine Flucht . . .»

«Ja! Mehr noch, ein Rückzug! Eine Todessehnsucht! Das ist es ja, was wir genießen. Ich habe ein Buch darüber geschrieben. Ich suche noch nach einem geeigneten Titel. Vielleicht Alraune? Ich habe alles von mir darin preisgegeben, meine Alpträume, mein Schweigen, das Gefühl, ins Bodenlose zu sinken. In June unterzugehen! ‹Wenn deine Schönheit mich verbrennt, zerfließe ich, wie ich niemals bei einem Mann zerflossen bin. Ich war anders als alle anderen Menschen, und ich war ich selbst, aber in dir erkenne ich den Teil von mir, der du bist. Ich spüre dich in mir.› Würden Sie das als Projektion bezeichnen?»

Er haßte intelligente Frauen. Und doch mußte er sich geschlagen geben. Er war es leid, unantastbar zu sein. So offenbarte er sich ihr. Er vertraute ihr seine Bitterkeit an. Seine Frau und er schliefen schon lange getrennt.

«Könnten Sie nicht auch Hugos Analyse übernehmen?»

«Unmöglich.»

«Tun Sie es für mich.»

Also empfing er auch Hugo Guiler in seiner Ordination und hörte ihn, in seinen Ohrensessel verschanzt, geduldig an.

«Anaïs ist wie tot in meinen Armen. Wenn ich sie berühre, zuckt sie zusammen. Sie weicht meinen Zärtlichkeiten aus. Oder provoziert sie, um sich dann hastig zurückzuziehen. Oft verbringt sie die Nacht außer Haus. Sie hinterläßt mir dann kleine Botschaften auf dem Kopfkissen. ‹Ich werde spät heimkommen. Ich liebe dich mehr als alles auf der Welt.› Ich schlüpfe unter die Decke und tröste mich mit diesen beiden Sätzen. Wenn ich morgens aufwache, ist der Platz neben mir immer noch leer.

Ihre Kälte reizt mich mehr denn je.

Wissen Sie, daß sie zusätzlich ein Pseudo-Tagebuch führt, in dem sie ihre Phantasien auslebt? Sie schreibt darin über Miller. Sie schildert ihre Nächte mit ihm. Ich habe es in ihrem Zimmer entdeckt. Als ich eine Erklärung von ihr forderte, beteuerte sie:

‹Aber Liebling, das ist doch alles frei erfunden! Schließlich bin ich Schriftstellerin! Meine Einbildungskraft sprengt alle Grenzen. Aber ich selbst bin vollkommen rein, glaub mir. Könnte ich denn sonst so ruhig bleiben? Wenn du mein echtes Tagebuch entdeckt hättest, wäre ich verzweifelt. Schau mich an, ich lächele dir zu, wie ein Kind.›

Es war jedenfalls kein Kind, das mich in ein Freudenhaus in der Rue Blondel mitgeschleift hat.

Die Inhaberin schien sie schon zu kennen. Anaïs forderte zwei Frauen an. Sie bestand darauf, sie selbst auszusuchen. Eine davon ähnelte ihr. Die andere... hatte die gleiche rauhe Stimme wie June. Die eine wollte die Männerrolle übernehmen. Anaïs hielt sie zurück. Sie sollten beide Frauen bleiben. Als sie zu stöhnen begannen, biß Anaïs sich auf die Lippen. Sie schob mich zu den zwei Huren hin...

Hat sie Ihnen schon von unserer Vereinbarung erzählt? Wir waren zwei, drei Jahre verheiratet, da verlangte sie plötzlich ihre Freiheit. ‹Einmal in der Woche.› An dem Tag durfte es keine Vorwürfe, keine Fragen geben. Einmal pro Woche, um sie ein Leben lang zu behalten. Das hört sich erträglich an. Aber zweiundfünfzigmal pro Jahr, zehn Jahre lang, das ist mehr, als ein Mann ertragen kann.»

19. Kapitel

Antonin Artaud

Anaïs-Artaud, März bis Juni 1933: Drei Monate einer wohl weniger galanten als galvanischen Tändelei, zwischen dem Coupole und dem Louvre. Zu wenig Zeit, um Artaud zu verstehen. Genug, um ein intensives, wenn auch etwas verzerrtes Porträt daraus zu destillieren.

März 1933: Anaïs fiebert dem großen Augenblick entgegen, da Allendy sie endlich seinem Protégé vorstellen wird; heute abend werden sie bei ihr zu Gast sein. Antonin Artaud: der Autor von *L'Art et la mort*, der Schauspieler mit dem verklärten Blick, der Theoretiker der schöpferischen Gewalt, der Surrealist, von dem die Surrealisten sich distanzieren, der Einzelgänger – an ihrem Tisch in Louveciennes!

Wie lange hatte sie Allendy schon darum gebeten!

«Bringen Sie mich doch mit ihm zusammen. Ich habe alles von ihm gelesen, seine Artikel in der *Nouvelle Revue Française*, seine Interviews, und natürlich auch sein Buch, *L'Art et la mort*. Jedes seiner Worte hallt noch in mir nach. Er leidet so sehr, weil er zuviel hofft; er strebt ein unerreichbares Ideal an, wie ich.»

«Spielen Sie nicht Katz und Maus mit ihm.»

«Nur sein Genie zieht mich an, weiter nichts.»

«Dann verhalten Sie sich ihm gegenüber nicht zu kokett, wahren Sie eine freundschaftliche Distanz.»

«In meinen Freundschaften verhalte ich mich ohnehin eher maskulin.»

«Doch Ihre Figur ist nun mal ganz und gar nicht maskulin!»

Die Eifersucht ließ Allendy aus der Rolle fallen. Sie bewunderte ihn nicht mehr; sie bedauerte ihn nur noch. Er war schwach. Er mußte ihr schließlich nachgeben. Bei jedem ihrer Treffen wiederholte Anaïs ihre Bitte. Allendy weigerte sich standhaft, bis sie ihm ein Diner zu viert in Louveciennes vorschlug, bei dem auch Hugo zugegen sein würde.

«Er interessiert sich für Artauds Projekt. Er wäre bereit, sein ‹Theater der Grausamkeit› finanziell zu unterstützen. Sie kennen ja seine Großzügigkeit . . .»

Also hatte Allendy sich schließlich überreden lassen.

Anaïs hatte ihr schönstes Kristall gedeckt. Sie hatte den Bogen ihrer Brauen nachgezogen, die Augen dunkel geschminkt, den Mund rot angemalt: ihre Nô-Maske, um das Genie, den Übermenschen zu blenden. Der Wind raschelte in den Zweigen. Das Eingangstor quietschte in den Angeln. Jedes Geräusch ließ sie aufhorchen. Sie wollte auf der Türschwelle bereitstehen, wenn Artaud aus dem Dunkel des Gartens auftauchte, wie damals June. Sie hatten die gleiche geisterhafte Miene. Die gleiche manische Getriebenheit. Sie streiften die gleichen Abgründe. Zerstörung. Auflösung. Drogen. «Artaud ist eine Gestalt meines literarischen Lebens, wie June. Er hat dramatische Züge.»

Anaïs ist noch immer von June durchdrungen, als sie im Mondlicht an der Seite dieses ausgebrannten Asketen durch den Garten geht. Der Kies knirscht unter ihren Schritten. Artaud späht unruhig ins Dunkel. Die Blätter, die er achtlos von den Zweigen rupft, zerreibt er zwischen seinen Fingern. Sie liebt sein Schweigen. Nur nichts durch ein unbedachtes Wort verderben. Und erst recht nichts vergessen! Artaud scheint bewegt. Sie ist es noch weit mehr. «Ich werde Artaud folgen, weil ich in seine Welt eingedrungen bin, die auch die meine ist.»

Anaïs sucht ihr eigenes Bild in dem anderen. «Wir haben dasselbe Sternzeichen! Waage!» notiert sie hocherfreut, obwohl sie im Zeichen der Fische geboren ist und er in dem der Jungfrau. Sie haben nur den Aszendenten gemeinsam, aber was macht das schon! Die Unterschiede sind ihr gleichgültig. Ihr geht es nur um Gemeinsamkeiten, und die sind durchaus vorhanden: Beide suchen sie ihr Heil im Schreiben, betrachten das künstlerische Schaffen als alchimistischen Prozeß und verachten den gefälligen Stil. Durch *transition* hat Anaïs erstmals veröffentlichte Texte von Schizophrenen kennengelernt; Artauds Sprache erscheint ihr vertraut. Sie möchte ihm auch die ihre näherbringen. Also schickt sie ihm das Manuskript von *House of Incest*, und dazu einen Brief: «Nicht eines Ihrer Worte in *L'Art et la Mort* fällt ins Leere. Und vielleicht ersehen Sie aus diesen Seiten, daß ich eine Welt vorbereitet habe, Sie aufzunehmen, eine Welt ohne Wände, lichtaufsaugend, reflektierende Kristalle, betäubte Nerven, visionäre Schau, fiebrige Träume.»

Artauds Antwort trifft sie wie eine kalte Dusche. Er hat keine Zeit gefunden, ihr Manuskript zu lesen: «Aber ich bin in diesen Tagen buchstäblich besessen und gejagt und ausschließlich mit einem Vortrag beschäftigt, den ich am Donnerstag über ‹Das Theater und die Pest› halten soll.»

Der Vortrag findet am 6. April 1933 an der Sorbonne statt. Anaïs erscheint in Begleitung von Hugo, und auch Miller ist unter den Zuhörern. Der Saal ist überfüllt. Auf ihre Bitte hat Allendy ihr einen Platz in der ersten Reihe reserviert. Artaud hat sie nicht hereinkommen sehen. Er ist schon weit in seine visionäre Welt entrückt, von seiner eigenen Sprachgewalt mitgerissen. Er schreit, brüllt, tobt. Anaïs verliert sich in dem Antlitz der gequälten Kreatur:

«Sein Gesicht war von Angst verzerrt... Seine Augen weiteten sich, seine Muskeln krampften sich zusammen, seine Finger spreizten sich in ersterbender Bewegung. Er ließ uns den vertrocknenden, verdorrenden Gaumen spüren, die Schmerzen, das Fieber, das Feuer in den Eingeweiden. Er spielte seinen eigenen Tod, seine eigene Kreuzigung.»

Nach anfänglichem verblüfften Schweigen fängt das Publikum an zu lachen. Die Leute protestieren, pfeifen, schimpfen, stehen auf, verlassen türenschlagend den Saal. Artaud hält bis zuletzt durch und taumelt dann erschöpft vom Podest. Anaïs eilt ihm entgegen. «Er kam geradewegs auf mich zu und küßte mir die Hand», behauptet sie. «Er lud mich ein, mit ihm ins Café zu gehen.»

Im Grunde braucht er nur noch mehr Publikum, was Anaïs aber nicht wahrhaben will. Sie glaubt, er brauche *sie*: ihre Aufmerksamkeit, ihre Einfühlsamkeit, der niemand, nicht einmal Artaud, widerstehen kann. Er entspannt sich in ihrer Gegenwart. Er faßt Vertrauen. Er trägt ihr Gedichte vor. Er betrachtet sie: «Sie haben grüne, manchmal violette Augen.»

Und schon hat sie Feuer gefangen: «Das alltägliche Leben interessiert mich nicht. Ich suche nur die großen Momente.»

Doch herrscht daran zur Zeit nicht ein gewisser Mangel? Ihre Leidenschaft für Miller flaut allmählich ab. Allendy geht ihr auf die Nerven. Hugo langweilt sie. Allein Artaud vermag sie noch zu faszinieren. Sie möchte ihn in ihren Bann ziehen – trotz – oder gerade wegen – Allendys Warnung, ihn nicht als Spielball ihrer Gefühle zu mißbrauchen.

Statt dessen wird er es sein, der mit ihr sein Spiel treibt. Artaud, der ewige Selbstdarsteller: «Es war seine Grundhaltung», berichtet der Maler André Masson. «Sein Leiden an der Welt war zwar echt, doch gleichzeitig spielte er es sich vor... Artaud hatte sich geschworen: *Ich* werde Artaud spielen.»

Anaïs gegenüber schlüpft er in viele Rollen: die des Poeten, des Verrückten, des Eifersüchtigen, des Verliebten, des Aufrührers. Sie hält seine Possen für Delirien, seine Wortspiele – «Der Unterschied zwischen Ihnen und anderen Frauen liegt darin, daß Sie Kohlendioxyd einatmen und Sauerstoff ausatmen» – für Liebeserklärungen, seine spontanen Gesten für Leidenschaft: «Artaud legte seine Hand auf mein Knie. Ich war völlig überrascht... Ich rührte mich nicht. Ich sagte: ‹Sie werden geistig nicht mehr einsam sein. Von heute an werden Sie nie mehr leiden. Sie können mir vertrauen.›» Kaum ist er fort, notiert sie: «Diese Augenblicke, von denen ich mich hinreißen lasse, wirken so intim, daß man mit Liebe verwechseln kann, was nur eine Art freundschaftlicher Leidenschaft ist. Ich zeige zuviel Wärme.»

Antonin Artaud: «Schlangenaugen, die wie aus den Tiefen einer Höhle glitzern.»

«Warum muß Artaud Drogen nehmen?» fragt sie sich, obgleich sie sich selbst an Artaud berauscht – an seiner Ausdruckskraft, seiner Respektlosigkeit, seiner Intuition, seiner ekstatischen Hingabe an die Kunst, wenn er sie in den Louvre führt, um ihr das Bild von Lucas de Leyde zu zeigen – *Loths Töchter* –, das sie schweigend betrachten, «in einem seltsam vibrierenden Schweigen, wie eine Falltür, die sich über einem Abgrund öffnet, aus dem das dumpfe, geheimnisvolle Murmeln der Erde heraufdringt», wie Artaud ihr schreibt.

Am selben Abend träumt sie, er besäße sie mit glühender Leidenschaft. Wie June beflügelt Artaud ihre Phantasmen.

Hat sie, wie sie behauptet, vor dem Coupole diesen «von Laudanum nachgedunkelten Mund» geküßt? Hat Artaud sie in seinem Zimmer empfangen, das so «schmucklos wie eine Mönchszelle» ist?

Hat er sie auf dem Bahnsteig schließlich stürmisch umarmt und beteuert, dies sei der großartigste Moment seines Lebens?

Im April 1964 erhält Paule Thévenin, die für Gallimard Artauds gesammelte Werke herausgibt, folgenden Brief: «Liebe Madame Thévenin: Mein Verleger in Frankreich (M. André Bay bei Stock) hat mir vorgeschlagen, Ihnen wegen Artaud zu schreiben... Ich habe ihn 1933 gut gekannt. Ich besitze noch Briefe von ihm. Er wollte mir *Héliogabale* widmen. Ich habe ihn in dem Tagebuch porträtiert, das ich gerade im Begriff bin zu veröffentlichen. Ich weiß, daß Sie mit den Nachkommen Artauds gewisse Schwierigkeiten hatten. Glauben Sie, daß die Publikation eines Porträts von ihm ähnliche Probleme nach sich zöge? Ich wäre Ihnen dankbar, wenn Sie mich von der Art jener Vorbehalte in Kenntnis setzen würden. Ich hoffe, daß Sie die Zeit finden werden, mir zu antworten... M. Nadeau kennt mich ein wenig. In Frankreich geboren, bin ich von meinem elften Lebensjahr an in Amerika aufgewachsen... Ich habe viel getan, um Artaud in Amerika bekannt zu machen...»

Paule Thévenin erwähnt jene Briefe Artauds bei der Zeitschrift *Tel Quel*, wo man sich daran interessiert zeigt, sie abzudrucken. Anaïs willigt ein, vorausgesetzt, der Name Hugh Guiler werde ausgespart, ebenso wie jegliche Anspielung auf ein intimes Verhältnis zwischen

Artaud und ihr – was Paule Thévenin äußerst verwundert: «Die Briefe enthielten keinerlei kompromittierende Anspielungen! Artaud spricht zwar vom Geschmack eines Frauenmundes, läßt aber nicht durchblicken, welchen er meint! Anaïs schien nicht zu wissen, daß er oft lange Briefe an Leute schrieb, die er kaum kannte, und Liebesbriefe an Frauen richtete, mit denen er nur flüchtig befreundet war. Ich habe Anaïs ein paar Monate später kennengelernt und sie auf eine sie betreffende Textpassage bei Artaud aufmerksam gemacht, von der sie noch nichts wußte. Später habe ich den gleichen Satz wortwörtlich in ihrem *Tagebuch* wiedergefunden. Ihr Porträt von Artaud ist aus lauter Clichés zusammengewürfelt. Ihre Schilderung von ihm entspricht viel mehr dem Bild des Nervenkranken, der in Rochez interniert war, als dem des Dandys, der 1933 noch die Bewunderung Cocteaus und Jean Paulhans erregte! Der von Laudanum geschwärzte Mund, der Handkuß (Artaud haßte jede Form von Körperkontakt!) und die verbalen Ausfälle – all das gehört zu der falschen Legende, die später über ihn kursierte. Wenn man ihre Beschreibung liest, möchte man fast meinen, sie habe ihn überhaupt nie gekannt!»

Anaïs hat hier wohl des Guten zuviel getan.

Im Jahr 1966, als der erste Band der *Tagebücher* erscheint, bemerkt Jean Paul Sartre in *Un théatre de situation*: «Artaud hatte noch nie so viele Jünger wie heute.» Auch in Amerika wächst sein Ruhm stetig. Anaïs möchte den Kult noch mehr verbreiten. Sie nimmt sich ihre damaligen Aufzeichnungen wieder vor, vertieft sich in Artauds Werk, kopiert daraus einige Passagen, die sie auf ihre Weise «deutet», liest *Béatrice Cenci* (erst 1935 verfaßt, also zwei Jahre nach ihrer Zeit), sieht sich den Film *La Passion de Jeanne d'Arc* von Carl Dreyer an, den sie seinerzeit versäumt hatte – und all das nur, um dem Vorsatz des Tagebuchs gerecht zu werden: den Mythos unter dem Schein der Dinge freizulegen.

Doch Artaud war längst zum Mythos geworden. Die Leser der *Tagebücher* hätten es vorgezogen, etwas über den *Menschen* Artaud zu erfahren.

Jazz

Im Zentrum des Körpers. «Der Virus des Jazz ist mir ins Blut gedrungen.» Eine Ästhetik der Sinne: Hände, die über kupferne Schenkel streichen. Schweißglänzende Leiber. Hitze. Fats Waller ergreift sie wie ein Fieber. Auch Chick Webb, Charlie Parker. Wie die Liebe ihr ein «sinnlich-weiches, maurisches Gesicht» verleiht, so gibt der Jazz ihr ihre schwarze Seele zurück: «Ich will Drogen. Ich will perverse Menschen kennenlernen. Die Cabarets erregen mich.» (Intimes Tagebuch)

Eine polierte, parfümierte Unterwelt: «Abendkleider, Champagner in Kübeln, weißbejackte Kellner, gedämpfter Jazz. Ich löse mich auf in Musik.» Zerfließen im Rausch der Töne, im Gleiten der Körper, im Abgleiten der Konventionen. Zu allem bereit. «Wir betraten ein Tanzlokal. In Junes Augen sah ich Herausforderung.»

Jazz ist June. Die sanfte Verführung: «Sie war es, die mich führte, sie war stark, und ich war nachgiebig und leicht. Wir glitten durch die letzten Takte einer Jazznummer, die verebbte und langsam erstarb.» Ein unvergleichlicher Reiz.

Der Jazz ist eine Ausdrucksform: «Ich werde das literarische Äquivalent des Jazz schreiben.» Anaïs hat ihre Faszinationen immer zu meistern gewußt. Ihren eigenen Jazz schaffen. In ihren Romanen gerät die Sprache ins Gleiten, die Wörter verschlingen sich in Echokammern. Rhythmische Klangmuster, kunstvolle Variationen über einen Ton, ein Thema. Improvisation.

«Allein das Gefühl improvisiert: in unendlichem Erfindungsreichtum.» (André Suarès)

20. Kapitel

Villa Seurat

Ohne Anaïs hätte *Wendekreis des Krebses* niemals das Licht der Welt erblickt.

Jack Kahane, der Eigentümer von Obelisk Press, einem der vielen Verlage, die sich in Paris angesiedelt haben, um der Zensur zu entgehen, zögert schon seit zwei Jahren, den Roman zu veröffentlichen – obwohl er ihn als ein Meisterwerk ansieht. Miller verliert allmählich die Hoffnung. Kahane fordert eine Provision von 5000 Francs, die Miller, wie immer mittellos, natürlich nicht aufbringen kann. Doch Anaïs entschließt sich, in die Bresche zu springen.

Tut sie es mit Hugos Einwilligung, oder vollbringt sie ein finanzielles Zauberkunststück? Niemand weiß es. Doch irgendwie gelingt es ihr, die Summe aufzutreiben und Kahane das Versprechen abzuringen, ihr das Geld zurückzuzahlen – ein Versprechen, das er nicht einhalten wird. Miller bittet sie um ein Vorwort; das, was er erhält, übertrifft all seine Erwartungen. Anaïs versteht es, die Doppeldeutigkeiten mit diskreter Perversität zu formulieren, die Würdigung seines Werkes mit unterschwelliger Erotik anzureichern. Ihr Pakt ist für alle Zeiten besiegelt.

Das Buch erscheint im September 1934, am gleichen Tag, an dem Miller in die Villa Seurat umzieht, eine kleine Privatstraße zwischen Montparnasse und dem Parc Montsouris, in der auch Chagall, Lurçat, Dalí wohnten. «Alle Häuser sind farbig gestrichen, die Hinterhöfe mit Bäumen bepflanzt... Die Straße ist gepflastert und der Gehsteig so schmal, daß man lieber mitten auf der Straße geht», schreibt Anaïs. Sie hat für Henry ein Atelier im ersten Stock der Nr. 18 gemietet, mit einer Küchennische, die in einen Wandschrank eingebaut ist, und einem Balkon, der auf die grünen und rosa Fassaden der gegenüberliegenden Häuser hinausblickt. Während sie die Schrankfächer auswischt, findet sie ein Foto des verliebten Mönchs aus dem Film von Dreyer! Artaud! Er war der Vormieter in diesem idyllischen Studio im vierzehnten Arrondissement. Im Erdgeschoß des Pavillons ist ein einsamer Maler zwischen tranchierten Ochsenhälften am Werk: Soutine. Das Atelier nebenan ist von Skulpturen mit schwellenden Formen bevölkert. Es gehört der Bildhauerin Chana Orloff. Die russische Emigrantin, eine Jugendfreundin von Modigliani, ist mittlerweile zu einer Porträtistin von Rang avanciert. Allendy hat für sie Modell gesessen, ebenso Otto Rank, Anaïs' neuer Analytiker...

Bericht von Chana Orloff

«Wie kann eine so winzige Frau nur so große Augen haben?» Diese absurde Frage kam mir in den Sinn, als ich Anaïs, von Doktor Rank begleitet, zum ersten Mal in mein Atelier treten sah. Es war ein schwüler Tag. Ich hatte meine Fenstertür, die auf die Sackgasse hinausgeht, offengelassen, so daß Rank mich wie so oft mitten in der Arbeit überraschte.

Mein Werk interessiert ihn. Ich zähle zu den Künstlern, die das seine bereichern. Wie ich ist auch er von leidenschaftlicher Neugierde erfüllt, die wir, jeder auf unsere Weise, ausleben; Rank als Theoretiker, ich als Bildhauerin.

Die junge Frau an seiner Seite kam mir auf den ersten Blick eher unscheinbar vor, auch wenn Rank, täppischer denn je, sehr bemüht um sie wirkte, fast wie ein junger Grünschnabel, der seine Mutter mit seiner Auserwählten bekanntmachen möchte. Er stellte sie mir als seine Schülerin vor. Sie sollte demnächst seine Kurse in der Cité universitaire besuchen, wo er ein Sommerseminar hielt, unerhörte verbale Improvisationen, die auf naive Gemüter geradezu suchtbildend wirkten. Merkwürdig, wie manche Leute sich an Worten berauschen können.

Aus der Küche, wo ich ihnen einen Tee aufgoß, hörte ich sie eine meiner Gipsfiguren kommentieren, eine stillende Mutter.

«Wir wissen noch immer sehr wenig über die Frau», dozierte Rank. «Man muß ins Unbewußte hinabtauchen, um die Art und Weise zu verstehen, in der die Frau sich den drei Grundformen des Lebens annähert: der des Kindes, der des Künstlers, der des Primitiven. Alle drei folgen ihrer unmittelbaren Eingebung, ihrem Gefühl, ihrem Instinkt. Sie können sich nur durch Symbole ausdrücken, in Gestalt von Träumen und Mythen . . .»

«Glauben Sie, daß Frauen im Grunde mehr wissen?» fragte eine helle Stimme. «Es gibt doch selten welche, die den Mut haben, sich so zu sehen, wie sie sind. Und wenn es ihnen gelingt, sind sie abgestoßen von dem, was sie entdecken . . .»

«Abgestoßen . . . meinen Sie nicht vielmehr: erschrocken?»

«Nein. Regelrecht angewidert. Diese Skulpturen, zum Beispiel . . .»

«Na und?»

«Ich weiß nicht, ob es an den Formen liegt – diese geschwollenen Bäuche –, oder an dem, was sie suggerieren, aber ich kann sie nicht ansehen, ohne zu schaudern. Sagen Sie jetzt nichts. Ich weiß, woran Sie denken. Aber das ist es nicht. Es sitzt tiefer, kommt von weiter her . . .»

Ich begann zu begreifen, was die beiden aneinander fanden: zwei Verstandesmenschen, von ihren eigenen inneren Abgründen angezogen, fasziniert von Neurosen, seelischen Abweichungen, all dem, was ich schon seit langem nicht mehr beachte, um mich voll und ganz der Fülle des Fleisches zu widmen.

Alles erscheint mir inzwischen glasklar: die Geburt, die Liebe, das Leben, das Alter . . . Es ist wunderbar zu altern, man wird im Lauf der Zeit so viel echter. Während ich meine Besucherin beobachtete, die sich mit geheuchelter Bewunderung über meine Werke ausließ, dachte ich, daß sie in vierzig Jahren sicher noch viel schöner sein würde . . . Ich habe viele hübsche Frauen porträtiert.

Es sind die schlechtesten Modelle. Sie leben in ständigem Widerstreit mit sich selbst.

Wie verändert schien sie mir, als sie eines Septembermorgens triumphierend in mein Atelier gestürmt kam – als trüge sie ihr Glück wie eine Fackel vor sich her.

«Ich habe gerade eine Wohnung für Henry Miller gefunden, Sie wissen schon, dieser Schriftsteller, von dem ich Ihnen erzählt habe. Raten Sie mal, wo? Hier im Haus! Im ersten Stock! Wir werden uns jetzt oft sehen! Ist das nicht herrlich? Ich habe so viel von Ihnen zu lernen! Apropos, ich suche einen Klempner. Wissen Sie vielleicht einen?»

Ich hätte sie gern aufgefordert, mir für einen Moment Modell zu stehen, um kurz den Schwung ihrer Hüften zu skizzieren. Aber sie mußte sich ja um Millers Wohnung kümmern. In Rekordzeit hatte sie eine ganze Armada von Handwerkern aufgetrieben, die das schäbige Quartier in ein behagliches Studio verwandelten, in dem man bald Tag und Nacht die Schreibmaschine klappern hörte.

Sie war die reinste Gluckenmutter: machte die Einkäufe, bestellte die Kohlen, brachte seine Schuhe zum Besohlen, während der große Schriftsteller seine Freunde zum Klang wehmütiger alter Volksweisen bewirtete, «My Old Kentucky Home» oder «Swanee River» . . . Ich erinnere mich noch an Fraenkel, den Eigentümer des Studios, eine mephistophelische, vom Tod besessene Gestalt, die Miller faszinierte. Anaïs ertrug ihn nur Miller zuliebe.

Was tat sie nicht alles für ihn, mit dieser unbändigen Energie, die mir immer ein wenig verdächtig vorkam, als hätte sie irgendeine geheime Schuld gutzumachen! Miller nahm ihre Ergebenheit ganz selbstverständlich hin. Je mehr sie sich für ihn einsetzte, desto weniger dankte er es ihr. Wie konnten zwei so gegensätzliche Menschen überhaupt miteinander auskommen? Miller schien sich um nichts zu bekümmern. Anaïs hingegen nahm alles tragisch. Als sie mir das Belegexemplar vom *Wendekreis des Krebses* zeigte, das Miller gerade von seinem Verleger erhalten hatte, fürchtete ich schon eine Katastrophe: Sie war den Tränen nah. «Sehen Sie nur, Chana, dieser Einband ist doch grauenhaft!» Ich mußte es zugeben: Die grobe Tuschezeichnung stellte einen garstigen Krebs dar, der auf einer stilisierten Weltkugel hockte und eine nackte Frau zwischen den Scheren hielt. Aber es war nun nicht mehr zu ändern. Das Buch war schon teuer genug gewesen. Als braver kleiner Soldat stürzte Anaïs sich gleich in die Werbekampagne und versandte Bestellformulare und Dutzende von Exemplaren an einflußreiche Freunde, darunter auch Allendy, dessen Büste ich einst modelliert hatte, und Rank, den Miller sehr schätzte.

Obgleich der Erfolg nicht auf sich warten ließ, schien Anaïs wenig angetan von all den hymnischen Lobpreisungen, die auf den Autor niedergingen. Marcel Duchamp rühmte den Roman über alle Maßen. Ezra Pound verglich ihn in einem Brief gar mit Joyce' *Ulysses*, T. S. Eliot hielt *Wendekreis des Krebses* für besser als *Lady Chatterley's Lover*, und Blaise Cendrars kam gewichtig in Millers Studio gestapft, um ihn gerührt an die breite Brust zu drücken!

Bald tauchten auch immer mehr Unbekannte auf, um dem Meister ihre Reverenz zu erweisen. Miller empfing sie mit belustigter Herablassung. Anaïs vermochte ihre Bitterkeit nicht länger zu verbergen.

«Wenn Henry nur ein Viertel von dem für mich getan hätte, was ich für ihn getan habe, hätte ich meinen Roman längst veröffentlicht. Doch sobald es um jemand anderen geht, fehlt es ihm an Überzeugung, während ich mich für seine Belange geradezu aufopfere. Letzten April, zum Beispiel, bin ich eigens nach London gefahren, um mich bei der Autorin Rebecca West für ihn einzusetzen, die auch eine angesehene Literaturkritikerin ist. Sie hat mir gesagt, daß ich besser sei als er. Und daß ein Künstler seine Zeit nur für sein eigenes Werk nutzen sollte.»

«Sie hat ganz recht. Hören Sie auf, die Großmütige zu spielen. Das paßt nicht zu Ihnen. Entschuldigen Sie meine Offenheit, aber ich habe den Eindruck, daß Sie sich zwingen, als jemand zu erscheinen, der Sie gar nicht sind. Fassen Sie mehr Selbstvertrauen, tragen Sie den Kopf hoch . . .»

Schließlich bat ich sie doch, mir Modell zu sitzen. Rank hatte sich bereit erklärt, ihre Büste zu erwerben. Sie willigte mit einer Selbstverständlichkeit ein, die man bei Damen von Welt selten antrifft. Aus Eitelkeit? Nein, wohl eher aus Neugierde. Sie interessierte sich für mich und mein Werk. Vielleicht bewunderte sie in mir die anerkannte Künstlerin, da ihr die Anerkennung ihres eigenen Schaffens versagt blieb.

Ich unterhalte mich gern mit meinem Modell.

Ihre Worte inspirierten mich. So plauderten wir viel während der Sitzungen. Ich erfuhr, daß sie verheiratet war, was ich nie für möglich gehalten hätte. Hier in der Villa Seurat nennt man sie «Madame Henry»! Anaïs erzählte mir von ihrem Mann wie von einem Bruder. Mit echter Zuneigung, aber ohne Leidenschaft. Er beschützte sie. Er sorgte für ihren Lebensunterhalt. Er ließ sie in Ruhe schreiben. Er hatte ihr sogar erlaubt, sich ein eigenes Zimmer zu mieten, um dort ungestört arbeiten zu können! So verbrachte Anaïs drei Tage pro Woche außer Haus! Welcher Ehemann würde das zulassen, wenn er sich nicht auch seine kleinen Abenteuer nebenbei gönnte? Was Anaïs empört abstritt: «Hugo untreu! Dazu wäre er niemals fähig. Obwohl ich ihn ja immer wieder gedrängt habe, seine eigenen Wege zu gehen.»

«Das würde Ihnen auch gut ins Konzept passen.»

Die Bemerkung geflissentlich überhörend, fuhr sie mit versonnener Miene fort:

«Ich denke an all die Dinge, die ihm längst hätten auffallen müssen. Die Wassertropfen auf dem Boden, wenn ich mich nach einem Treffen mit Henry noch schnell gewaschen hatte; die Flekken in meiner Unterwäsche; die Lippenstiftspuren auf meinen Taschentüchern; meine unerklärliche Müdigkeit; die Schatten unter meinen Augen ... Es ist, als vermiede er es absichtlich, all die Hinweise zur Kenntnis zu nehmen ... als weigerte er sich, die Augen aufzumachen. Manchmal tut er mir so leid, daß ich fast den Kopf verliere und förmlich wünschte, er würde mich bestrafen, mich schlagen, mich einsperren. Das würde mich so erleichtern.»

Warum vertraute sie sich ausgerechnet mir an, die sie doch kaum kannte? Ich war so überrascht von der Rolle, in die ich mich unversehens gedrängt sah, daß ich mich viel intensiver als sonst auf das Gespräch einließ. Manche ihrer Sätze gehen mir noch immer durch den Kopf.

«Ich bin innerlich schon ganz zermürbt vor Angst», hatte sie mir gestanden, als ich sie aufforderte, sich zu entspannen. «Nur im Zusammensein mit Freunden, im ständigen Trubel um mich her, indem ich meine Zeit bis zur letzten Minute mit Aktivitäten ausfülle, gelingt es mir, meine unüberwindliche Melancholie zu vergessen.»

Welches war ihre wahre Natur? Das wußte nur Rank. Brassaï, der sie kürzlich bei Miller im Maja-Kostüm fotografierte, hatte sich verwundert über ihr seltsam freudloses Lächeln geäußert: «Ihr Gesicht war bleich und durchscheinend wie Alabaster, und in den tränenschweren Augen stand eine tiefe Traurigkeit.» Ich konnte mich des Gedankens nicht erwehren, daß es im Grunde nur die Sehnsucht einer ewig Unbefriedigten sei. Die wahre Melancholie ist die einer Jeanne Hébuterne. Dieses große, blasse Mädchen, das ich Modigliani vorgestellt hatte, konnte stundenlang stumm und bewegungslos dasitzen, als zählte sie die Minuten, die sie von ihrem Tod trennten. Die wahre Melancholie ist die weibliche Ausdrucksform der Verzweiflung. Anaïs war davon nicht betroffen. Hätte sie mir denn sonst erklärt: «Es war immer noch besser für mich zu schreiben, als mich mit June dem Rausch zu ergeben und meine Gesundheit zu ruinieren.»

Oder hätte sie sonst den Willen und die Kraft aufgebracht, sich die Nase durch einen chirurgischen Eingriff begradigen zu lassen, nur weil sie ihr nicht perfekt genug schien? Ein andermal erklärte sie mir: «Wir lieben immer die am meisten, die für uns ein Ich ausleben oder darstellen, das wir nicht ausleben oder darstellen können.»

Ich hatte geglaubt, daß sie damit auf Miller anspielte – aber nein, sie meinte ihren Vater. «Sinnlose Verschwendung von Emotionen», hatte sie noch hinzugesetzt und wie blind nach ihrem Taschentuch getastet. Ich wechselte schnell das Thema.

Da wir beide mit Rank befreundet waren, sprachen wir natürlich oft von ihm – der nun nach langem Zögern wieder den Weg ins Exil angetreten hatte. Seit Oktober lebte er bereits in New York. Er hatte Anaïs eingeladen, ihm zu folgen, um dort als seine Assistentin zu arbeiten. Das Angebot reizte sie sehr: Sie hatte es sich neuerdings in den Kopf gesetzt, Analytikerin zu werden. Ich konnte nicht begreifen, weshalb eine Künstlerin wie sie sich unbedingt auf die Seite der Theoretiker schlagen wollte.

«Bei Rank wird selbst die graue Theorie zu einem Kunstwerk. Nie greift er übereilt auf vorgegebene Klassifikationsmuster zurück; mit unendlicher Geduld vertieft er sich in jeden neuen Fall, ähnlich wie ein Schriftsteller vor seinem leeren Blatt. Ich bin sicher, daß die Erfahrung mich bereichern wird. Stellen Sie sich nur vor, in Hunderte von geheimen Privatleben hineinzublicken!»

«Genügt Ihnen Ihres denn nicht?»

Sie warf mir ein süßsäuerliches Lächeln zu.

«Der eigentliche Grund ist der, daß ich gern mein eigenes Geld verdienen würde, um es ausgeben zu können, wie ich will und für wen ich will. Bisher bin ich finanziell immer von meinem Mann abhängig gewesen, der mich als guter Schotte auch stets daran erinnert. Ich muß ihn förmlich für jeden Franc anbetteln. Sie ahnen ja nicht, was für Tricks ich mir einfallen ließ, um Miller unterstützen zu können ... (Plötzlich schien sie zu merken, auf was für ein gefährliches Terrain sie sich da begab, und wechselte geschickt die Richtung:) Meinen eigenen Lebensunterhalt verdienen, das hieße, ohne Zugeständnisse und Kompromisse schreiben zu können. Wenn ich weniger abhängig wäre, würde ich auch weniger befürchten müssen, die Menschen meiner Umgebung zu verletzen. Ich bin davon wie gelähmt. Ich schreibe Romane, ohne zu wissen, ob ich mich überhaupt dazu berufen fühle. Oft zweifle ich daran. Es macht mir keinen Spaß, die Wahrheit zu verzerren. Diese falschen Vornamen, all diese Verschlüsselungen sind mir widerwärtig. Aber es ist die einzige Möglichkeit, mich ohne zuviel Risiken auszudrücken. Mein Tagebuch kommt mir da weit überlegen vor, wie Miller es mir oft genug bestätigt hat. Doch es zu veröffentlichen würde das Ende meiner Ehe bedeuten . . .

Anaïs? Das weibliche Paradox schlechthin. Einige Wochen nach diesen weisen Überlegungen war sie mit fliegenden Fahnen zu Rank nach New York aufgebrochen.

21. Kapitel

Im Schatten von Rank

Er hat sie von ihrem Vater befreit. Er hat sie geliebt. Er hat an sie geglaubt.

Anaïs wird es ihm später danken; als sie 1973 in einem Dokumentarfilm die wichtigsten Begegnungen ihrer Pariser Zeit rekapituliert, erwähnt sie Rank im gleichen Atemzug mit Miller.

Es war Miller, der ihr eines Tages Ranks Essay *Kunst und Künstler* zu lesen gegeben hatte. Sie war verblüfft, ihre eigenen, geheimsten Anfechtungen, ihre fixen Ideen darin wiederzufinden: «Würde er sich für eine Frau interessieren, die all die Themen selbst durchlebt hatte, über die er schrieb? Das Double. Illusion und Realität. Inzestuöse Liebe. Spiel und künstlerisches Schaffen?»

Sollte sie versuchen, ihn kennenzulernen? Sie zögerte. Die Enttäuschung mit Allendy hatte sie gelehrt, etwas vorsichtiger auf Menschen zuzugehen. Doch als sie dann in der Psychoanalytischen Bibliothek auf eine Liste seiner Werke stößt, entdeckt sie, daß Dr. Rank als analytische Kapazität bereits anerkannt ist.

«Rank war der Lieblingsschüler von Freud, weit mehr als nur ein Schüler, fast ein Adoptivsohn», betont Paul Roazen in *La Saga freudienne**. 1884 in Wien geboren, wird er mit zweiundzwanzig Freuds Sekretär, dann sein Schüler und enger Vertrauter. Auf autodidaktischem Weg hat er sich eine enzyklopädische Bildung erworben, besonders umfassend auf dem Gebiet der Mythologie.

Als Anaïs ihn kennenlernt, hat der kleine, gedrungene Mann mit dem dunklen, runden Gesicht sich längst mit Freud entzweit, in Amerika ein Vermögen verdient und in Paris eine wohlhabende Klientel und viele Künstler um sich versammelt.

* Presses universitaires de France, 1986

Otto Rank, lange bevor Anaïs ihn kennenlernte, als Freud in ihm noch einen geistigen Erben sah.

Seine Unvoreingenommenheit fasziniert sie: «Vorherrschend blieb seine Neugierde. Er klassifizierte nicht... Er praktizierte keine Seelenheilkunde. Vielmehr verließ er sich auf seine Intuition... Er improvisierte.» Im Gegensatz zu Allendy respektierte Rank die schöpferische Künstlerin in Anaïs. Für ihn ist ihre Neurose keine Krankheit, sondern das Symptom unausgelebten künstlerischen Ehrgeizes. Kein Wunder, daß Anaïs ihm verfällt. Seinem Rat folgend bezieht sie ein Zimmer in einer Pension der Rue des Marroniers, ganz in seiner Nähe. Auf seinen Ansporn hin unternimmt sie mit *Winter oft Artifice* den Versuch, das dominierende Vaterbild in sich abzutöten. Nach sechs Monaten Therapie offenbart sie Rank ihren Wunsch, Analytikerin zu werden. An jenem Tag gibt sie sich ihm hin.

Für Anaïs heißt verführen, sich von dem vorigen Liebhaber zu lösen. Mit seinem Künstler-Charisma und seiner väterlichen Ausstrahlung befreit Rank sie von Miller und von Joaquin Nin.

Nachdem sie Hugo zu überzeugen vermocht hatte, daß eine

vorübergehende Trennung ihre Ehe retten würde, fährt sie im November 1934 zu Rank nach New York. Dort arbeitet sie erst als seine Sekretärin, bevor er ihr angesichts ihrer analytischen Begabung auch einige seiner Patienten anvertraut.

Anaïs als Analytikerin! Allerdings nur für fünf Monate – doch lange genug, um die Erfahrung literarisch umzusetzen. In einem Brief vom April 1935 gesteht sie ihrer Mutter ihre Erschöpfung, ihren Überdruß: «Ich habe genug davon, die Analytikerin zu spielen. Es war eine interessante Erfahrung. Jetzt muß ich sie nur noch zu Papier bringen.»

Bericht von Rank

Jeden Abend lasse ich ein Rosenbukett in das Zimmer bringen, das Anaïs neben dem meinen im Hotel Barbizon bewohnt. Wir gehen fast jeden Abend aus. Meine Patienten überschütten mich mit Einladungen zu Konzerten, Musicals, Diners, Premieren. Anaïs ist immer unternehmungslustig, immer gut aufgelegt. Ich habe in meinem Leben noch nie so viel gelacht. Ich hatte sie zum Leben hinführen wollen, obgleich doch *ich* tot war an jenem Herbstmorgen, da sie sich mir als Freundin von Miller vorstellte, als eine Künstlerin, die als solche behandelt zu werden wünschte. Ich hatte sie gefragt, was sie denn schrieb. Sie hatte einen noch unveröffentlichten Roman erwähnt.

Ein dickes Heft ragte aus ihrer Tasche. «Und das hier?» Sie errötete. Dies sei ihr Tagebuch, von dem sie sich nie trenne, um jederzeit und überall weiterschreiben zu können. Ich hatte es spontan an mich genommen. «Lassen Sie es mir hier. Ich will nicht, daß Sie die Analyse analysieren. Das Tagebuch ist Ihre letzte Bastion.»

Sie flehte mich an, es ihr nicht wegzunehmen, doch ich gab ihr zu verstehen, daß sie ihre alten Fesseln abschütteln, sich ein eigenes Zimmer in Paris nehmen und allein dort leben, nur an ihrem Roman schreiben und einstweilen auf ihr Tagebuch verzichten müsse.

Sie akzeptierte alle meine Forderungen, bis auf eine:

«Ich brauche das Tagebuch wie eine Droge. Ich kann es einfach nicht lassen, Gedanken und Einfälle aufzuschreiben, Porträts zu skizzieren. Auch Ihres habe ich schon begonnen.»

«Ich würde es gerne lesen.»

«Es sind aber nur ein paar Notizen auf losen Zetteln.»

«Dann schreiben Sie sie noch mal ab.»

«In mein Tagebuch?»

Ich bin kein Spielverderber. Diese Runde hatte ich verloren, wie ich zugeben mußte.

«Dann versuchen Sie, gegen meinen Vater zu gewinnen.»

«Sehen Sie ihn denn noch?»

«Öfter, als Sie vermuten...»

Ihr Fall interessierte mich ungemein. Auf den ersten Blick entsprach er ganz meiner Theorie des Double. Joaquin Nin hatte seine Tochter nach seinem Bild formen wollen, um in ihr seine verdrängte weibliche Komponente annehmen zu können. Und Anaïs hatte sich bemüht, diesem schattenhaften Zwilling zu gleichen, diesem Don Juan, mit dem sie sich identifizierte, während sie von Männern geliebt wurde, deren Liebhaber er unbewußt hätte sein mögen.

«Sollten Sie sich ihm zu Gefallen nicht in einen androgynen Typ verwandeln?»

«Im Gegenteil! Ständig beschenkt er mich mit Kleidern, mit Parfüm. In seinen Augen kann ich gar nicht weiblich genug sein, nicht...»

«Begehrenswert genug?»

Ich sah sie zusammenzucken. Nur nicht der Rührung nachgeben! Ich mußte sie zum Sprechen bringen. Ich bot ihr einen Scotch an, den sie ablehnte.

«Letzten Sommer habe ich eine Woche mit ihm in Südfrankreich verbracht... Maruça, seine Frau, war nicht dabei... Alle hielten mich für seine Geliebte. Er genoß es, sie in dem Glauben zu lassen.»

«Und Sie?»

«Ich auch ... Mein Vater ist ein sehr attraktiver Mann. Ich konnte die Augen nicht von ihm wenden. Wenn er eine andere auch nur angesehen hätte ... Ich habe zuviel durch ihn gelitten!»

«Und jetzt ist es an ihm zu leiden?»

Sie bedeutete mir mit einer Geste, sie nicht zu unterbrechen.

«Wir verbrachten die Tage meist auf der Hotelterrasse. Ich schrieb, und er kritzelte seine Partituren, aus denen er mir Melodien vorsummte. Manchmal mieteten wir auch einen Wagen mit Chauffeur, um an der Küste spazierenzufahren. ‹Wir sind Götter im Exil›, sagte er. Jeden Abend aßen wir in seinem Zimmer. Er bestellte Champagner und erlesene Delikatessen, die wir kaum anrührten. Selbst unsere Stimmen kamen uns noch zu laut vor. Wir unterhielten uns flüsternd. Ich verlor mich im Anblick seiner Hände. Er streckte sie mir entgegen. Ich rührte mich nicht, überließ mich diesen schmalen Händen, diesen geschmeidigen Pianistenfingern ... Helfen Sie mir!» rief sie plötzlich. «Ich bin besessen!»

Wozu noch weiter in sie dringen?

Welcher von beiden hatte den anderen mitgerissen? Anaïs war kein Kind mehr. Sie hatte sogar noch die letzten Schranken durchbrochen. Den eigenen Vater verführt. Sich gerächt, indem sie ihn mit den Waffen besiegte, die er selbst für sich bereithielt. Ich mußte es ihr klarmachen. Es gelang mir nach und nach, Sitzung für Sitzung. Anaïs warf immer mehr Ballast ab. Ich war ganz in meinem Element. Wir sind wie zwei Jongleure; sie kennt die Worte, ich den verborgenen Sinn. Sprechen. Begreifen. Auch ich tastete mich allmählich zum Licht vor. Dem Leben entgegen. Ich hatte mich verliebt.

Eines Tages, es war im Mai, stand sie unerwartet vor meiner Tür. Sie trug ein hyazinthenblaues Kleid. Noch ehe ich meiner Überraschung Ausdruck verleihen konnte, reichte sie mir die Lippen zum Kuß. Während ich sie umarmte, fragte ich mich: «Bin ich nur ein Werkzeug ihrer Rache?»

Die Analyse näherte sich ihrem Ende. Sie hatte sieben Monate gedauert. Hätte ich mich auch in eine Liaison mit ihr eingelassen, wenn ich sie nicht als geheilt betrachtet hätte? Ich glaube nicht an langwierige Therapien. Die Neurose ist wie ein virulenter Abszeß. Man muß sie dynamisch angehen, in ihren gegenwärtigen Symptomen, energisch, direkt.

Das Porträt, das Anaïs von ihrem Vater zeichnete, bestätigte mein Urteil. *Winter of Artifice* war nicht das Werk einer gefährdeten Frau. Ihr Stil wirkte zwar noch nicht ganz ausgereift, doch die Themen waren kraftvoll und eindringlich dargestellt.

Nie war der Juni mir lieblicher erschienen als in jenem Jahr. Anaïs hatte beschlossen, Analytikerin zu werden. Ich bestärkte sie in ihrem Vorsatz. Auf diese Weise konnte ich sie wenigstens in meiner Nähe behalten. Sie nahm an meinen Seminaren teil, die stets noch im Café Alésia fortgesetzt wurden. Unter den Girlanden von künstlichen Geranien an den Wandspiegeln stellte ich neue Theorien auf, erörterte die verschiedensten Konzepte; Anaïs saß zwischen den Studenten und feuerte mich an.

Den September verbrachte ich in London. Plötzlich kam ein Anruf von Hugo, der mich Hals über Kopf nach Paris zurückeilen ließ: Anaïs hatte ein totes Kind zur Welt gebracht, ein kleines Mädchen. Sie wollte mich sehen.

Hugo erwartete mich an der Gare du Nord, um mich zur Klinik zu bringen. Auf dem Weg gab er mir zu verstehen, daß er nicht der Vater des Kindes sei. Ich rechnete im stillen nach und gelangte zu der gleichen Überzeugung.

Der Name Miller stand unausgesprochen zwischen uns; wir waren uns auf einmal sehr nah.

In dem von Blumen überschwemmten Zimmer thronte Anaïs sorgfältig frisiert und geschminkt zwischen ihren Kissen. Sie sah zauberhaft aus. Sie rief mich zu sich und schob mir etwas in die Hand. Es war ein Ring.

«Er gehörte meinem Vater . . . Jetzt gehört er Ihnen. Behalten Sie ihn zum Zeichen meiner Dankbarkeit.»

Fast wäre ich herausgeplatzt: «Aber *ich* bin es doch, der dir zu

Dank verpflichtet ist! Du hast mir soviel gegeben! Danke für deine Zärtlichkeit. Danke für diese Erinnerungen . . .

Deine Schritte unter meinen Fenstern in der Rue Henri-Rochefort, wo ich dich mit einer Flasche Champagner erwarte. Meine Junggesellenwohnung duftet nach Flieder. Ich habe kostbaren Wein besorgt, trage einen neuen Anzug; ich möchte dir gefallen. Ich verdanke dir alles. Meine wiedergefundene Jugend. Meine Lebensfreude. Meine Lust am Schreiben. Meine Bereitschaft, wieder an etwas zu glauben. Ohne dich hätte ich mein Werk aufgegeben, meine Patienten, meine Ziele. Sobald du wieder aufstehen kannst, mußt du zu mir nach New York kommen! Ich werde dich in die analytische Praxis einweisen. Du wirst dein eigenes Geld verdienen. Du wirst wohnen, wo du willst. Du wirst frei sein. Weit weg von Hugo, weit weg von Miller.»

Frei! Das Wort hatte für sie den Ausschlag gegeben. An einem Novembertag traf sie in New York ein. Ich erwartete sie am Kai. Sie hatte nur einen Koffer mitgenommen. Das Wertvollste aus ihrem früheren Leben; wenig genug. Ein von Brassaï aufgenommenes Foto, das sie als Tänzerin Anita zeigte. Die Manuskripte von *House of Incest* und *Winter of Artifice*. Ein paar Kleider. Ihr Tagebuch.

Ich hatte zwei nebeneinanderliegende Zimmer im Hotel Barbizon reserviert, in der Nähe der Wohnung an der East Side, wo ich meine Patienten empfing.

Anaïs diente mir zuerst als Sekretärin. Ihre Wortgewandtheit übertraf die meine bei weitem. Sie redigierte meine Anamnesen, versah die Manuskripte meiner Vorträge mit kritischen Randbemerkungen; ihre Arbeit war mir eine große Hilfe. Ich hatte das Gefühl, immer weiter in jenen «schwarzen Kontinent» vorzudringen, den mein erlauchter Meister sich gescheut hatte, genauer zu erforschen.

Als ich Ende Januar wegen einer Reihe von Seminaren nach Kalifornien mußte, vertraute ich ihr einige meiner Fälle an. Ich überließ ihr die Ergründung der Neurosen, der Identität, der Lebensdramen meiner Patienten. Ich fühlte mich wie neugeboren, ja unsterblich. Ich hatte einen Jünger gefunden.

Wir telefonierten jeden Tag. Sie schien etwas überlastet, aber sehr zufrieden: «Ich habe kaum noch Zeit, mein Frühstück zu mir zu nehmen, mich anzuziehen, schon läutet das Telefon, und vor der Tür stehen Patienten. Ihre Gesichter – sehen Sie sich auch ihre Gesichter an? Ihre gesenkten Augenlider, als beobachteten sie ein inneres Drama? Je mehr ich mich mit der Neurose beschäftigte, desto klarer wird mir, daß es sich um eine moderne Form der Romantik handelt. Sie kommt aus derselben Quelle, als Hunger nach Vollkommenheit, als Besessenheit, das zu leben, was man sich vorgestellt hat.» Ganz so einfach war es zwar nicht, doch am Telefon konnte ich mich kaum auf längere Vorträge einlassen.

Anaïs hatte eine ausgesprochen analytische Begabung, wie ich deutlich aus den Berichten ersehen konnte, die sie mir bei meiner Rückkehr vorlegte. Sie waren klar, präzise formuliert, trafen den Kern der Dinge. Anaïs vermied es bewußt, sich dem klinischen Jargon anzupassen. Ihre Berichte lasen sich fast wie Novellen. Jeder Patient wurde zu einem Protagonisten. Doch ich mußte sie warnen: Ein Analytiker sei nun mal kein Schriftsteller. Sie entgegnete, wie der Schriftsteller habe auch der Analytiker es mit Worten zu tun, und wenn Freud sich der Sprache des Kranken bedient habe, um ihn zu heilen, so wolle sie sich lieber ihrer eigenen Sprache bedienen, um den Kranken zu heilen. Ich hatte das unbestimmte Empfinden, daß sie mir einen neuen Weg aufwies, auch wenn ich bezweifle, daß wir ihn gemeinsam beschreiten werden. Mein Jünger ist mir untreu geworden.

Wegen Miller hege ich keine Befürchtungen mehr. Er ist in New York. Anaïs hat mir gestanden, daß sie sich manchmal abends mit ihm trifft. Sie lernt seine Freunde aus Brooklyn kennen. Aber ihre Leidenschaft ist erloschen. «Ich bin Henry gegenüber nicht mehr natürlich; ich spiele die Rolle der idealen Vertrauten, die er zum Schreiben braucht.» Und Hugo? Er wird im April herkommen. Sie liebt ihn nur noch aus der Ferne. Seine Nähe ist ihr unerträglich. Früher oder später werden sie sich wohl scheiden lassen.

Mein einziger Rivale: Anaïs selbst. Ihr Ehrgeiz. Ihre Berufung. Schreiben ohne Unterlaß. Sie schreibt, während sie auf Patienten wartet, schreibt, kaum daß sie wieder gegangen sind. Vor dem Abendessen, nach der Liebe. In Wartezimmern, in Zügen – und auf dem Schiff, das sie demnächst von mir forttragen wird.

Inzest

Inzest. Vom lateinischen incestus *«unrein».*

Das war die Grundbedeutung des Wortes, als Antigone ihren Vater mit glühender Leidenschaft verehrte, als Ödipus Iokaste zum Weibe nahm, als die Tochter der Herodias nackt vor ihrem Oheim tanzte.

Inzest: Ein Thema, das Anaïs vom ersten Band der Tagebücher *an verfolgt.*

Sie wird zu:

Salome.

Als sie in der Salle Iéna als spanische Tänzerin auftritt, glaubt sie ihren Vater im Publikum zu erkennen und hält wie versteinert inne: «Sie wollten vielleicht für ihn tanzen, ihm gefallen, ihn verführen, unbewußt», suggeriert ihr Doktor Allendy, auf die kommentierende Rolle des Chors in der griechischen Tragödie reduziert. «Tanzen wurde synonym mit der Verführung des Vaters.» (Tagebücher, 1931–1934)

Beatrice Cenci,

der blutschänderischen Mörderin, aus der Sicht Artauds, ihres Dramaturgen, der emphatisch beteuert: «Ich glaube an Ihre absolute Unreinheit!»

Inzest. Vom lateinischen incestus, *«unrein» . . .*

«Ich schwieg. Ich stritt es nicht ab», schreibt sie. (Tagebücher, 1931–1934)

Nichts abstreiten. Schweigen. Oder die Mythen der Tagebücher *sprechen lassen. Die Protagonisten ihrer Erzählungen.*

»ICH LIEBE MEINEN BRUDER!» schreit Jeanne in Haus des Inzests.

Kommt es zum Inzest, wenn die Lebensumstände das Tabu entkräften? Wenn ein Vater, der zu lange von seiner Tochter getrennt war, sie als «Synthese aller Frauen, die ich geliebt habe», preist? «Du mußt mich im Juni an die Riviera begleiten», beschwört er sie. «Man wird dich überall für meine Geliebte halten. Wunderbar! Ich werde sagen: ‹Das ist meine Tochter›, und keiner wird mir glauben.» (Haus des Inzests)

Keiner glaubt es, nicht einmal Anaïs. In narzistischer Verblendung sieht sie den Vater als Double ihrer selbst.

Joaquin Nin, Anaïs' Animus: «Ein Lächeln von weiblichem Charme . . . ein leuchtender Mund . . . wie ein andalusischer Garten.» Doch in wem verliert sie sich dann?

In einem Fremden, der ihrem Vater gleicht? Oder einem Vater, in dem sie sich wiedererkennt, als weiblicher, endlich siegreicher Don Juan?

1939 wird Joaquin Nin von Maruça geschieden und zieht für ein paar Monate in eine Pension an der Avenue Mozart, bevor er nach Cuba zurückfährt, wo er 1949 vereinsamt stirbt.

Anaïs nimmt nicht an seiner Beerdigung teil.

22. Kapitel

Hugo an John

Paris, 29. Juli 1936

Lieber John,
die Lage ist ernst, aber nicht hoffnungslos. Ich meine natürlich die Lage in Frankreich, obwohl mir gerade auffällt, daß der Satz ebenso auf meine Ehe zutrifft. Ich will Dir schildern, wie es mittlerweile damit aussieht. Vor allem aber möchte ich Dich bitten, unsere Mutter zu beruhigen. Ich habe die nötigen Maßnahmen getroffen, um das Land verlassen zu können, falls es zum Schlimmsten kommt. In London erwartet mich ein Posten als Direktor bei der City Bank and Farmers Trust. Anaïs hat ihre Tagebücher an ihre Mutter geschickt, die sich zur Zeit in Italien aufhält, damit sie in Sicherheit sind, falls wir überstürzt abreisen müssen. Im Moment ist es hier in Paris noch ganz erträglich, trotz des allgemeinen Wirrwarrs, den M. Blums Regierung uns eingebrockt hat. Seit Anfang des Monats ist die Hauptstadt von dauernden Streiks so gut wie lahmgelegt; ich fahre neuerdings sogar mit dem Rad ins Büro! Wenn die Regierung den Forderungen der Gewerkschaften nachgibt, steuert Frankreich geradewegs auf die Katastrophe zu. Irgend etwas in diesem Land scheint sich immer mehr aufzulösen. Wenn ich all die Gerüchte höre, die uns von Deutschland und Spanien her erreichen, fürchte ich, daß der Haß demnächst auch zu uns überschwappt . . .

Praktische Gründe haben uns gezwungen, Louveciennes aufzugeben. Ich hätte gar nichts dagegen, diesen Ort zu vergessen, an dem unsere Liebe starb. Das Haus war kein Heim mehr für mich, seit Miller es zum ersten Mal betreten hat. Du wirfst mir vor, mich nicht genug zur Wehr gesetzt zu haben. Doch Anaïs ist keine Frau wie die anderen. Ich habe lange gebraucht, um zu verstehen, daß sie weder schöne Kleider noch teure Parfüms benötigt, sondern nur Luft, Ruhe und genügend Freiraum, um die Flügel ihrer Seele zu entfalten!

Wir wohnen jetzt am Quai de la Bourdonnais, in dem Appartement eines Geschäftsfreundes, Henry Leigh Hunt. Seine Frau Louise ist Schriftstellerin, die Inkarnation all dessen, was mich an Frankreich von jeher fasziniert hat: die vollendete Eleganz und Lebensart, die ihre Familie, die Vilmorins, seit Jahrhunderten verkörpert. Sie schätzt Anaïs sehr, hat sich schon vor längerer Zeit mit ihr angefreundet und sie manchmal in Louveciennes besucht. Was sie sich wohl zu erzählen hatten? Ich weiß es nicht. Anaïs bewahrt sich ihre Geheimnisse für ihre Bücher auf.

Den Scheidungsgerüchten brauchst Du keinen Glauben zu schenken. Ich werde sie nie verlassen. Sie ist mir so unentbehrlich wie die Luft zum Atmen. Ohne sie würde ich einfach verkümmern. Ich habe endlich den Mut wiedergefunden, ich selbst zu sein. Auf keinen Fall will ich für den Rest meines Lebens in einem Spießeranzug versauern. Ich nehme jetzt jede Woche im Atelier 17 an einem Kurs im Kupferstechen teil. Der Kursleiter, Stanley William Hayter, ist mit André Masson, Max Ernst und Yves Tanguy befreundet. Ich beobachte sie, höre ihnen zu. Durch sie lerne ich, meine Frau besser zu verstehen. Was ich gestern noch als Egoismus bezeichnete, nenne ich jetzt Selbstbesinnung. Man muß tief in sich selbst eintauchen, um die anderen erreichen zu können. Früher machte ich es Anaïs oft zum Vorwurf, daß sie nur über sich selbst schrieb. Aber auch ich schöpfe meine Gravuren ausschließlich aus meinen Erinnerungen. Paradiesvögel, Lianenblüten, geäderte Flügeldekken, Wellenbögen, geschwungene Küstenlinien; meine Insel, Puerto Rico . . . Anaïs hat mir einen Satz japanischer Pinsel geschenkt. Sie spornt mich unentwegt an. Ihre Werke zu illustrieren, könnte meine letzte Chance sein, sie bei mir zu halten.

Ihr Buch *Haus des Inzests*, an dem sie seit drei Jahren gearbeitet hat, ist gerade unter so abenteuerlichen Umständen veröffentlicht worden, daß ich Dir davon berichten muß, auch wenn es sich nicht vermeiden läßt, Miller dabei zu erwähnen. Soviel ich weiß, hatte er den Roman nämlich seinem Agenten Bill Bradley empfohlen, den der Titel sogleich aufhorchen ließ. Das Buch enttäuschte ihn allerdings: Der Stil war ihm zu gestelzt, der Inhalt viel zu züchtig. Er verlangte mehr Pfeffer, was Anaïs kategorisch ablehnte.

Wie sollte sie die Veröffentlichung ihres Buchs erreichen, ohne sich selbst zu verleugnen? Jeden Tag mußte ich mir ihre Klagen anhören, bis ich ihr schließlich vorschlug, es doch einfach selbst herauszubringen.

Anaïs sah mich verblüfft an.

«Miller denkt genauso. Ich traue seinen verrückten Ideen nicht. Aber wenn sogar du dafür bist...»

Man fragte mich nicht weiter nach meiner Meinung. Als sie dann den Siana-Verlag gründeten, hielt Anaïs es nicht einmal für nötig, mir die Adresse mitzuteilen, die ich erst später erfuhr: Villa Seurat!

Siana: das Anagramm von Anaïs. Die Arme konnte damals noch nicht wissen, daß dieser Name der einzige Tribut war, den ihre Kompagnons ihr jemals zu zollen gewillt sein würden. Miller, Perlès und Fraenkel bezweckten damit nur, ihre eigenen Werke zu publizieren. *Haus des Inzests* wurde im April gedruckt, während wir in Marokko waren – wohl absichtlich, damit Anaïs die Herstellung nicht überwachen konnte. Bei ihrer Rückkehr fand sie die fertigen Bände in einer Ecke der Werkstatt gestapelt. Fraenkel hatte sich trotz seines Versprechens, das Buch auf den Markt zu bringen, um nichts gekümmert. Wir verschickten einige Exemplare, und Anaïs fuhr kreuz und quer durch Paris, um ihr Werk bei den besten Buchhändlern unterzubringen, wie zum Beispiel bei Tschann am Boulevard du Montparnasse, der sich besonders für englischsprachige Literatur einsetzt. Ohne großen Erfolg. Der Roman versank in Vergessenheit. Ihr einziger Trost war die begeisterte Unterstützung von Frances Steloff vom Gotham Book Mart in New York, die sie eingeladen hat, sie dort aufzusuchen, falls Europa in Flammen aufgehen sollte.

Anaïs versucht tapfer, gegen ihre Deprimiertheit anzukämpfen.

Sie überarbeitet ihr Tagebuch und klammert sich wie eine Ertrinkende an ihr Manuskript von *Winter of Artifice*.

Als Zyniker hätte ich das Scheitern ihrer Ambitionen begrüßen müssen; es hat uns wieder zusammengeführt. Von ihren Freunden verraten, ist Anaïs zu mir zurückgekehrt. Auf unserer Reise nach Fez war sie mir schon viel aufmerksamer, liebevoller erschienen – fast wie von der trägen Unterwerfungsbereitschaft der Haremsdamen angesteckt, denen sie im türkischen Bad begegnet war, aus dem sie gesalbt und geglättet, weich und rein wie ein Kind zurückkam. «Wenn ihre Seele doch auch wieder so rein werden könnte», hatte ich mir im stillen gesagt, während ich sie liebkoste.

Kaum waren wir wieder in Paris, habe ich sie zu einem Geschäftsessen ins Maxim's mitgenommen, wo sie mehr tanzt als ißt und die begehrlichen Blicke der anderen Gäste genießt, wohl wissend, wie stolz ich auf sie bin. Der Kunde, den wir dabei hatten, versuchte mit allen Mitteln, sich bei ihr einzuschmeicheln. So hat sie mir schließlich zu einem höchst vorteilhaften Vertragsabschluß verholfen. Wir haben noch viel darüber gelacht.

Wie lange wird dieser Waffenstillstand wohl halten? Ich mache mir nichts vor. Bald wird sie sich wieder von meiner Zuneigung lösen, deren geheimnislose Beständigkeit sie langweilt, und den Anker lichten, um neuen Trugbildern zuzutreiben. Sie begeistert sich so leicht für jedwede gerechte Sache!

Ich bin es leid, ihr nachzutrauern. Aber kann ich sie denn zum Schreiben ermutigen, ohne sie leben zu lassen?

«Innenschau ist ein verzehrendes Monstrum», hat sie mir einmal gesagt. «Man muß ihm viel in den Rachen werfen, Erfahrung, Menschen, Orte, Liebe, schöpferische Werke, bis es aufhört, an einem zu fressen.»

Tja, John, so ist es: Ich habe eine Kannibalin geheiratet.

Angst

Es genügt, auf die etwas gekünstelte Phrasierung ihrer Stimme zu achten, um jenen Stachel aufzuspüren, der sie zu tausend Posen, tausend Lügen zwang. Auch ihrer leicht verkrampften Haltung ist sie anzusehen: die Angst.

«Sie bestimmte Anaïs' gesamtes Verhalten. Die Angst, verlassen zu werden, die Angst, schlecht angesehen zu sein, die Angst, nicht geliebt zu werden. Sie wollte, daß man sie für einen beispielhaften Menschen hielt», berichtet Miller, der sie trotz all der heilsamen Ausschweifungen nicht aus ihrem Angstkorsett zu befreien vermochte.*

Der erste Angstschub – ausgelöst durch den Verlust des Vaters – bewirkte wie in einer Kettenreaktion alle übrigen.

Die Angst, nicht gut genug zu sein: ihre Neurose.

Die Angst, anderen zu mißfallen: ihr einziger Spiegel.

Die Angst, verurteilt zu werden: der Antrieb ihrer Feder.

Das Tagebuch bot dieser ungläubigen Katholikin die tröstliche Zuflucht eines Beichtstuhls ohne Priester.

Als sie es in vollständig überarbeiteter, gekürzter Fassung veröffentlichte, schmiedete sie sich daraus eine Rüstung für die Ewigkeit.

Ich glaube, daß Anaïs ihr Tagebuch veröffentlichte, um jeden biographischen Komplott von vornherein zu verhindern. Um sich ihren posthumen Frieden zu sichern. Ihr Seelenheil.

In der Woche vor ihrem Tod rief sie alle ihre Freunde an, um sich von jedem einzelnen die Absolution erteilen zu lassen.

* Henry Miller's Book of Friends

23. Kapitel

Von einem Ort zum anderen

Anaïs paßt ihre Zufluchtsorte ihren Seelenzuständen an. Das Atelier in der Rue Schoelcher, mitten in Montparnasse, hatte ihr schon einen Vorgeschmack auf die ersehnte Boheme gegeben, während das Ambiente am Boulevard Suchet mehr ihren mondänen Neigungen entsprach. In Louveciennes, umgeben von Grün, entdeckte sie ihre wilde, nostalgische Seite und fand in der tiefen, nur von gelegentlichem Hundegebell unterbrochenen Stille ihre Stimme als Schriftstellerin: «Ein Heim. Ein Buch. Freundschaft. Blühende Akazien. Poesie. Der Zauber dieses Hauses schlägt mich in seinen Bann.» 1936 hat Louveciennes seinen Zauber verloren. «Ich scheine hier nicht mehr an meinem Platz zu sein, oder bin ich nur zu sehr von fiebriger Aktivität, Intensität, Erregung erfüllt?... Mein neues Ich fühlt sich hier fremd, mein neues Ich ist ein Abenteurer und ein Nomade.»

Anaïs hat viele Illusionen ablegen müssen! Die untadelige Tochter. Die vorbildliche Ehefrau. Die großzügige Muse. «Ich fühle mich so seltsam befreit, ich fühle keine Grenzen mehr in mir, keine Mauern, keine Ängste.» Sie ist dreiunddreißig Jahre alt.

Nachdem sie eine Weile in der Wohnung ihrer Freundin Louise de Vilmorin gelebt hat, zieht sie im Juni an den Quai de Passy: «Eine neue Umgebung, ohne Hoffnung, ohne Freude geschaffen, ohne dauerhafte Erwartung, nicht einmal in der Überzeugung, richtig zu handeln. Aber von selbstverständlicher Schönheit. Modern, einfach, fröhlich, hell.»

Mit dem Einverständnis Hugos, den seine Aufgaben bei einer Londoner Bank von Paris fernhalten, entschließt sie sich, Louveciennes aufzugeben. Am 16. November findet eine Versteigerung ihres Hausrats in der Rue Montbuisson statt.

Man hatte die Möbel im Garten aufgestellt. Das prächtige maurische Ehebett wurde von vier Männern aus dem Schlafzimmer geschleppt; da die beiden Träger es allein nicht bewegen konnten, packten der Elektriker und der Klempner mit an. Sie hatten sich zur Stärkung schon ein paar Gläser genehmigt. Sie schwitzten. Sie stießen sich komplizenhaft mit den Ellbogen an, erregt von dem intimen Ambiente, in das sie mit wuchtigen Schritten eindrangen. Anaïs wandte den Kopf ab. Sie bemächtigten sich ihres Lagers wie einer hilflosen Frau.

Dieses Bett, mit dessen Anschaffung sie monatelang geliebäugelt hatte, bevor sie es dem Antiquar in der Rue de Seine schließlich abgekauft hatte, zog die Neugierigen magisch an. Die Schüchternen begnügten sich damit, seine schimmernden Kupfer- und Emailintarsien zu betrachten, während andere die Federung der Matratze prüften und manche sich sogar darauf ausstreckten.

Schluß mit dem Spektakel! Anaïs bat den Auktionator, endlich mit der Versteigerung zu beginnen. Der Ekel würgte sie in der Kehle. All diese tastenden, grapschenden, begutachtenden Hände zwischen ihren Schätzen. Bei jedem Stück, das inspiziert wurde, zuckte sie zusammen.

Das Kanapee zeigte noch den Abdruck ihres Körpers, an den Kissen haftete noch ein Hauch ihres Parfüms. Die Schubladen beherbergten noch ein Nadelkissen, ein Taschentuch, ein zerknittertes Billett. Ihr Leben. Louveciennes hatte sie braungebrannt, derb, fast rundlich gesehen, wie sie sich in der Küchenschürze über den Herd beugte, von dem würzige Kräuterdüfte aufstiegen, oder das Brennholz mit der Machete zerkleinerte, mit einer Energie, die ihr die Schreibmüdigkeit einflößte.

Stundenlang hatte sie sich in ihrem Arbeitszimmer eingeschlossen, erbärmlich frierend, da selbst ihre Kaschmirstola die Kälte nicht abhalten konnte, die von der erzwungenen Unbeweglichkeit herrührte. So schrieb sie Seite um Seite, ohne auf das allmählich schwindende Tageslicht zu achten – inspiriert. Nie hatte sie soviel zu Papier gebracht wie in Louveciennes. Dort fühlte sie sich geborgen, eins mit sich selbst, wohlig aufgehoben wie ein Kind, das sich bei Gewitter unter die Decke verkriecht.

Louveciennes, letzte Bastion der Unreife, die Doktor Ranks Forderung gerechtfertigt scheinen ließ: «Geben Sie Ihr Tagebuch auf. Verlassen Sie dieses Haus.» Damals hatte sie sich dagegen gesträubt; das Ansinnen kam ihr barbarisch vor. Es war ihr unverständlich, wie man Louveciennes mit einem Gefängnis vergleichen konnte.

Die Versteigerung begann mit den sechs schmiedeeisernen Gartenstühlen, die sie im Schatten der Akazie aufgestellt hatte, Henrys bevorzugter Frühstücksplatz, wenn er sie in Hugos Abwesenheit in Louveciennes besuchte. Anaïs sah ihn noch mit nacktem Oberkörper im kalten Morgenlicht stehen. Schnell, das Brot, die Milch, den Kaffee! Vergiß die Marmelade nicht! Er hatte immer Hunger. Hunger nach Liebe, nach Worten, nach neuen Plänen. Zusammen leben. Zusammen schreiben. Zusammen publizieren: «Wir werden die Druckerpresse in der Scheune neben der Garage installieren. Die Bücher werden im Schuppen gelagert. Nicht länger warten, keine Demütigungen mehr, wir werden unsere Bücher selbst herausbringen!»

Er hatte die Gabe, Illusionen greifbar zu machen.

Schreiben. Lesen. Sich Lieben. Essen und Trinken. Sie aßen im Pyjama zu Mittag. Rosé d'Anjou. Entrecôte, reichlich gepfeffert! Und Butter zum Käse! Sie lief beschwingt in die Küche. Es machte ihr Spaß, ihm zu gehorchen, sein Frauchen zu spielen. Welches Glück, ihn in drei Bissen das Fleisch vertilgen zu sehen, das sie zwischen ihren Handflächen weichgeklopft hatte! Der Appetit ihres Liebhabers erschien ihr immer als ein vielversprechendes Omen.

Die besten Momente ihrer Liaison verdankten sie Louveciennes. Ihre Vertrautheit transzendierte die Sexualität und die Literatur, wie in jener Weihnachtsnacht des Jahres 1932, als sie sich in seinem Zimmer, inmitten der verstreuten Manuskriptseiten, wie im Zentrum der Welt vereint fühlten, bis sie selbst nicht mehr wußten, wer eigentlich was geschrieben hatte. Sie oder er? Sie hatten einen solchen Grad der Verschmelzung erlangt, daß es nicht mehr darauf ankam.

«Eine Steppdecke aus lila Satin. Mindestgebot fünf Francs!»

Sie hatte die Decke für June gekauft, weil der Gedanke an ihre weißen, schwarzbestrumpften Schenkel vor diesem morbiden Hintergrund sie nicht losließ. Doch schließlich wurde sie von Paulette eingeweiht, der Freundin von Fred, die ganz bestürzt war, alleine schlafen zu müssen, da Anaïs ihm nicht ohne Bosheit das Zimmer neben dem ihren zugewiesen hatte. Sie hatte sich der armen Kleinen gegenüber grausam gezeigt, wie immer, wenn sie eine Frau als unterlegen betrachtete. Sie behandelte sie absichtlich schlecht, aus unbewußter Rachsucht, als ob diese unglücklichen Geschöpfe ihre geheime Verletzung verkörperten. Ihr ewiges Liebesdefizit.

Ein Doppelbett in maurischem Stil, frühes neunzehntes Jahrhundert. Mindestgebot zweihundert Francs.

Zwei Interessenten hoben die Hand. Die Gattin des Notars und ein Unbekannter im grauen Mantel, vielleicht ein Antiquitätenhändler.

«Zweihundertfünfzig!» hörte sie sich rufen.

Ein Raunen ging durch die Menge. Was hatte *die* sich da einzumischen? Der Unbekannte erhöhte auf dreihundert Francs. Sie fühlte Panik in sich aufsteigen.

«Es gehört mir! Sie haben kein Recht, es mir wegzunehmen!»

Der Unbekannte musterte sie mit wohlwollender Miene. Hielt er sie für eine Verrückte? Dann war er jedenfalls nicht der einzige, der so dachte. Wo sie auch auftauchte, fiel sie aus dem Rahmen. Hier zu kultiviert, dort zu exzentrisch. Zu ernsthaft für Henry, zu unbekümmert für Hugo. Bis hin zu Gonzalo, der sie trotz der Bewunderung, die er ihr entgegenbrachte, für allzu mondän hielt.

Gonzalo More. Ihr neuester Schwarm. Ein Peruaner, verheiratet mit der Tänzerin Helba Huara. Auf Einladung Antonin Artauds, der sich um die Beleuchtung der Auftritte kümmerte, hatte Anaïs eine ihrer Vorstellungen in der Salle Pleyel besucht. Sie war so fasziniert von dieser insektenhaften Frau, die sich unter ihren mit aztekischem Geschmeide behängten Schleiern wie ein Geist bewegte, daß sie gar nicht auf den Pianisten geachtet hatte, der sie begleitete. Obwohl dieser Hüne mit den glutvollen Mandelaugen und der von weißen Strähnen durchzogenen Mähne in Montparnasse alle Blicke auf sich zog. Ein echter *desdichado*, der seine dämonische Ausstrahlung mit marxistischen Parolen untermalte.

Anaïs traf ihn im Frühling 1936 bei Émile Savitry, einem mit Brassaï befreundeten Fotografen. Als er ihn ihr vorstellte, hatte er sie gleich gewarnt: «Ein Mann, der nur für Exzesse lebt. Alkohol, Frauen, die Revolution: das alles wird ihn über kurz oder lang zugrunde richten.» Was hätte es Anziehenderes für sie geben können, die von Millers Jovialität längst genug hatte?

«Henry, der Chinese, voller Gleichgültigkeit, Humor und Toleranz. Gonzalo dagegen, fanatisch, fatalistisch, orientalisch...», verglich sie die beiden, bevor sie den breiten Schultern des «Inka» schließlich den Vorzug gab.

Sie erahnte in ihm den Mythomanen, was sie noch stärker zu ihm hinzog. Da sie selbst mit der Realität auf Kriegsfuß stand, konnte sie gar nicht anders, als einem Mann verfallen, der ihr hypnotische Visionen vorgaukelte. So ließ sie sich im Geiste zu den Seen entführen, wo die Feuervögel sich paarten, zu den Farmen, die so weitläufig wie Dörfer waren, zu den Kathedralen, in denen Indianer sich an Weihrauchdünsten berauschten, zu den Prozessionen, die von Priestern in goldbestickten Damastgewändern angeführt wurden.

Wenn Gonzalo ihr seine Geschichten erzählte, hatte sie das Gefühl, all diese Bilder schon im Traum gesehen zu haben, als wären sie von jeher in ihrem tiefsten Innern verankert gewesen. Er weckte das spanische Blut in ihr.

Im Juli war der spanische Bürgerkrieg ausgebrochen, zwei Monate, nachdem sie sich kennengelernt hatten. Gonzalo, der sich für die Republikaner engagierte, verlangte von ihr, ihm nach Katalanien zu folgen. Man sah sie zusammen in der Salle de la Mutualité, wo die Galionsfiguren der republikanischen Sache ihre Ansprachen hielten. André Malraux. Pablo Neruda. La Passionaria. In einem maulwurfsgrauen Kostüm, sogar auf ihren üblichen roten Nagellack hatte sie verzichtet, zwang sie sich, ihnen zu applaudieren. Sie gab sich die größte Mühe, von der guten Sache durchdrungen zu wirken. Sie erbot sich sogar, revolutionäre Pamphlete abzutippen. Gonzalo war begeistert. Er glaubte, eine großbürgerliche Intellektuelle für die Sache des Volkes gewonnen zu haben. Er bildete sich ein, ihr einen Standeskomplex eingeflößt zu haben, obgleich sie sich längst von allen Klassenvorurteilen befreit hatte, als sie Millers finanzielle Misere teilte.

Die Erfahrungen in Clichy hatten sie von ihrer romantischen Neigung zur Boheme geheilt. Sie besaß nun mal einen tief verwurzelten Hang zur Ordnung und schätzte gute Manieren. In New York war sie hingerissen von den lautlosen Aufzügen, den weichen Teppichböden, den makellosen Lilien in kostbaren Vasen; in Paris schlenderte sie gerne durch die Rue des Saint-Pères, stöberte in Antiquitätenläden, bewunderte die Auslagen bei Cartier und liebäugelte mit extravaganten Schiaparelli-Kostümen, die sie nur einmal getragen hätte. Ihr Engagement – Marx zu lesen und an den Versammlungen der «revolutionären Zellen» teilzunehmen – entsprang eigentlich einem heimlichen Kampf gegen ihren Vater, der die Sache der Putschisten befürwortete. Nur um ihn herauszufordern, trug sie sich auf der Liste derer ein, die mit den Marxisten sympathisierten.

«Nichts zu meiner Rechten – und zur Linken – Sie verzichten freiwillig, Monsieur? Ihre Ritterlichkeit ehrt Sie. Der Zuschlag erfolgt also bei 400 Francs. Madame, Sie bekommen Ihr Bett zurück», setzte der Auktionator hinzu, der sich wunderte, weder Erleichterung noch Triumph in ihrer Miene zu sehen.

Anaïs betrachtete nachdenklich ihren Kauf und biß sich auf die Lippen: Was hatte sie nur dazu getrieben, dieses sperrige Möbel zurückzukaufen? Warum hing sie nur so krankhaft an Dingen, deren Existenz ihr die Illusion der eigenen Dauerhaftigkeit vorgaukelte? Sie hatte gehofft, sich von der Vergangenheit zu befreien; statt dessen fand sie sich daran festgekettet wie an einem Totempfahl.

Bei Anbruch der Nacht ging die Versteigerung zu Ende. Den Vorschlag, das Bett in der Scheune unterzustellen, lehnte sie ab. So überließ man es den Sternen – gleich jenen romantischen Wracks, die ihre Träume bevölkerten.

Immer wieder glitten wie Boten ihres Unbewußten Boote durch ihre Nächte. Manche erinnerten sie an die *Montserrat*, mit der sie nach Amerika gekommen war. Lautlos durchschnitten sie mondhelle, glatte Gewässer. Wenn sie aus solchen Träumen erwachte, fühlte sie sich versöhnt mit der Welt. Aber oft träumte sie auch von zerschellten Schiffen, die wie verendete Raubfische an die Küste geschwemmt wurden. Am Morgen hatte sie nur noch einen Wunsch: zu fliehen.

Diese Visionen hatten sie verfolgt, bis sie Conrad Moricand kennenlernte, einen mit Max Jacob, Cocteau, Cendrars und Picasso befreundeten Astrologen, der Georges Mandel und Paul Morand zu seinen «Klienten» zählte. Dieser illustre Bekanntenkreis hatte Anaïs angeregt, ihn ihrerseits aufzusuchen; nicht aus Snobismus, wie manche behaupteten, sondern aus physischer Notwendigkeit; sie konnte nur in der Nähe außergewöhnlicher Menschen frei atmen.

Von Doktor Allendy, der den *Miroir d'astrologie* bewunderte, ein obskures Werk, dem Moricand seinen Ruf verdankte, hatte Anaïs seine Telefonnummer erhalten. Eine monotone Stimme hatte ihr einen Termin in der Rue Notre-Dame-de-Lorette gegeben, wo sie in einem mönchisch kargen Dachzimmer von einem «blassen Indianer» empfangen wurde, wie sie ihn in ihrem Tagebuch beschrieb, «weiß geworden durch lange Forschungen in der Bibliothèque Nationale... Sein weißer Kragen ist unglaublich steif gestärkt, seine Manschetten sind blendend weiß, seine Handschuhe aus Rindsleder wurden niemals getragen... als sei er schon gestorben für alle Reibungen und Ansprüche des Lebens... Er trägt den Panzer eines Aristokraten, einen starken Panzer, der nicht nur seine Kleidung aufrecht hält, sondern ihm auch verbietet, sich zu beklagen, zu betteln.»

Er verdiente seinen Lebensunterhalt damit, Horoskope zu erstellen, mit denen er die Wände seiner Klause bedeckte. Anaïs hatte sich verpflichtet gefühlt, ihr Horoskop von ihm anfertigen zu lassen, trotz des geringen Interesses, das sie dieser Wissenschaft entgegenbrachte, ja, die ihr um so fragwürdiger erschien, je mehr ihr Mann sich dafür begeisterte...

Moricand hatte ein Honorar von hundert Francs verlangt. Das war nicht gerade wenig, doch Anaïs mochte sich nicht auf kleinliches Feilschen einlassen.

Ihre Großzügigkeit war mit einer mehrseitigen Studie belohnt worden, deren Scharfsinnigkeit sie verblüffte: «Pisces können so zart und weich und widerstandslos sein, daß man sich oft eine falsche Vorstellung von ihnen macht. Pisces glauben nicht, daß die Wahrheit das Höchste sei, was man sagen könnte, und folglich ersetzen sie, weil sie niemanden verletzen wollen, das, was sie für eine kosmische Wahrheit halten, durch geringere Wahrheiten. Das Zeichen verbindet sich oft mit Zauber und Verzauberung. Weltfremdheit gehört dazu, Selbstopfer, romantische Ideale, Inspiration, denn eine höhere Bewußtheit strahlt ein. Pisces sind daher oft Außenseiter, Renegaten oder Propheten.»

Kein Mann, außer Otto Rank, hatte ihr Wesen bisher mit solcher Klarsicht erkannt. Sie hatte Moricand spontan mit einem auf französisch abgefaßten Brief geantwortet:

«Auch wenn mir vielleicht ein paar Rechtschreibfehler unterlaufen, möchte ich Ihnen so schreiben, wie es für Sie am einfachsten ist, denn ich bin Ihnen sehr dankbar, daß Sie sich die Mühe gemacht haben, mein Buch auf englisch zu lesen. Ich wollte Sie noch auf eine der Übereinstimmungen zwischen ihrer Studie und *House of Incest* hinweisen. Sie haben zum Schluß erklärt: ‹Diese Studie ist die eines Dichters, der am Rande der Nacht ein brennendes Schiff betrachtet.› Und ich habe auf Seite 41 geschrieben: ‹Auf einem Schiff aus Saphiren segelte ich über Korallenmeere und stand singend am Bug. Mein Gesang blähte die Segel und ließ sie bersten. Wo sie zerrissen, waren die Ränder verbrannt.› Ich war tief beeindruckt von der Subtilität und Hellsichtigkeit Ihrer Betrachtungen... Sie haben das wahre Wesen der Individualität erfaßt, was mich besonders erstaunt, da ich die Sprache und Diagramme der Astrologen im allgemeinen zu konkret, zu realistisch und daher ungenügend finde – mit einem Wort, vulgär. Was die anormale, pantheistische und mystische Form meines Lebens angeht, waren Sie der einzige, der sie zu definieren, zu begreifen vermocht hat.»*

Anaïs empfahl den Astrologen Moricand allen ihren Freunden, und Miller begegnete ihm mit um so größerem Enthusiasmus, als sie beide unter dem Sternzeichen des Steinbocks geboren waren und den deutschen Philosophen Keyserling bewunderten. Die beiden Männer schlossen Freundschaft, und der Gedanke, die beiden zusammengebracht zu haben, beglückte Anaïs ungemein; sie brauchte das Gefühl, anderen unentbehrlich zu sein.

Wenn man es recht bedenkt, war es wohl auch der Umgang mit dem Astrologen, der den Wunsch in ihr weckte, auf einem Hausboot zu wohnen. Moricand hatte ihr verdeutlicht, wie sehr ihr persönliches Schicksal mit dem Element des Wassers verknüpft war. Sie war im Zeichen der Fische geboren, und Neptun im Zenit ihrer Geburtskonstellation verstärkte noch den Fluchtimpuls, der dieses Zeichen beherrscht. Der Ozean hatte sie von ihrem Vater getrennt. Auf dem Boot, das sie von ihm forttrug, hatte sie das Schreiben entdeckt. Ihr

* Zitiert von Frédéric Jacques Temple in *Henry Miller. Qui suis-je?*, La Manufacture.

Stil war fließend, strömend. *Haus des Inzests* ließ sie mit dem Satz beginnen: «Mein erster Eindruck von der Erde war ein Schleier aus Wasser. Ich gehöre zu den Männern und Frauen, die alles durch diesen Vorhang des Meeres sehen, und meine Augen haben die Farbe des Wassers.»

Sie hatte sich in den Kopf gesetzt, eins der Hausboote am Seinekai, die sie von ihrer Wohnung aus sehen konnte, zu mieten. Der Anblick dieser kleinen Schaluppen mit schmalen Luken auf Deck ließ ihr die fremden Zimmer, in denen sie hauste, noch kälter und unwirtlicher erscheinen. Das mondäne Ambiente der Wohnung am Quai de Passy entsprach nur der einen, nach außen gekehrten Seite ihres Wesens; sie sehnte sich nach einem Zufluchtsort, an dem sich auch ihre verborgene, weltabgewandte Seite entfalten könnte, zwischen weich fallenden Vorhängen, geheimnisvollen Schatten und Düften. Sie träumte von einem dunklen Refugium, wo sie und Gonzalo die Welt verbessern und sich lieben würden.

Hugo gegenüber behauptete sie, einen Ort zu suchen, wo sie ungestört schreiben könnte. Ihre Idee, in ein Hausboot zu ziehen, fand er völlig unsinnig. Unten an der Seine wimmelte es von Stechmücken, die er nicht ertrug. Er würde also nie einen Fuß in ihre Höhle setzen... Gegen Ende des Sommers stieß sie auf eine Anzeige: Am Kai gegenüber den Tuilerien war ein Hausboot zu vermieten. Sie eilte sofort hin, um es zu besichtigen. Das alte Boot, *Le Boucanier*, hatte lange dem Kohletransport gedient. Von seinen geteerten Planken stieg ein kräftiger, harziger Duft auf, der zum Eintreten ermunterte. Ein dicklicher, melancholisch dreinblickender Mann hatte sie in einem wilden Durcheinander von Manuskriptseiten, Skizzenblättern und Fotografien empfangen. Es war der Schriftsteller Maurice Sachs. Ihr Gespräch förderte gleich eine Gemeinsamkeit zutage: Sie hatten beide eine Therapie bei Dr. Allendy begonnen und sie auch beide bald wieder abgebrochen. Allein dieser Zufall hätte Anaïs schon bewogen, das Boot zu mieten, wenn Sachs es ihr nicht selber ausgeredet hätte: *Le Bouca-*

nier besaß nur einen einzigen Ofen und war als Domizil für sie zu unbequem, zu aufwendig im Unterhalt.

Jeden Tag war sie ans Seineufer zurückgekehrt. Unter den bunten Wimpeln der Wäschestücke, die an der Sonne trockneten, schimmerten die Hausboote wie blankgewienerte Panzer. Gab es denn nicht noch eins zu vermieten? Sie erkundigte sich bei den Frauen der Bootsleute, dem Straßenkehrer, der die ersten Herbstblätter in den Fluß fegte. Anfang September zeigte ein kleiner Junge ihr schließlich ein schäbiges, schwärzliches Boot, das sich leise ächzend in der Strömung wiegte. Seit wann mochte es dort schon vor Anker liegen? Sein ausgelaugter Rumpf war von Algen überwuchert, die Ketten verrostet. Es sah aus wie ein schlafender Wal... und war für einen lächerlichen Preis zu haben.

Gonzalo fiel das Privileg zu, es als erster betreten zu dürfen. Auf Anhieb begeistert, taufte er es *Nanankepichu*, was in der Quechua-Sprache soviel heißt wie: «Außer Haus.» Außer Reichweite. Frei.

Jetzt verstand Anaïs, warum sie sich nicht hatte entschließen können, ihr Bett zu verkaufen.

Der Glanz des Kupfers und das tiefleuchtende Blau hatten ihr Nacht für Nacht die Sehnsucht nach der Weite des Meeres und dem Aufbruch zu neuen Ufern eingeflößt.

24. Kapitel

Der Dritte im Bunde

Als das Hausboot im Juli 1937 verkauft werden soll, macht Anaïs sich auf die Suche nach einem neuen Zufluchtsort. Am Quai des Tuileries besichtigt sie *La Belle Aurore*: «Der Eigentümer, der mir öffnete, war Michel Simon. Sein Gesicht schien verlebt und verzerrt, aber er hatte die schönsten Hände, die ich je bei einem Mann gesehen habe, schlank, weiß und sensibel.» Das Boot gefällt ihr. Unter der Bedingung, den einbeinigen Bootsmann, der es instand hält, an Bord zu behalten, kann sie es gleich in Besitz nehmen. Begeistert vermerkt sie in einem Brief: «Ich habe das Hausboot bekommen! Für 500 Francs! Mit Heizung, Badezimmer, Fenstern. Alles, was ich mir nur wünschen konnte – und es schwimmt! – und es ist wunderbar! Ich bin so glücklich, daß ich nicht mal mehr schreiben kann.»

Der Adressat des Briefs heißt Lawrence Durrell – ein neuer Stern am Musenhimmel: irischer Abstammung, in Neapel geboren, fünfundzwanzig Jahre alt, in Korfu am britischen Konsulat beschäftigt, Literat aus Passion. Im August 1935 hatte er dem Autor von *Wendekreis des Krebses* einen dithyrambischen Brief gesandt, auf den Miller postwendend antwortete. Es entspann sich ein lebhafter Dialog, in dem zwei große, visionäre Talente ohne Rivalität miteinander wetteiferten. Durrell schickte Miller das einzige Exemplar seiner *Schwarzen Chronik*; Miller ließ ihm allerlei Bücher zukommen, die in Griechenland unauffindbar waren, unter anderem auch *Haus des Inzests*.

«Von allen Büchern dieser Art, die ich gelesen habe, ist dies das erste, das ich lebendig finde», schrieb Durrell ihm. «Trotz seiner Methode, Traum minus Realität, fühlt man darin tatsächlich, so wahr mir Gott helfe, eine besondere Art von Strenge. Wie beißende, blendende Tränen. Wer ist diese Anaïs Nin? Was hat sie sonst noch geschrieben? Ihr Name klingt seltsam – ein orientalisches Flair. Doch dieses Buch stammt nicht von irgendeiner schwarzen, hageren Cleo, die mit einer zinnoberroten Zigarettenspitze posiert.» Anaïs beginnt darauf ebenfalls einen Briefwechsel mit ihm. Im September 1937 kommt Durrell auf Millers Einladung hin nach Paris, in Begleitung seiner Frau, der Malerin Nancy Meyers. «Was mich zuerst beeindruckte», notierte Anaïs in ihren *Tagebüchern*, «waren seine Augen. Sie sind lebhaft, funkelnd, hellseherisch, die Augen eines Kindes und eines alten Mannes. Körperlich ist er kurz und gedrungen, sanft wie ein Hindu... Er ist ein Faun, ein Schwimmer... Nancy, seine Frau, hat eine jungenhafte Figur, lange, schlanke Taille, schöne schräge Augen.»

Bericht von Nancy

Wir befanden uns noch in Korfu, als Larry mir eines Morgens im Januar 1936 ein Buch mit einem weißen Einband gab: *House of Incest* von Anaïs Nin. Miller hatte es ihm zugeschickt, mit der Anmerkung, daß die Autorin eine enge Freundin von ihm sei. «Was für ein alberner Titel!» meinte Larry kopfschüttelnd. «Er klingt so abgestanden, so schwül wie ranziges Parfüm, obgleich das Buch doch so frisch, so duftig ist, so vielfältig in seinem Farben- und Formenreichtum. Sag mir, was du davon hältst.»

In literarischen Dingen fragte Larry mich selten nach meiner Meinung. Millers Einfluß hatte seinen Hang zur Frauenverachtung nur noch verstärkt.

Es wurde Abend, ehe ich das Buch aufschlug. Es nahm mich sofort gefangen. Von den ersten Zeilen an fühlte ich mich aufgesogen von diesem atemlosen Strudel seltener Wörter, lianenhafter Sätze voller Seufzer und Schreie. Es war verwirrend. Zugleich aufrichtig und manieriert, schien es jenem beschriebenen Bild zu gleichen: «Ich bin eine Frau mit den Augen einer Siamkatze, immer lächelnd, trotz ihrer Ernsthaftigkeit, immer die eigene Intensität verspotttend.»

Kaum hatte ich das Buch ausgelesen, brannte ich darauf, die Autorin kennenzulernen.

Larry begegnete meiner Neugier mit dem üblichen Sarkasmus. Ob ich denn wirklich so naiv sei, einem Schriftsteller hinter die Maske blicken zu wollen? «Die Worte übertreffen stets die Person», behauptete er.

So ein Heuchler! Was suchte er denn in Millers Briefen, wenn nicht eine Vaterfigur? Er konnte nichts mehr schreiben, ohne Millers Urteil darüber einzuholen. Gerade hatte er ihm eine Weihnachtserzählung geschickt, auf die er recht stolz war. Warum sie nicht auch Anaïs zusenden? Mein Vorschlag gefiel ihm. Drei Wochen später erhielten wir ihre Antwort: «Ich war so beeindruckt von der Lektüre ihrer Geschichte *Asyl im Schnee*, daß es mir schwerfällt, mich darüber zu äußern. Doch ich möchte Sie unbedingt wissen lassen, daß Ihnen hier etwas ganz Erstaunliches gelungen ist; Sie haben eine so subtile, kaum noch greifbare Welt erreicht, ein so flüchtiges Klima in Worte gefaßt... Sie schreiben im Innern des Mysteriums«, fuhr sie fort. «Sie sind bis zur Essenz der Dinge vorgedrungen, dieses schemenhafte Etwas, das wir des Nachts in unseren Träumen verfolgen und das uns immer entgleitet...»

Ich las diese Zeilen mit einem unguten Gefühl: Es war nicht Larrys Erzählung, die sie lobte, sondern seinen Stil, seine Vision; Anaïs schätzte sein Werk nur in dem Maße, in dem es Anklänge an das ihre aufwies. Ihre folgenden Briefe bestätigten meinen Verdacht: «Ich habe den Eindruck, Sie schon persönlich zu kennen... Ich war gleich von Ihrem ‹heraldischen Universum› angetan. Ich habe den Glauben darin gespürt... Das ist eins meiner Lieblingsworte. Die einzige Währung, die ich anerkenne und selbst benutze.»

Nur wer ihre Überzeugungen teilte, konnte hoffen, ihre Freundschaft zu gewinnen.

Im September 1937 trafen wir in Paris ein wie Pilger in Lourdes, allen Wundern gegenüber aufgeschlossen. Schreiben, veröffentlichen, von der Feder leben: Das, was überall sonst so utopisch erschien, war hier an der Tagesordnung – wie Miller jedenfalls behauptete, der uns im Bahnhofsrestaurant erwartete, mit schräg aufgesetztem Filzhut, die Zigarette lässig im Mundwinkel. Anaïs stand neben ihm, in einem eleganten, eng taillierten Kostüm, dessen Kragen sie fröstelnd zusammenhielt, die blutrot lackierten Nägel in den dunklen Stoff gekrallt. Wenn man die beiden so zusammen sah, verriet nichts an ihrer Haltung, daß sie sich einmal geliebt hatten, geschweige denn, ob sie sich immer noch liebten. Zweifellos verband sie eine große Vertrautheit, aber auch eine gewisse Rivalität, eine diskrete, unterschwellige Rankünе. Wenn Miller seine Monologe hielt, konnte Anaïs ihre Ungeduld kaum verbergen, schnitt ihm das Wort ab, bemängelte seine Tischmanieren; uns gegenüber versuchten sie, sich gegenseitig an Charme zu übertreffen.

Miller hatte uns eine Unterkunft bei Betty Ryan, einer befreundeten Malerin, besorgt, die uns ihr Atelier in der Villa Seurat zur Verfügung stellte, während sie verreist war. Anaïs bemühte sich unablässig, eine andere Wohnung für uns zu finden, wie um uns Miller abspenstig zu machen, was Larry gewaltig irritierte. Doch er ließ sich bald besänftigen, als er in ihrem Hausboot, wohin sie uns einlud, bei Anaïs den gleichen Hang zum Traum entdeckte, der auch ihm eigen war.

«Larrys orientialischen Wurzeln zu Ehren» empfing Anaïs uns in einem indischen Sari und führte uns über die finstere Schwelle in einen niedrigen Raum, den eine sachte hin und her schaukelnde byzantinische Lampe schwach beleuchtete. Auf dem tiefschwarzen Teppich stand ein schwarzer Lacktisch mit hölzernen Tellern und geschnitzten Holzbechern, und auf einem marokkanischen Messingtablett lag ein Stapel Bücher. Swedenborg, Strindberg, *Kunst und Künstler* von Otto Rank. Die holzverkleideten Wände waren mit Horoskopen bedeckt, zwischen denen ein paar Aquarelle von

Miller hingen. Auf einem Regal bemerkte ich ein Holzfäßchen, das Rotwein zu enthalten schien. «Den habe ich für meinen peruanischen Freund Gonzalo angeschafft. Ich mag es nicht, wenn er in Bars herumsitzt... Er ist so impulsiv. Hier, das ist er mit seiner Frau Helba, auf dem Schiff, das sie nach Europa gebracht hat.» Anaïs wies auf ein Foto, das einen bulligen Mann mit wulstigen Lippen zeigte.

Miller nahm uns beiseite. «Er ist ihr Liebhaber. Und ihr Sohn. Bei Anaïs kommt das auf dasselbe heraus. Ich weiß nicht, was sie an ihm findet. Er hat alle nur erdenklichen Fehler. Außer, daß er vielleicht...» Larry quittierte seine Anzüglichkeit mit einem pflichtgemäßen Lachen. Anaïs hatte zum Glück nichts gehört. Sie machte sich emsig an dem Tisch zu schaffen, von einem alterslosen Dienstmädchen sekundiert, «die Maus» genannt, und von dem Siamkater «Pépé le Moko» umstrichen; Hugh Guiler, ihr Mann, hatte ihr den Kater geschenkt, damit er ihr auf dem Boot Gesellschaft leistete: «Der Ehemann hat ihn wegen seiner Apacheninstinkte so getauft», hatte sie uns in einem Brief erklärt. Einem Freund, der behauptete, *Siamesen* seien sehr maßlose Katzen, hatte der Ehemann geantwortet: «Ich habe eine sehr maßlose Frau.»

«Der Ehemann!»

Welche Gefühle verbanden sie noch mit diesem «Hugo», den Miller etwas herablassend als einen braven Kerl bezeichnete? Ich lernte ihn später in London kennen. Ein durch und durch aufrechter Charakter von typisch angelsächsischer Reserviertheit, die von Südländern leicht als Hochmut mißverstanden wird. Nein, Hugh Guiler hatte nichts von einem Hagestolz. Er war heiter und unterhaltsam, dabei jedoch immer ein wenig gezwungen, als spielte er eine sorgsam einstudierte Rolle.

La Belle Aurore wurde für uns zu einer Insel, auf der unsere nächtlichen Streifzüge stets ihren Abschluß fanden. Man wurde dort gut bewirtet, rauchte ein wenig und verstrickte sich, auf weiche Divankissen gebettet, in endlose Diskussionen. Nichts machte Henry und

Larry mehr Spaß, als Anaïs zu necken, ihr absichtlich zu widersprechen. Sie bot ihnen tapfer die Stirn und ging aus ihren Wortgefechten oft als Sieger hervor. Ich erinnere mich noch an eine Auseinandersetzung über das künstlerische Schaffen, die uns bis zum Morgengrauen wach hielt. Larry hatte ihr vorgeworfen, zu sehr auf sich selbst fixiert zu sein.

«Sie müssen endlich den Sprung aus Ihrem eigenen Bauch heraus wagen, Ihre inneren Fesseln sprengen!»

«Wozu? Um es Ihnen gleichzutun? Damit ich so wie Sie werde – objektiv? Ich suche nach einer neuen Form des Schreibens. Einer eigenen Ausdrucksform, als Frau für Frauen. Für Nancy, die keine drei Worte sagen kann, ohne daß Sie ihr den Mund verbieten! Das, was die Frau erschafft, muß aus ihrem Blut kommen, mit ihrer Milch genährt sein. Ja, spotte nur, Henry! Spiel nur weiter den großen Schriftsteller! Deine Kunst ist nicht die meine. Du zerstörst, schokkierst, wo du nur kannst! Aber du täuschst dich. Ich möchte nicht zerstören, sondern zelebrieren. Vereinen. Die Mysterien preisen.»

Sie argumentierte, plädierte, demonstrierte. In ihrem Munde nahm das Wort «Mann» die Bedeutung von «Dämon» an. Unter der Maske der Geisha witterte ich die Suffragette.

Gegen alle Erwartung zeigte Larry sich sehr von ihr eingenommen. Er verfiel ihrem Charme, dieser speziellen Mischung von Exzentrik und Vernunft, Koketterie und Mitgefühl. Anaïs verstand es, ihm zuzuhören, ihn mit einer Geduld zu beraten, zu der Miller nicht fähig war. Sie verstand, was ihn quälte. Besser noch, sie empfand seine Konflikte als visionär: «Die Stimme, die aus Ihnen spricht, aus Ihrem tiefsten Innern, aus dem kosmischen Larry, dem Larry mit der unermeßlichen Spannbreite, schüchtert den kleinen Jungen, den Troll, das Kind in Ihnen ein», hatte sie ihm geschrieben. «In Ihnen tobt der Konflikt zwischen einem alten tibetischen Weisen und Peter Pan.» Sie hatte ins Schwarze getroffen! Larry war zutiefst beeindruckt. Gegenüber dem erfolgreichen Autor – sein zweites, Anaïs gewidmetes Buch, *Panic Spring*, war im Frühling 1936 von Jack Kahane veröffentlicht worden –, dem allseits anerkannten Künstler – Raymond Queneau hatte Texte von Miller in seiner Zeitschrift *Volonté* übersetzen lassen – fühlten sich Larry und Anaïs durch eine brüderliche Solidarität verbunden; sie teilten die gleichen Hoffnungen, die gleiche Ungeduld. Miller zufolge schien Jack Kahane, der *Die schwarze Chronik* und *Haus des Inzests* gelesen hatte, durchaus geneigt, ihre Bücher ebenfalls zu veröffentlichen. «Keine Angst, ich setze mich für euch ein», beteuerte er. Doch am nächsten Tag hatte er sein Versprechen schon wieder vergessen, viel zu sehr damit beschäftigt, seinen eigenen Artikel loszuwerden, Freunde zu treffen und all die unzähligen Pläne in Angriff zu nehmen, die seine Notizbücher füllten. Anaïs mußte ihn immer wieder an seine Zusicherungen erinnern: «Letzte Nacht habe ich Henry ganz gezielt und diskret (so subtil und charmant, wie ich nur konnte) auf unsere Publikationsvorhaben angesprochen», hatte sie uns geschrieben. «Ich hätte sogar den lieben Gott persönlich überzeugt!» Doch ohne Erfolg. Larry und Anaïs mußten weiter ausharren, so schwer es ihnen auch fiel.

Da kam ihnen das abenteuerliche Projekt des *Booster* gerade recht: Der American Country Club of France hatte Alfred Perlès die Leitung seiner Zeitschrift anvertraut. «Ein Himmelsgeschenk, eine Art weißer Elefant», hatte Miller uns geschrieben. «Der Stamm von guten Anzeigenkunden genügt, um sämtliche Ausgaben zu decken. Fred mußte sich nur verpflichten, den Titel beizubehalten und den Aktivitäten des Clubs zwei Seiten pro Heft zu widmen. Doch nach und nach wird er eine literarische Zeitschrift daraus machen.» Die Villa Seurat besaß endlich ein offizielles Sprachrohr! Außer dem Maler Hilaire Hilaire und dem Schriftsteller William Saroyan wohnten alle Mitarbeiter des *Booster* dort! Mir übertrug man die Rubrik Kunst und die Aufgabe, das Titelblatt der ersten Nummer zu gestalten. Unter dem Pseudonym Charles Norden teilte Larry sich mit Henry die Rubrik Literatur. Anaïs sollte die Klatschspalte übernehmen, was sie als böswillige Herabsetzung empfand. «Ich werde wieder einmal verunglimpft», seufzte sie. «Niemand will mein Talent anerkennen. Warum? Weil ich eine Frau bin?» Zweifellos. Aber auch, weil sie oft irritierend wirkte, in ihrer Sanftmut so unbegreiflich wie in ihrer Verwegenheit.

Über den *Booster* läßt sich nicht viel mehr sagen, als daß er eine Art Kasperletheater war, in dem Larry und Henry sich alle Exzesse erlaubten, die ihnen einfielen. Manchmal kam bestes Dada dabei heraus, manchmal nur seichte Burlesken, wie in der Nummer mit dem Titel «Die klimatisierte Gebärmutter». Anaïs, die eine hymnische Kritik von *Panic Springs* dazu beigetragen hatte, war außer sich: «Das ist vulgär, grotesk, schrill! Henry verplempert sein Talent mit Kindereien.» Mein Gott, wie humorlos sie sein konnte! Aber man durfte es ihr nicht übelnehmen. Sie litt selbst darunter. Sie nahm alles tragisch, weil sie nicht ernstgenommen wurde.

Das Leben in Paris verlor allmählich seinen Reiz für uns. Ich sehnte mich nach der Sonne Korfus, und Larry verzweifelte an seiner fruchtlosen Suche nach einem Herausgeber. Anaïs versuchte, ihre Bitterkeit zu verwinden, indem sie ihre Tagebücher emsig in schwarze Hefte übertrug, die sie in einer arabischen Hochzeitstruhe verschloß. Einige Exemplare hatte sie einem literarischen Agenten geschickt, der sie jedoch ablehnte. Zu lang. Zu kompakt. Zu unklar. Larry hatte einen Blick hineingeworfen und war seither überzeugt, die Tagebücher seien noch besser als *Haus des Inzests*. Aber wie Henry war er zwischen Bewunderung und Mißtrauen hin- und hergerissen. Von der Warte ihrer prahlerischen, überheblichen, mißgünstigen Männlichkeit aus wirkten die Tagebücher so unheimlich wie eine undefinierbare Gestalt auf dem Grund eines Teiches.

Kahane konnte sich noch immer nicht entschließen. Die Manuskripte hätten zwar eine Veröffentlichung verdient, doch angesichts der bedrohlichen politischen Lage wollte er das Wagnis nicht eingehen. Im Dezember 1937 gelang es Larry und Anaïs schließlich, Henry zur Gründung eines eigenen Verlags zu überreden: «The Villa Seurat Series». Um der Demütigung zu entgehen, auf eigene Rechnung publizieren zu müssen, garantierte Anaïs für die Druckkosten der *Schwarzen Chronik*, ich für die von *Winter of Artifice* und *Max and the White Phagocytes*, dem neuesten Werk Millers, der selbst nur sein «Prestige» zu dem Unternehmen beitrug . . .

Kahane verpflichtete sich, die drei Romane auf Kommissionsbasis zu vertreiben, gegen eine Beteiligung von 20% – und hätte seine Zusage fast rückgängig gemacht, als er Millers Satzung ansichtig wurde: «Die Villa Seurat Series wurden gegründet, um den Bedürfnissen der Autoren nachzukommen, nicht denen der Leserschaft. Ihr Ziel besteht in der Publikation unpublizierbarer Bücher.» Anaïs mußte ihr ganzes diplomatisches Geschick einsetzen, um den Vertrag unter Dach und Fach zu bringen. Die Veröffentlichung der drei Bücher wurde schließlich für das folgende Jahr beschlossen.

Im April 1938 kehrten wir nach Griechenland zurück. Henry hatte versprochen, uns demnächst in Korfu zu besuchen; er beabsichtigte, dort zu bleiben, falls die politische Lage sich zuspitzen sollte . . .

25. Kapitel

1939: Das letzte Jahr vor dem Exil

Januar: Als Frankreich in den Krieg hineingezogen zu werden droht, muß Anaïs *La Belle Aurore* verlassen. Aus Sicherheitsgründen werden alle Hausboote außerhalb von Paris vertäut. Eine Zweizimmerwohnung in der Rue Cassini Nr. 12, unweit des Jardin du Luxembourg, bietet ihr neue Zuflucht: «Küche und Bad sind im selben Raum... Ich kann also meinen Herd überwachen, während ich in der Badewanne sitze.»

Dort entdeckt sie ihre ersten grauen Haare...

Miller ist auf dem Sprung, aus Paris zu flüchten. Ihre Mutter und ihr Bruder sind bereits in den USA. In London kümmert Hugo sich um die Organisation ihres Exils. Eine Epoche geht zu Ende.

Februar: Frankreich und England haben Francos Regierung anerkannt. Anaïs feiert ihren sechsunddreißigsten Geburtstag in Gesellschaft von Hugo, der ihr den langersehnten Parker-Federhalter schenkt, ehe er nach London zurückfährt. Sie rettet sich über ihre Einsamkeit hinweg, indem sie weiter ihre Tagebücher abschreibt, um eine Zweitschrift davon im Safe der City Bank zu deponieren, für den Fall, daß sie Europa in aller Eile verlassen müßte.

März: «Paris ist schauerlich leer», schreibt sie ihrer Mutter, «die (spanischen) Flüchtlinge kommen in Scharen, alle mit ansteckenden Krankheiten wie der Ruhr... Die Franzosen lassen sie wie die Fliegen krepieren.» Was sie allerdings weder daran hindert, sich einem kosmetischen Eingriff zu unterziehen, um die Lücke zwischen ihren Schneidezähnen verengen zu lassen, noch daran, sich mit Feuereifer der Vorbereitung ihrer Osterferien zu widmen. Für vierzig Francs im Monat wird Hugo eine Villa am Mittelmeer mieten, in Villefranche bei Nizza. Während er angeln geht, faulenzt Anaïs unter einem mexikanischen Sombrero auf der Sonnenterrasse des

Café de la Jetée. «Mein ‹verschöntes Lächeln› erfreut mich ungemein. Ich lächele jetzt sehr viel mehr als früher!»

Mai: Deutschland und Italien schließen den «stählernen Pakt»; Anaïs setzt noch immer auf die Sorglosigkeit. Sie reist nach London, um Lawrence Durrell zu besuchen, ehe er nach Korfu zurückkehrt. Sie machen Ausflüge, veranstalten Picknicks, kaufen ein neues Kätzchen für Hugo, und Durrell widmet ihr einen Limerick:

«The world famous diarist Anaïs
Went hunting the planet for peace
She combed every ocean
Till sans aucune émotion
She finally settled in Nice.»

Aus Angst vor der immer bedrohlicheren Kriegsgefahr beschließt Miller, sich zu den Durrells nach Korfu abzusetzen.

«Bin froh, Villa Seurat den Rücken zu kehren», schreibt er Anaïs. «Habe noch kein Visa für Griechenland. Werde mich in Marseille darum kümmern ... Zugegeben, das alles scheint ein bißchen kopflos; so fühle ich mich auch. Werde Dich sicher irgendwo in Südfrankreich wiedertreffen, bevor ich mich nach Korfu einschiffe.» Damit hat er die letzte Chance verspielt, sie zurückzugewinnen. Anaïs empfindet seine Flucht als doppelten Verrat: Er verrät nicht nur ihre Liebe, indem er sie seiner Sicherheit opfert, sondern auch ihre Hochachtung für ihn als Künstler: «Henry ohne Kraft. Telegrafiert nach allen Richtungen, um Geld für seine Rückfahrt nach Amerika zu erbetteln ... Henrys weise Sprüche haben keinen Bestand vor der Wirklichkeit.» *(Tagebücher, 1934–1939)*

Juni: Sie trifft ihn in Aix, bevor er sich in Marseille an Bord der *Théophile Gautier* begibt, und teilt ihm zum Abschied mit, daß sie ihren Mann niemals für ihn verlassen werde.

So rächt sich die mißachtete Muse, die sich schließlich doch als anhängliche Ehefrau entpuppt: «In dieser Krisenzeit wird mir bewußt, daß er die klügste Wahl ist, die ich in meinem Leben je getroffen habe. Es gibt keinen zweiten wie ihn», schreibt sie ihrer Mutter.

Ein kurzes Strohfeuer der Vernunft: Kaum ist Hugo nach London abgereist, trifft Gonzalo ein. Man sieht sie zusammen in Saint-Tropez, wo sie ihm zu Gefallen ein spanisches Rüschenkleid trägt und sich am Strand mit einem bunten Pareo schmückt.

August: Anaïs bekommt von Jack Kahane *Winter of Artifice* zugeschickt, das endlich veröffentlicht worden ist. Sie bittet ihre Mutter, es nicht zu lesen: «Es ähnelt *Haus des Inzests*, und ich weiß, daß du die *Tagebücher* vorziehst... Mein Roman handelt von der Psychoanalyse und von all den Bekenntnissen, die ich gesammelt habe; wie du siehst, hänge ich noch immer meinen modischen Hirngespinsten nach, aber im Grunde bin ich das gleiche Mädelchen wie damals geblieben.»

Am 3. September erklären Frankreich und England Hitlerdeutschland den Krieg. Anaïs reist überstürzt aus Südfrankreich ab, in einem Abteil dritter Klasse. Paris versinkt seit Einführung der Sperrstunde in Lethargie. Selbst ihr Friseur hat geschlossen. «Ich würde am liebsten gleich nach Amerika fahren, aber ich will Hugo nicht allein zurücklassen. Noch nie hat er mich so gebraucht wie jetzt...»

Oktober: Als sie vom Tod Kahanes erfährt, sieht Anaïs in dieser Hiobsbotschaft eine Verschwörung des Schicksals: «Das bedeutet das Ende für unsere Bücher! Der Verlag wird aufgelöst. Warum habe ich immer ein solches Pech mit meinen Verlegern? Zuerst die Pleite mit (Edward) Titus, dann die mit Fraenkel und jetzt der Tod von Kahane, kaum daß mein Buch das Licht der Welt erblickt hat! Zum Glück hält wenigstens Rebecca West mich für genial!» Das letzte Band, das sie mit Frankreich verknüpfte, ist zerrissen. Gonzalo verspricht ihr, bald nach Amerika nachzukommen. In seiner Begleitung unternimmt sie die nötigen Schritte, um ihr Visum zu erhalten.

Kein *November* ist ihr je so trist erschienen wie dieser, da sie in der Rue Cassini einsam dem Herbstregen zuschaut und ihre Träume unaufhaltsam zerrinnen sieht. Conrad Moricand hat sich zur Fremdenlegion gemeldet. Gonzalo zögert seine Abreise hinaus. Miller entfaltet sich in Griechenland. Sie geht ins Kino, um sich *La Grande Illusion* (Die große Illusion) anzuschauen. Renoir wußte ja gar nicht, wie recht er hatte . . .

Nur die Nächte bewahren noch ein paar nostalgische Spuren des einstigen Großstadtzaubers: «Die Fensterscheiben der Cafés sind blau gestrichen, die Schaufenster der Geschäfte mit grünem Zellophan verhängt, die Nachtbeleuchtung ist violett, grün und rot abgedämpft – es wirkt wie die Kirchenfenster in der Sainte Chapelle. Sehr poetisch aber ‹sterbenslangweilig›!»

Sie will nur noch eins: so schnell wie möglich fort. Die Angst vor Fliegeralarm raubt ihr den Schlaf. Manchmal spielt sie geradezu mit ihrer Panik und bleibt einfach im Bett, wenn die Sirenen zu heulen beginnen. Die Hände ins Laken gekrallt, liegt sie da und lauscht dem heftigen Pochen ihres Herzens.

Als sie im *Dezember* schließlich mit Hugo den Zug nach Lissabon besteigt, mit einer vollständigen Kopie ihrer Tagebücher im Gepäck, gleicht ihr zweites Exil dem des kleinen Mädchens, das vor fünfundzwanzig Jahren auf der *Montserrat* den Korb mit seinem Tagebuch umklammert hielt. Diesmal hat sie ihre Hefte in einer blauen Segeltuchtasche verstaut. Ihr kostbarster Schatz, weit kostbarer als all ihre Juwelen. Einige der Hefte waren im Durcheinander der Reise verlorengegangen. Ein paar Monate ihres Lebens, für immer ausgelöscht. Sie versuchte später, sie aus dem Gedächtnis nachzuformulieren, doch vergebens; ihrer Unmittelbarkeit beraubt, blieben die Sätze leblos und starr. Das Leben, sonst nichts! Nur deshalb hat sie ihre Wahlheimat verlassen!

Je mehr sie sich Portugal nähern, desto mehr krampft sich alles in ihr zusammen. An der Grenze wird man ihr Gepäck bestimmt systematisch durchsuchen. Hätte sie ihre Hefte nicht doch in einem Koffer mit doppeltem Boden verbergen sollen? Oder sie gleich in Frankreich lassen, im Safe der City Bank, wie Hugo ihr geraten hatte? Was riskiert sie, wenn man sie entdeckt?

Ihre Ängste erweisen sich als unbegründet: Die portugiesischen Zöllner sind viel zu überlastet, um Exilsuchende zu behelligen, die erster Klasse reisen und in den besten Hotels Lissabons absteigen werden – jener Hauptstadt, die innerhalb weniger Tage zum Symbol der Hoffnung geworden ist. «Lissabon ist ein Irrenhaus, vollgestopft mit Flüchtlingen aus ganz Europa!» schreibt der Fotograf Man Ray, nachdem er gerade noch einen freien Platz auf einem der letzten Schiffe ergattert hat, die Kurs auf die freie Welt nehmen. Frankreich läßt seine Künstler entkommen: Marcel Duchamp, André Breton, Max Ernst, Salvador Dalí, der aus Angst vor dem Krieg sogar seine legendäre Seekrankheit überwindet! Wahrscheinlich hätte er Anaïs beneidet: Sie reist mit einem Wasserflugzeug zu den Azoren, von dort aus mit einer Linienmaschine weiter nach New York. Als das Flugboot abhebt, findet sie zu ihrer lang entbehrten Gelassenheit zurück.

«Sonderbar, daß es, als wir endlich fliegen, leichter scheint, die Lösung von der Vergangenheit zu vollziehen . . . das Antlitz Europas wird kleiner.» *(Tagebücher, 1939–1944)*

Farewell to France! Farewell to Paris!

Adieu den Kastanienbäumen der Champs-Élysées, den alten Straßenlampen der Villa Seurat, den ausgetretenen Stufen des Hôtel Central, den roten Bänken des Café La Coupole, dem Zinktresen des Café Vicking. Adieu der Platzanweiserin des Gaumont-Palace, der Veilchenverkäuferin von der Place Clichy, der freundlichen Puffmutter aus der Rue Blondel. Adieu all unseren nächtlichen Scharmützeln, unseren literarischen Guerillas.

Adieu, meine Jugend!

Die Nase an das Bullauge gedrückt, im Anblick der dunklen Wolkenberge versunken, rechnet Anaïs nach:

Sechsunddreißig Jahre alt. Ein Ehemann. Einige Liebhaber. Etliche Freunde.

Und vor allem drei veröffentlichte Bücher.

Dank der Zeit in Frankreich kann sie nun mit Fug und Recht von sich sagen: «Ich bin Schriftstellerin!»

Djuna

Schön, elegant camoufliert wie ein Dandy, einen arroganten Zug um den Mund – und einsam: So sieht man sie auf den Caféterrassen von Montparnasse sitzen, wo sie mit eisblauem Blick ihre Umgebung mustert. Zynisch, also auch verzweifelt, trotz ihres Lebenswandels im Grunde ihres Herzens Puritanerin, gibt sie ihren Körper beiden Geschlechtern hin, um Herrin ihrer Seele zu bleiben: Djuna Barnes, die undurchschaubarste aller amerikanischen Künstlerinnen in Paris.

Journalistin und Dichterin, Zeichnerin und Schriftstellerin im Geiste Baudelaires; schon mit fünfundzwanzig hat sie in New York The Book of Repulsive Women veröffentlicht. Bissig, sarkastisch im Almanach der Damen, einer Satire auf den lesbischen Zirkel um Nathalie Barney. Skandalös, geistreich in Nachtgewächs, einer Inszenierung pervertierter Begierden.

1937 schreibt ihr eine Leserin von Nachtgewächs: «Das ist das Schönste, was ich je über die Frau gelesen habe. Es war unerträglich. Es war unvergeßlich. Ich habe Angst davor, Ihnen zu schreiben. Sie werden sich denken können, warum. Doch ich wollte Sie wissen lassen, daß Ihr Buch berührt, erleuchtet, erweckt hat.» Die Leserin heißt Anaïs.

Barnes antwortet nicht. Antwortet nie.

Anaïs läßt nicht locker . . .

In Djuna steckt auch June. Ein emblematischer Vorname, der in Anaïs Nins Erzählungen die aufsässige Eva versinnbildlicht.

Djuna, der dunkle Zwilling. Barnes schreibt, was Nin nicht auszudrücken wagt.

Barnes, die sich schroff abgrenzt. Nin, die sich unermüdlich um Kontakt bemüht.

In New York, wo beide Schriftstellerinnen von den Vierzigerjahren an leben, beginnt ein verqueres Versteckspiel.

Nin verfolgt Barnes durch die Straßen des «Village» bis zum Patchin Place, dem Domizil jener Einsiedlerin, um ihr einen Blick, ein Wort abzuringen.

Barnes entzieht sich ihr.

Nin insistiert weiter, unablässig, als verfolgte sie einen Teil ihrer selbst: die Seite ihres Wesens, die sie verdrängt hat?

Anaïs hörte niemals auf, ihre Spiegel zu befragen, während Djuna die ihren schon früh verhüllte.

So gegensätzlich ihre Werke auch sein mögen, so sehr ergänzen sie sich doch – wie das Negativ die Züge eines Porträts seitenverkehrt und hell für dunkel in sich birgt.

26. Kapitel

Publizieren, um zu existieren

Ich habe ein Universum verloren.»

Es scheint fast wie ein Fluch: Als sei sie dazu verdammt, ewig von einem Exil zum nächsten zu irren. «Ich sterbe vor Heimweh, und eine Hälfte von mir ißt ein karges Frühstück in einem Pariser Bistro», schreibt sie in einem Zimmer des Hotel Washington, wo sie und Hugo sich provisorisch einquartiert haben. Obwohl sie inzwischen doch alle da sind: die Maler, Bildhauer, Musiker, Cineasten, die Paris verlassen mußten. Die zuerst übergesiedelten, wie Yves Tanguy, hatten ihre Freunde bewogen, ihnen zu folgen. Soviel berühmte Namen aus dem alten Europa sind in New York versammelt – Zadkine, Mondrian, Chagall, Man Ray, Léger, Schönberg, Fritz Lang, Breton, Duchamp, Matta, Max Ernst –, daß die Stadt, in der gerade das Museum of Modern Art eröffnet wurde, mittlerweile als «europäische Hauptstadt» gilt. Marcel Duchamp, Matta und Dalí stellen ihre Bilder bei Julian Levy aus. 1942 bringt die Zeitschrift *View* ein Max Ernst gewidmetes Sonderheft heraus. Seine Gefährtin Peggy Guggenheim, eine der reichsten amerikanischen Erbinnen, eröffnet zu seiner Unterstützung die Galerie «Art of this Century», in der ausschließlich surrealistische Werke gezeigt werden. Das Geld zieht die Kunst an.

Die Mäzene öffnen den Künstlern ihre Salons, wo Maler mit Geschäftsleuten, Bildhauer mit Starletts zusammenkommen. Hugo, der sich von neuem als Finanzberater betätigt (unter anderem als Vermögensverwalter für Peggy Guggenheims Schwester), ebnet Anaïs den Weg in die New Yorker Gesellschaft, was sie in ihren *Tagebüchern* tunlichst verschweigt. Im dritten Band ist viel von Einladungen in prominenten Kreisen die Rede: «Mit Pierre Ma-

Publizieren, um zu existieren:
Anaïs an ihrer Druckerpresse in Greenwich Village.

tisse, dem Sohn des Malers, getanzt. Er besitzt eine Gemäldegalerie in New York... Unter den Anwesenden war Louis Buñuel mit seinen Basedow-Augen und den Leberflecken am Kinn... Schöne Wohnung am Central Park, voller moderner Bilder und Skulpturen. André Breton, Yves Tanguy und seine Frau Kay Sage... Leute, die in Museen beschäftigt sind, Kunstkritiker...» Anaïs bemüht sich ebenso ehrgeizig wie verzweifelt, mit ihnen Kontakt aufzunehmen, prallt jedoch meist an einer Mauer aus eisiger Höflichkeit ab – noch nie hat sie sich so einsam gefühlt: «Die Gesichter verraten keinerlei Interesse, keine Sensibilität.»

Bis auf eine Ausnahme, eine kleine Frau mit hellen Augen, hinter Bücherstapeln vergraben: Frances Steloff, die sich mit dem Gotham Book Mart wacker um die Kunst der Avantgarde verdient macht. Sie vertreibt die neuesten Publikationen, Literaturzeitschriften und seltene Ausgaben. Die James-Joyce-Gesellschaft versammelt sich regelmäßig in ihrem Buchladen. Anaïs lernt dort den Fotografen Albert Stieglitz kennen. «Lehren Sie mich, New York zu lieben!» fordert sie ihn auf.

Im Grunde erhofft sie sich, daß New York *sie* lieben lernt. Doch New York ignoriert sie. Hier hat niemand ihre Bücher gelesen. Die Verleger, die sie für ihr Werk zu interessieren versucht, lehnen dankend ab: Ganz interessant, heißt es immer wieder, aber leider nicht zur Veröffentlichung geeignet.

Nicht veröffentlicht zu werden heißt soviel, wie nicht zu existieren. So beschließt sie, ihre Bücher einfach selbst zu verlegen. Im Dezember 1941 beschafft sie sich mit Hilfe von Frances Steloff eine alte Druckerpresse. Für 35 Dollar im Monat mietet sie in Greenwich Village ein Atelier, in dem sie die «Gremor Press» installiert; der Name ist ein Kürzel für den ihres Liebhabers, Gonzalo More, den sie zu ihrem Mitarbeiter macht. Selbst Hugo beteiligt sich als Illustrator an dem Unternehmen. Das erste Werk der Gremor Press, die illustrierte Ausgabe von *Winter of Artifice*, erscheint im Mai 1942, nach fünf Monaten gemeinsamer Arbeit.

Die engste Vertraute und Zeugin dieser Lehrjahre heißt Caresse Crosby. In Paris hatte sie ihr Vermögen in die Gründung der *Black Sun Press* investiert, James Joyce, D. H. Lawrence und die ersten Übersetzungen der Bücher von René Crevel publiziert, den damals noch unbekannten Miller unterstützt, Dalí in ihrer Mühle in Ermenonville zu Gast gehabt. Als ihr Mann Harry Selbstmord beging, heiratete sie bald wieder, ließ sich scheiden und kehrte 1937 in ihre Heimat zurück, wo sie ihr mondänes Leben wieder aufnahm.

Anaïs lernt sie auf einer Party bei Yves Tanguy kennen: «Caresse Crosby betritt den Raum mit einem Ungetüm von Puderquaste und einschmeichelnder Stimme... Immer hat sie ein *Ja* auf den Lippen; ihr ganzes Wesen sagt *ja ja ja* zu allem, was geschieht und ihr geboten wird... eine Blütenstaubträgerin.» Ihre Freundschaft endet erst mit dem Tod Caresse Crosbys im Jahr 1970.

Bericht von Caresse

Ich war der Einladung der Tanguys in der Hoffnung gefolgt, Max Ernst dort zu treffen und ihm vorschlagen zu können, die Übersetzung von Paul Éluards *Malheurs des immortels* zu illustrieren.

Damals in Paris, in der Black Sun Press, hatte ich den Gedichtband schon auf französisch veröffentlicht.

Während ich unter den Gästen nach seinem Erzengelprofil Ausschau hielt, fiel mir ein anderes Gesicht auf, ebenso engelhaft, aber weicher, blasser, mondhafter: das einer kleinen, eleganten Frau, die mit einem kindlich spitzbübischen Lächeln von Gast zu Gast ging.

Von allen Anwesenden schien sie mir noch am ehesten ansprechbar; ich trat also auf sie zu und fragte sie nach ihrem Namen. Sie legte einen Finger auf die Lippen, zog mich beiseite und flüsterte mir zu: «Ich bin Anaïs Nin. Sie kennen doch sicher meinen Mann, Hugo Guiler. Verraten Sie ihm nur nicht, daß Sie mich heute abend hier getroffen haben. Ich würde sonst als Lügnerin dastehen.»

Der Name ihres Mannes war mir tatsächlich bekannt. Er verwaltete das Vermögen einer meiner Freundinnen. Auch der Name Nin sagte mir etwas, beschwor nebelhafte Bilder der Erinnerung herauf. Paris. Die Rue Cardinale. Die Druckerei von Roger Lescaret, wo ich meine Presse installiert hatte. Das hübsche Kindergesicht von René Crevel. Die abgetragenen Filzhüte von Miller. Miller! Nin! Jetzt fiel es mir wieder ein. Anaïs Nin. Miller hatte sie als eine seiner Bewunderinnen erwähnt. Der Ausdruck hatte mir mißfallen.

«Sehen Sie ihn noch?» wollte ich wissen.

Sie schob schmollend die Unterlippe vor.

«Nur noch ab und zu, wenn er irgend etwas braucht. Im Moment braucht er eine Wohnung. Könnten Sie ihm vielleicht eine vermitteln?»

«Ich habe genau, was er braucht! Mein Haus ist viel zu groß für mich allein. Ich könnte ihm die obere Etage abtreten!»

Anaïs seufzte. Das Glück war doch immer den gleichen hold.

«Manchmal», meinte sie, «möchte ich am liebsten nach Europa zurückkehren. In Paris wurde ich von den Dichtern, Malern und Psychoanalytikern beim Vornamen genannt, und Rebecca West fand mich genial! Dort konnte ich stundenlang durch die Straßen streifen. Jeder Spaziergang war ein Abenteuer. In New York bin ich nur noch Mrs. Guiler, die exzentrische Bankiersgattin, die sich mit unpublizierbaren Büchern abschuftet! Ich habe versucht, mit André Breton Kontakt aufzunehmen, dem Miller mich in Paris einmal vorgestellt hatte. Ich hatte gehofft, daß er mir helfen würde. Statt dessen hat er mir höflich bedeutet, er könne leider nichts für mich tun, zumal ich nicht einmal der ‹Bewegung› angehörte. Nein, allerdings nicht, und ich bin stolz darauf! Ich habe das Gefühl, daß der größte Teil der Dinge, die die Surrealisten produzieren, reine Kopfgeburten sind und nichts mit dem Unterbewußten zu tun haben. Ein Regenschirm auf einem Operationstisch mag zwar widersinnig scheinen, aber die Absurdität ist eine bloße Reaktion des Intellekts, keine poetische Aussage. Henry ist der einzige authentische Surrealist, die anderen sind doch nur Theoretiker ... New York hat ihr Talent ruiniert; meins vielleicht auch.»

Sie ließ sich in einen Sessel fallen und schlug die Hände vors Gesicht.

«Nach Europa zurückzufahren wäre glatter Selbstmord. Aber wozu eigentlich weiterleben?»

Ich wußte nicht, ob ihre Verzweiflung gespielt oder echt war. Ich verließ mich ganz auf meinen Instinkt. Dieser Frau mußte geholfen werden. Ich ergriff ihre Hände.

«Kommen Sie mich doch in Virginia besuchen, in Bowling Green. Ich besitze da ein georgianisches Landhaus, das von einem Park voller Trauerweiden umgeben ist. Dort werden Sie sich wie in Europa fühlen. Sie könnten dort in Ruhe schreiben, in der Sonne sitzen, neue Kraft schöpfen.»

Ich hatte auch Dalí und seine Frau schon eingeladen und beschloß spontan, Miller noch dazuzubitten. Ich liebe solche Überraschungseffekte.

Miller nahm die Einladung freudig an. Er war gerade dabei, sein Buch über Griechenland zu beenden, und konnte sich gar keinen ruhigeren Platz dafür wünschen. Anaïs zögerte noch etwas, da sie sich zwischen Hugo, Gonzalo und Henry hin- und hergerissen fühlte. Den beiden ersten mußte sie etwas vorschwindeln und den dritten beschwichtigen. Miller schien mir immer noch in sie verliebt zu sein. Sie trafen zusammen ein, in dem Ford Model A von einem seiner Freunde, John Dudley. Dieser Dudley behauptete allen Ernstes, ein Abkömmling des gleichnamigen Grafen zu sein, der als Favorit der Königin Elisabeth galt. Anaïs, die sogar einer erfundenen adligen Abstammung nicht widerstehen konnte, war sehr von ihm eingenommen. Es kam zu verstohlenen Küssen, flüchtigen Umarmungen, nächtlichen Treffen; während ich mich in Millers Zimmer schlich, glitt Anaïs heimlich in das von John...

Die Dalís kamen eine Woche später an, mit Bergen von Gepäck, wie Monarchen im Exil, erschöpft, anspruchsvoll, unerträglich dominierend.

Innerhalb von achtundvierzig Stunden machten sie Bowling Green zu ihrem Hoheitsgebiet, meine Dienstboten zu ihren Sklaven und meine Gäste zu ihren Untertanen. Gala schwang das Zepter. Nichts zählte mehr, außer dem Wohlergehen ihres Mannes. Die Benutzung der Bibliothek blieb ab sofort Dalí vorbehalten. Zu jeder Mahlzeit verlangte sie Lammbraten – das Leibgericht des Meisters –, frische Garnelen, Malpinsel aus Wolfshaar. Anaïs wurde dazu abkommandiert, eine Lobeshymne auf Dalí zu übersetzen, da er kein Englisch las. Eines Abends kochte sie uns eine Paella, um die Stimmung aufzulockern. Gala verabscheute die spanische Küche, doch Dalí war von ihrer Geste gerührt und höchst eingenommen von dieser kulinarisch versierten Schriftstellerin, mit der er sich obendrein in seiner Muttersprache unterhalten konnte. Gala schäumte vor Wut. Anaïs warf sich in die Brust und genoß ihren Sieg. Dalí ließ sie sogar in sein Atelier; sie bemühte sich pflichtschuldigst, seine Malerei zu verstehen. Es war geradezu rührend. «Kommen Sie mal gucken, Caresse, er hat eine weiche Gitarre gemalt, so schlaff wie ein Körper ohne Muskeln!» Sie hatte keinen Blick für sein Genie, ebensowenig wie Miller, der Dalí für einen Idioten hielt – während dieser mir einzureden suchte, daß Miller nur ein gerissener Schwindler sei. Sie benahmen sich wie zwei Hetären, die sich ihren Gönner streitig machen. Dalí zufolge hätte ich mein Vermögen allein in den Dienst der Malerei stellen sollen. Doch meine wahre Leidenschaft gilt der Literatur. Miller und Anaïs bestärkten mich in meiner Hoffnung, die Black Sun Press in New York wieder aufleben zu lassen. Ich hatte mich bereit erklärt, ihre Bücher zu veröffentlichen. Doch das Projekt erwies sich als undurchführbar.

Einige Monate später traf ich Anaïs zufällig auf der 5th Avenue; sie strahlte. Sie hatte ihren Traum verwirklicht: ihr eigener Verleger zu sein.

«Kommen Sie mich doch morgen in der Mac Douygal Street Nr. 144 besuchen. Ich habe draußen ein Schild anbringen lassen: ‹Gremor Press, 3. Stock›. Aber wundern Sie sich nicht, wenn ein dunkelhäutiger Riese Ihnen die Tür aufmacht: Das ist Gonzalo, mein Assistent. Ohne ihn hätte ich gar nicht die Kraft, das Pedal der Presse zu betätigen.»

Anaïs erinnerte mich an die Zeit, als Harry und ich Picasso baten, James Joyce zu porträtieren. Damals konnten wir Berge versetzen. Trotz ihrer zierlichen Erscheinung traute ich Anaïs ähnliche Kraftakte zu.

Am nächsten Tag erklomm ich die drei Treppen zu ihrem Atelier in dem alten Haus gegenüber dem Provincetown Theatre. Anaïs empfing mich mit jener leicht angestrengten Miene, die mir später so vertraut werden sollte.

«Gonzalo ist heute nicht erschienen. Er hat gestern wohl wieder zu tief ins Glas geschaut. Eigentlich hatte ich die Druckerpresse ja angeschafft, um ihn vom Trinken abzuhalten, aber das ist mir offenbar nicht geglückt. Jetzt ertränke ich meine Bitterkeit in der Arbeit. Seit drei Stunden bin ich hier am Setzen. Wahrscheinlich habe ich schon Druckerschwärze auf der Nase! Geben Sie acht, daß Ihr Mantel keine Flecken abbekommt», warnte sie mich, während sie mich zwischen den Truhen und Kartons hindurchführte. «Dieser Raum erinnert mich immer an mein früheres Hausboot. Hier ist alles genauso schief und schäbig, die Fenster schließen nicht richtig, die Dielenbretter knarren, wie in Paris. Schauen Sie mal hinaus, all diese Zinkdächer ringsum. Man kommt sich fast vor wie in Montmartre. Ich liebe das Village. Die italienischen Läden, in denen es hausgemachte Spaghetti und frischen Käse gibt, die Nachtklubs, wo sie guten Jazz spielen, verhalten und elegisch . . .»

Die Druckerpresse stand unter dem schrägen Dachfenster, wo am meisten Licht hereinfiel, und die Wände waren hellgelb gestrichen. An der linken Wand hingen allerlei Blätter mit Tierzeichnungen, die seltsam verzerrt, verschwimmend wirkten, wie durch einen Wasserspiegel gesehen. Ich fragte Anaïs, wer sie gezeichnet habe.

«Hugo, mein Mann. Hugh Guiler für die Bankleute, Ian Hugo für die Künstler. Er ist ein Schüler von William Hayter, dem Kupferstecher, Sie wissen schon, dem Freund von Tanguy und Max Ernst. In Paris hat Hugo oft das Atelier 17 besucht. Jetzt entwirft er gerade die Illustrationen für *Winter of Artifice*. Schauen Sie mal, wie fein die Gravuren ausgeführt sind. Wir sind die einzigen, die noch William Blakes Technik anwenden: Wir legen die Kupferplatten auf die Unterlage, schrauben sie fest, tragen die Tinte auf, machen einen Abzug, säubern die Platte und fangen von vorne an.»

«Aber das muß ja endlose Zeit kosten!»

«Ganze Tage! Und Nächte! Von den Textseiten ganz zu schweigen. Sie wissen ja, was man da mitmacht. Sie nehmen zum Beispiel den Buchstaben *e*, setzen ihn neben den Buchstaben *d*, dann ein Komma, dann eine Lücke lassen . . . Ich setze im Schnitt dreißig Zeilen pro Tag, also etwa eine Buchseite. Wenn alle Schriftsteller ihre Bücher selbst drucken müßten, gäbe es nur Meisterwerke. Hier, sehen Sie selbst.»

Sie zog mich zu der Marmorplatte hin.

«Ich habe eine Minute gebraucht, um diesen Satz zu schreiben, aber eine Stunde, um ihn zu setzen, weil ich mir jeden Buchstaben noch mal überlege, jedes überflüssige Wort, jedes redundante Adjektiv zu vermeiden suche. Mein Stil hat dadurch an Prägnanz gewonnen. Ich frage mich, was Miller davon halten würde.»

Ich war verblüfft. Die Typographie, die Papierqualität, der Zeilenfall standen professionellen Erzeugnissen in nichts nach, obgleich Anaïs weder über das entsprechende Handwerkszeug noch über ausreichende Mittel verfügte. Plötzlich hatte ich eine Idee. Ich wußte ja noch immer nicht, wie ich Eluards Gedichtband drucken lassen sollte, da meine europäischen Verbindungen durch den Krieg abgebrochen waren. Also betraute ich Anaïs damit. Die Gremor Press hatte ohnehin nicht genügend Aufträge, so daß mein Angebot ihr sehr gelegen kam. Sie hätte mir fast die Hände geküßt. Wir schlossen einen Kontrakt: Sie würde das Werk auf meine Kosten drucken, sobald *Winter of Artifice* abgeschlossen sei, für das ich die Werbetrommel zu rühren versprach.

Was mir ein leichtes sein würde; ich kenne ganz New York.

27. Kapitel
Erotikerin wider Willen

Ihre erotische Aura verdankt Anaïs einem Buch, im Auftrag eines anonymen Sammlers geschrieben, das sie selbst nie zu Gesicht bekommen hat.

Das Delta der Venus erschien im Juni 1977, fünf Monate nach ihrem Tod, und hielt sich gleich mehrere Wochen auf der Bestsellerliste – während es seiner Autorin siebenunddreißig Jahre zuvor nur einen Dollar pro Seite eingebracht hatte.

Im April 1940 notierte Anaïs in ihrem Tagebuch, ein Büchersammler habe Miller vorgeschlagen, erotische Erzählungen für einen seiner reichen Kunden zu verfassen. Bezahlung: ein Dollar pro Seite. Henry machte sich vergnügt an die Arbeit. «Er erfand unsinnige Geschichten, über die wir uns amüsierten. Henry hatte sich auf ein Experiment eingelassen, und zunächst schien die Aufgabe leicht zu sein. Doch nach einer Weile wurde sie ihm lästig. Er wollte keinen der Stoffe verwenden, über die er eigentlich zu schreiben plante, und war deshalb gezwungen, seinen Einfällen und Stimmungen Gewalt anzutun.»
Wer mag dieser Mäzen wohl sein, von dem man keinerlei Bestätigung erhält? fragt Miller sich bald. Könnte man ihn nicht mal treffen? Der Sammler verhält sich ablehnend; sein Kunde lege Wert darauf, unerkannt zu bleiben. Die Zweifel mehren sich. Sind der Sammler und jener Mäzen nicht vielleicht ein und dieselbe Person? Unter der Hand betriebene Pornographie war damals ein einträgliches Geschäft. Miller, der sich in der Sache übervorteilt wähnt, schlägt Anaïs vor, ihn abzulösen.

Sie zögert zunächst; es gefällt ihr nicht, auf Bestellung schreiben zu müssen. Sie fürchtet um ihren Ruf. Miller beruhigt sie: Die Texte sollen auf jeden Fall anonym bleiben. Der Sammler hat keine besonderen Auflagen gemacht. Sie kann schreiben, was sie will. Trotzdem benötigt Anaïs erst eine moralische Rechtfertigung: «Gonzalo brauchte Geld für den Zahnarzt, Helba einen Spiegel, vor dem sie tanzt, und Henry einen Reisezuschuß.»

Jeden Morgen nach dem Frühstück erledigt Anaïs nun «ihr Tagessoll an Erotika». Ihre Inspiration schöpft sie nach der Methode der «cadavres exquis», die von den Surrealisten propagiert wurde: aus einem zufällig entstandenen Satz eine Erzählung zu konstruieren. Es gelingt ihr ausgezeichnet.

Die Angst vor der leeren Seite ist ihr fremd. Im Gegenteil, das weiße, jungfräuliche Blatt zieht sie magisch an. Wozu sich zurückhalten? Ist nicht jede Seite einen Dollar wert?

So wird die Erzählung *Elena* schließlich 393 Seiten umfassen!

Trotz dieses verdächtigen Ideenreichtums bestreitet Anaïs, aus ihren eigenen Erinnerungen geschöpft zu haben: «Ich verbrachte Tage in der Bibliothek mit dem Studium des Kama Sutra, ließ mir von Freunden ihre außergewöhnlichsten Abenteuer erzählen und schrieb...» Und doch gleichen ihre bevorzugten Themen denen, die sie seit jeher verfolgen: Inzest, Frigidität, lesbische Begegnungen; *Majorca, Künstler und Modelle, Marcel*, die in der ersten Person abgefaßt sind, scheinen weit mehr aus ihrem Tagebuch als aus ihren Träumen inspiriert – was besonders auf die Erzählung *Marianne* zutrifft, in der es um einen Sammler von erotischen Texten, eine Frau und ihr intimes Tagebuch geht. Hatte Anaïs jenem Sammler gar ihre *Tagebücher* vorgelegt, bevor sie auf Bestellung zu schreiben begann? Allen Spekulationen zum Trotz heißt es jedenfalls im Vorwort zum *Delta der Venus*: «Ich versammelte einige Dichterfreunde um mich, und wir haben schöne erotische Geschichten geschrieben... Robert Duncan, Caresse Crosby... alle konzentrierten wir unsere Kräfte zu einem *tour de force* und versorgten den alten Herrn mit einem solchen Reichtum an perversen Glückseligkeiten, daß er neuerdings um mehr bettelt... Ich war die ‹Madame› dieses literarischen snobistischen Schriftsteller-Bordells, in dem alles Vulgäre tabu war.» ... auf daß die Preziosität sich ungehemmt entfalten könne, die Anaïs mit Poesie verwechselt.

Sie «überschreibt», wie Truman Capote sagt, reiht zehn Adjektive auf, wo ein einziges genügt hätte, wie berauscht vom Beispiel ihres großen Vorbilds D. H. Lawrence, dessen lyrischen Tonfall sie noch zu übertreffen sucht. Im *Delta der Venus* macht sich nicht nur ein exzessives Stilbewußtsein bemerkbar, sondern auch eine überschwengliche Vielfalt an Empfindungen und Positionen. John Ferrone argwöhnte, daß sie ihre Texte wohl nie ein zweites Mal durchlas: «Manchmal verliert sie die beteiligten Körper aus den Augen. Ich ertappte mich dabei, die Arme und Beine nachzuzählen.»

Kaum ist das Buch schließlich erschienen, läßt Djuna Barnes ihr Fallbeil herabsausen: «Gräßlicher Stil. Mittelmäßige Pornographie.» Die Meinung einer befangenen Expertin!

Daß *Delta der Venus* kein Meisterwerk war, gab Anaïs selbst als erste zu. Als John Ferrone ihr 1975 anbietet, das Manuskript zu veröffentlichen, ruht es noch unangetastet in einem Safe, wo sie es auch lassen möchte. Von ihrer Krebserkrankung schon sehr geschwächt, will sie ihr Renommée als weltweit beachtete Tagebuchautorin nicht gefährden.

Der Verleger läßt nicht locker. Das Manuskript, argumentiert er, reihe sich in eine literarische Tradition ein, der so illustre Namen wie Diderot, Apollinaire und Aragon angehörten, um nur die berühmtesten zu erwähnen. Es sei an der Zeit, daß auch eine Frau sich darin auszeichne! Anaïs läßt sich schließlich überreden: «Diese Erotika ... schrieb ich unter dem Eindruck einer von Männern verfaßten Literatur. Deshalb glaubte ich immer, ich hätte die weibliche Sache verraten. Aber wenn ich nun diese vor so langer Zeit verfaßten Texte wieder lese, merke ich, daß meine eigene Stimme nicht ganz unterdrückt war, denn in vielen Passagen sprach ich intuitiv in der Sprache der Frau und schilderte sexuelles Erleben aus weiblicher Sicht. Am Ende entschloß ich mich zu der Veröffentlichung der Erotika, weil sie die ersten Schritte einer Frau auf ein Gebiet belegten, das bisher nur Männern überlassen war», erklärt sie im Vorwort.

Mit dem Vorschuß, den der Verleger ihr gewährte, konnte sie außerdem die Kosten ihres Klinikaufenthalts begleichen.

Nach ihrem Tod floß ein Teil der Tantiemen an Hugo. Das Schicksal kann manchmal eine grausame Ironie an den Tag legen.

Voyeurismus

Als Tochter eines Voyeurs, der sie nackt in der Badewanne fotografierte, hatte sie diese erblich bedingte Neigung lange verdrängt, die erst durch Junes Exhibitionismus wieder geweckt wurde.

«June Mansfield. Ihre Schönheit überwältigte mich. Als ich ihr gegenüberstand, hatte ich das Gefühl, alles, auch das Verrückteste, für sie tun zu können . . . Sie lebt von ihren Spiegelbildern in den Augen anderer . . . ich finde keinen Sinn in ihren Worten. Ich bin fasziniert von ihren Augen und ihrem Mund, ihrem schlecht geschminkten, verfärbten Mund . . . June und ihre unheilvolle Anziehungskraft.» (Intimes Tagebuch)

Noch ehe Miller ihre Sinnlichkeit befreite, beflügelte June ihre Phantasmen.

Die zu sehen, die sie nicht zu sein wagt: eine Hure.

«Eines Abends schlug ich Hugo vor, mit mir in eine ‹Darbietung› zu gehen, nur um mir das mal anzusehen . . . Wir beobachten die Frauen beim Tanzen. Ich sehe nur fleckenweise, so intensiv starre ich hin . . . Alles ist unwirklich, bis ich nach den lesbischen Positionen frage.» (Idem)

Die zu sehen, die sie nie zu werden wagt: die Sklavin ihrer Sexualität.

In einem türkischen Bad in Fez gewahrt sie fast ungläubig «Brüste wie See-Anemonen, schwimmend, die Bäuche als wären sie immerfort schwanger.» (Tagebücher 1934–1939)

Mit einundsiebzig lugt sie heimlich durch den Türspalt in ein Badezimmer, wo sich eine junge Studentin auszieht, der sie einen ihrer winzigen Bikins ausgeliehen hat. Die zu sehen, die sie einst war!

28. Kapitel

Der Sommer '42

Physisch habe ich mich nicht verändert. Ich habe noch immer die Figur eines jungen Mädchens. Ich wiege dreiundfünfzig Kilo. Meine Brüste sind schön gerundet, mit rosigen Spitzen. Nur meine Hände verraten ihr wahres Alter; ich habe ein paar Falten um die Augen, ein paar graue Haare. Wenn ich müde bin, erschlafft meine Kinnlinie. Aber die Kosmetikerin bei Elizabeth Arden hat mir bestätigt, daß abgesehen von der Augenpartie alles an mir noch vollkommen ist. Meine Muskeln sind straff. Ich vermag alle zu täuschen, selbst meinen Arzt! Alle halten mich für dreißig. Mein Äußeres ist intakt geblieben, doch meine Gefühle sind die einer alternden Frau. Amerika hat mir meine Jugend genommen.»

1942: Anaïs geht auf die vierzig zu. In diesem Jahr klebt sie die Todesanzeige von Stefan Zweig in ihr Tagebuch ein. Der österreichische Schriftsteller, der vor dem Hitlerregime ins brasilianische Exil geflohen war, hat seine persönliche Wahl getroffen und den Tod einem schalen Lebensersatz vorgezogen. Anaïs beneidet ihn um seinen Mut – sie, die nur von Enttäuschung zu Enttäuschung geht und in den Spiegeln der Cafés ihre Falten zählt.

Gonzalo alias Rango trinkt immer mehr. Hugo verbittert allmählich. Ihr Buch verkauft sich nicht. Caresse Crosby hat ihr Versprechen nicht eingelöst. Ihre einflußreichen Freunde haben keinen Finger gerührt. In den Zeitungen schweigen sich alle aus, die ihre Hartnäckigkeit an der Druckerpresse so zu bewundern vorgaben. Kay Boyle hat nicht eine Zeile über sie geschrieben, ebensowenig wie Harry Bull von *Harper's Bazaar* oder Marc Slonim in der *New York Times*. Der Herausgeber der *New Republic* hat einen Artikel zensieren lassen. Die Zeitschrift *New Directions* widmete ihr eine ganze Seite, deren Autor sie selbst bestimmen durfte. Sie entschied sich für William Carlos William, dessen Rezensionen ihr gefielen. Er hielt ihr Buch für ein persönliches Bekenntnis und begnügte sich mit ein paar schlüpfrigen Zitaten, wo sie sich doch mit Themen wie der Schlaflosigkeit, der Frigidität, der Neurose, der Suche nach der idealen Vaterfigur auseinandergesetzt hatte. Er äußerte sich abfällig über ihr Leben; über ihren Stil verlor er kein Wort.

Anläßlich der Veröffentlichung von *Winter of Artifice* gab Frances Steloff einen Cocktail im Gotham Book Mart. Sie hatte die Bücher nicht nur im Schaufenster gestapelt, sondern auch neben dem Tisch mit den Getränken. Anaïs sah, wie die Gäste sich um die Gläser scharten, sah sie trinken und lachen, während ihr Buch nur hie und da eines flüchtigen Blickes gewürdigt wurde: «Der Einband ist ja sehr gelungen! Hugo hat wirklich Talent!» Und ich? Und ich? schrie es lautlos in ihr. «Die Typographie ist ganz exquisit. Und diese Tintenschattierungen! Rango ist sehr begabt.» Und ich? Und ich? Man nimmt das Buch in die Hand, dreht es hin und her, blättert zerstreut darin herum; die Augen gleiten unaufmerksam über die Zeilen. Haltet doch inne! Kostet diesen Rhythmus aus, die Subtilität jener Alliteration! Sie sieht sich wieder in dem Hausboot, in dem möblierten Appartement, in das sie sich auf Ranks Wunsch hin zurückgezogen hatte, in der beengten Zelle des Hotel Barbizon über ihre Blätter gebeugt, krampfhaft an jedem Wort feilend. Diese Ungerechtigkeit! Am liebsten würde sie diese Banausen alle hinauswerfen. Sie leidet Höllenqualen. All die unsäglichen Mühen des Schreibens und Druckens, die Schmerzen in den Beinen beim Betätigen des Pedals. Die alte Presse ist schwer zu handhaben. Rango ist mit den Nerven am Ende. Er trinkt, flucht, beschimpft sie. Durchhalten, um jeden Preis! In den Salons der East Side schlägt ihr die muffige Kälte von Leichenhäusern entgegen. Überall verschlossene, gleichgültige Gesichter. Dorothy Norman, die ihre Novelle *Geburt* in der Zeitschrift *Twice a Year* publiziert hat, kann trotz ihres ehrlichen Interesses nichts für ihr Buch tun. Leider!

Das sagen sie alle. André Breton gibt vor, es niemals erhalten zu haben. Max Ernst hat keine Zeit, es zu lesen. Gipsy-Rose Lee, die New Yorker Striptease-Königin, hat ihn mit ihrem Porträt beauftragt! Die Surrealisten sind zu Heuchlern verkommen. Statt Kunst zu schaffen, zerfleischen sie sich gegenseitig. Ein trostloser Haufen. Marcel Duchamp wird seinen abstrakten Treppenfluchten immer ähnlicher. Breton beschränkt sich auf pompöse Handküsse. Eleonora Carrington, die frühere Gefährtin von Max Ernst, spreizt ihre Pfauenfedern und betet, daß die Inspiration sie nicht verlassen möge – doch beim Anblick ihrer Bilder steht zu fürchten, so scheint es Anaïs, daß ihre Gebete ungehört verhallen!

Sie haben denselben Arzt: Max Jacobson, ein deutscher Emigrant. «Miracle Max», auf den ganz New York schwört. Zu seinen Klienten zählen Marlene Dietrich, Truman Capote, Winston Churchill und Cecil B. De Mille. Anaïs hatte ihn wegen einer Bronchitis aufgesucht, die er mit einer einzigen Spritze kurierte. Sein Arztkoffer ist mit Ampullen gefüllt; gegen jegliche Beschwerden hat er eine Injektion parat. Die Zusammensetzung seiner Wunderdrogen hält er streng geheim. Man munkelt von Amphetaminen, Steroiden und Hormonen. Er ist aus der Ärztekammer ausgeschlossen worden. Doch Anaïs hört nicht auf die Gerüchte. Sie spricht sehr gut auf seine Spritze an. Jede Woche läßt sie sich eine von ihm geben, bevor sie zu ihrer Analytikerin Martha Jaeger eilt.

Als sie diese Frau mit der etwas düsteren Miene zum ersten Mal aufsucht, war sie an der falschen U-Bahn-Station ausgestiegen. Sie mußte gegen das Schneetreiben ankämpfen wie gegen einen heftigen Widerwillen. Sie weiß selbst nicht, was sie noch immer in diese kargen, beengten Räume zieht, die nur mit einem Schreibtisch, einem Sessel und einer an die Wand gerückten Couch möbliert sind. Vielleicht ist es der unbezähmbare Wunsch zu verstehen. Das Bedürfnis zu beichten, die Erleichterung, wie ein Kind zu weinen. Martha Jaeger erklärt ihr, sie habe sich zu sehr verausgabt. Die Mutter in ihr habe die Künstlerin überflügelt. Sie habe Liebe mit

Aufopferung verwechselt, Hingabe mit Selbstverleugnung. Daß sie sich für die Identifizierung mit dem Vater bestrafe, indem sie ihre Mutter nachahme und die Opferrolle annehme. Anaïs ist verzweifelt. Martha Jaeger versucht sie zu beruhigen. «Rufen Sie mich an, sobald Sie Angst bekommen.» Anaïs wählt ihre Nummer und redet wie ein Wasserfall. Martha Jaeger hört ihr geduldig zu und erteilt ihr dann die Absolution. Anaïs legt erleichtert den Hörer auf. Doch die Depression beschleicht sie immer wieder. An manchen Tagen muß Hugo sie geradezu zwingen aufzustehen. Sie hält die Augen geschlossen. Sie denkt an Zweig, an Virginia Woolf, sieht sie zögernd ins Wasser gehen, bis es ihr an den Hals reicht. Ihre Kehle zieht sich schmerzhaft zusammen. Bald wird sie nicht mehr atmen wollen.

Miller rät ihr zu bewährten Hausmitteln wie Ingwer oder Honig. Die Kalifornier seien ganz verrückt danach. Seit Juni lebt er nun in Beverly Glen bei einem Maler-Ehepaar, in einem pittoresken, von Blumen umgebenen Bungalow. Eher würde er einen Freund verlieren, als auf seine Bequemlichkeit verzichten: «Ich werde hier sehr gut versorgt», schreibt er ihr. «Es fehlt mir nur etwas an Platz und eine Möglichkeit, mich zurückzuziehen. Ich schlafe, gehe schwimmen, spazieren usw. Ich bin schon sehr braun und bei bester Gesundheit. Seit einiger Zeit habe ich aufgehört, Vitamine zu nehmen, merke aber keinen Unterschied, und meinen Augen geht es sehr viel besser als voriges Jahr.»

Anaïs hatte ihm ein Exemplar von *Winter of Artifice* mitgegeben, das er den Buchhändlern an der Westküste anbieten sollte. Nach seinem letzten Brief zu schließen, hatte er sein Versprechen nicht gehalten: «Ich habe noch nicht damit begonnen, Dein Buch herumzuzeigen. Ich wohne weit außerhalb von Hollywood und komme nur in die Stadt, wenn jemand mich mitnimmt.»

Kann man noch unter einem Mann leiden, den man nicht mehr liebt? Jeder Brief von Miller tut ihr weh – wie jener, in dem er begeistert von seinem neuen Bankkonto berichtet: «Mein Gott, ich komme mir schon wie ein Kapitalist vor. Und bald soll ich auch noch Tantiemen aus England erhalten ... Fast jeder Brief bringt mir eine gute Nachricht ... Gestern abend habe ich meinen ersten Geschäftsbrief formuliert. Ich habe mich wie manisch dahintergeklemmt.» Oder jener, der mit den Worten endet: «Also, ich muß jetzt schließen, das Essen ist fertig. Ich bin gelassen, innerlich ruhig und zufrieden.» Schließlich jener, in dem er erklärt: «Man muß sich lösen können.»

Ist das der Mann, für den sie ihre Ehe zerstört, ihre Kleider verkauft, ihre Freunde verleugnet hat?

Sich lösen. Den Bruch akzeptieren. Ihm nicht mehr antworten. Unmöglich. Eine allzu lebendige Hoffnung hält sie davon ab. Berauschende Visionen. Die rosa Fassaden der Villa Seurat. Schimmernde Zinkdächer in der Abendsonne. Musik aus allen Fenstern. Unbeschwertes Kinderlachen. An Miller schreiben heißt, noch immer an Europa zu glauben.

Im letzten Juni hatte Dorothy Norman sie in ihr Sommerhaus in Woods Hole an die Atlantikküste eingeladen. Sie waren in einem offenen Wagen hinausgefahren. «Auf der anderen Seite des Ozeans liegt Europa!» hatten sie den Wellen entgegengerufen. Europa! Das Wort verhallte im Rauschen der Wellen. Europa! Die Seeluft stieg ihnen zu Kopf. «Wir sind die Weißrussen von Amerika!» Sie hatten ihre Schuhe ausgezogen und waren lachend ins kalte Wasser gelaufen, hatten sich taumelnd aneinandergeklammert. Sie schmeckten die salzige Luft auf den Lippen. Das Aroma von Austern. Der Schimmer von Perlen. Rosige Fingernägel auf Muschelschalen. Wie in einem Restaurant an der Seine.

Paris ist ein Teil von ihr geworden. An Paris denken. Über Paris schreiben. Sie hat eine Reihe von Novellen begonnen, in denen sie die alte Umgebung wieder aufleben läßt: die Tuilerien, die Ufer der Seine. Die Rive Gauche. Eine Beschwörung, die immer wieder um dieselben Worte kreist: Wasser, Boot, Musik, Spiegel, Segel, Träume, Reisen, Erkenntnis, Geburt und Tod. Ihre Vergangenheit steigt immer wieder aus dem Sumpf der Erinnerung auf, Artaud, Moricand, der einbeinige Bootsmann und die «Maus», die sie auf dem Hausboot bediente – werden sie jemals aufhören, sie heimzusuchen? Sind die Menschen, die sie umgeben, denn so leer, daß sie den Umgang mit Geistern vorzieht, die durch die Zeit und das Heimweh längst wie unter einer Glasglocke zusammengeschrumpft wirken?

So lautet der Titel der Novellensammlung: *Under a Glass Bell.* Hugo versteht ihn nicht.

«Dabei ist er doch vollkommen klar. Jedes Lebewesen, das unter einer Glasglocke eingeschlossen ist, muß notgedrungen ersticken.»

«Meinst du dich damit?»

«Wen denn sonst!»

«Hör endlich auf, in deinem eigenen Mist zu wühlen! Beschreib lieber den der anderen!»

«Das tue ich schon in meinem Tagebuch!»

«Dann nimm doch einfach ein paar von den Porträts, entwickle sie ein bißchen weiter und gib ihnen einen romanesken Kontext.»

«Der Roman ist das Gegenteil vom Leben! Er segmentiert die Zeit, stellt nur erstarrte Emotionen dar. Sind wir denn so ängstlich, daß wir die Vorstellung einer unsteten Wahrheit nicht ertragen können? Antworte mir, Hugo!»

Doch Hugo entfernt sich mehr und mehr. Er hat seine Geduld von früher verloren und an Selbstsicherheit gewonnen. Sein Talent als Kupferstecher wird allgemein anerkannt. Anaïs vermag ihn nicht mehr zu beeindrucken. Er ist gereift. Sie ist gealtert. Darin liegt der ganze Unterschied. Er ist anziehender denn je. Sie muß kämpfen, um ihre Anziehungskraft zu bewahren. Sie ist verwirrt, wenn junge Männer ihr zulächeln, ertappt sie sich dabei, neue Hoffnung zu schöpfen. Sie entwickelt eine Schwäche für schüchterne, milchbärtige Jünglinge, die sich noch ihrer hellen Stimme, ihrer mageren Arme, ihrer zarten Haut, ihrer Neigung zum Erröten schämen. In ihnen findet sie ihre jugendlichen Impulse wieder: verstehen lernen, begehren, tanzen, erschaffen; sie bestärken sie in der Illusion ihrer eigenen ewigen Jugend. Einer dieser Jünglinge heißt Robert Duncan. Wie June ist er am 7. Juni geboren. Ein Dichter, der nicht älter als siebzehn wirkt, mit geraden Schultern, schmaler Statur, scharfem Profil. Wie die Gestalt einer Hieroglyphentafel. Er bewegt sich lautlos und spricht wie unter Hypnose: «Sie sind viel sanfter, als ich Sie mir bei der Lektüre von *Haus des Inzests* vorgestellt habe.» Wenn er von seiner Verzichtbereitschaft spricht, seiner Suche nach dem Vater, seinem Bedürfnis nach Liebe, glaubt sie ihre eigenen Worte zu vernehmen. Wie sie, führt auch er ein Tagebuch, in dem sie auf ihr eigenes Porträt stößt: «Sie ist eine sehr zarte Frau, gewitzt, sie hat so feine Knochen und Augen, die sicher brechen würden, und sie geht seitlich durch Glas.»

Sind die Homosexuellen etwa die einzigen, die sie verstehen? Er hat ihr seine Neigung zum eigenen Geschlecht gestanden, obgleich er sich an ihrer Seite so männlich fühlt. Doch Männern gegenüber verfällt er in weibliche Posen.

Er erinnert sie an den jungen Eduardo, dem seine Schönheit eine Last und seine dunkel erahnten Neigungen ein Greuel waren. Sie fühlt sich versucht, ihn umzustimmen, ihn für andere Freuden empfänglich zu machen...

Er hat sie gebeten, ihn bei sich aufzunehmen, während er nach einem Appartement im Village Ausschau hält. Später wird er auch Geld von ihr verlangen. Sie läßt sich eine Weile bitten, bevor sie nachgibt, irregeleitet in ihrer Sucht, die Großmütige zu spielen.

Man sagt, daß die Albatrosjungen sich von den Eingeweiden ihrer Mutter ernähren.

Sie hat eine neue Erzählung begonnen: *Children of the Albatros (Kinder des Albatros)*.

«Wann werde ich aufhören, diese ätherischen jungen Männer zu lieben, die in einem Reich leben, das wie das Reich der Vögel ist? Vögel, die immer ein bißchen schneller sind als die meisten Menschen, immer ein bißchen über dem Menschlichen oder jenseits des Menschlichen, immer auf der Flucht aus einer großen Furcht vor Menschen.»

29. Kapitel

Rupert

Der junge Mann aus dem Westen.» Der Schattengeliebte. *«My phantom lover»*, wie sie ihn nennt, der sie dreißig Jahre lang bis an ihr Lebensende begleiten wird.

Die eine Hälfte ihres Lebens. Zwischen Hugo und Rupert, New York und der Westküste sucht sie die Gegensätze zu vereinen. Rupert, die Antithese ihres Gatten. So strahlend wie jene Halbwüchsigen, die sie um ihre Jugend beneidet – sie, die sich allmählich angewöhnt, ihr wahres Alter zu verschweigen. So frei, wie man es nur mit zwanzig ist. Und so schön, daß er eine Schauspielerkarriere anstreben könnte; er erinnert ein wenig an Gary Cooper. Blaue Augen, eckiges Kinn, breite Schultern. *«The clean cotton american look»?* Zweifellos. Aber auch in Harvard ausgebildet und in der «besten Gesellschaft» aufgewachsen: Sein Vater, Reginald Pole, war in Cambridge aufs College gegangen, wo er sich mit dem englischen Dichter Rupert Brooke anfreundete, und hatte in New York Ibsen und Shakespeare gespielt. Seine Mutter, Helen, hatte nach ihrer Scheidung den guten Geschmack bewiesen, den Sohn des weltberühmten Architekten Frank Lloyd Wright zu heiraten, der das Guggenheim-Museum in New York entworfen hatte. Frische und Offenheit des Westens, Feinsinn und Kultiviertheit des Ostens: Rupert verkörpert für sie die besten Seiten Amerikas.

Anaïs fühlt sich dort noch immer als Außenseiterin, obwohl sie mit *Under a Glass Bell* endlich einen Erfolg verbucht; die erste Auflage war schon nach drei Wochen vergriffen! Sie mußte eine neue Druckerpresse anschaffen, um mit der stürmischen Nachfrage Schritt halten zu können. Das Buch ist sogar im *New Yorker* besprochen worden. Der prominente Literaturkritiker Edmund Wilson preist das Talent dieses «geheimnisvollen Wesens, halb

Frau, halb Kinderseele, stets im Begriff, in höhere Sphären zu entschweben, mit einer Einfühlungsgabe ausgestattet, die wir kaum nachvollziehen können ... Eine sehr große Künstlerin, wie sonst vielleicht keiner der Surrealisten.»

Dank der Vermittlung Gore Vidals, damals ein aufstrebender junger Romanautor und literarischer Berater, mit dem sie eine flüchtige Liaison verbindet, wird sie bei Dutton unter Vertrag genommen. So kann ihr dritter Roman, *Ladders to Fire (Leitern ins Feuer)*, endlich bei einem angesehenen Verlag erscheinen! Doch statt sich allmählich in die kulturelle Öffentlichkeit integriert zu fühlen, leidet Anaïs weiterhin unter ihrer Isolierung: «Drei fast unüberwindliche Schranken trennen mich von den amerikanischen Schriftstellern: erstens der Alkohol, dem ich nur mäßig zuspreche; zweitens habe ich nichts für diese schroffen und übermäßig direkten Männer übrig, die unter den maskulinen Frauen üblich sind und ihnen Vertrauen einflößen; drittens spricht es anscheinend gegen mich, daß ich nicht von amerikanischer Abstammung bin.» *(Tagebücher, 1944–1947)*

Man sieht nur mit dem Herzen klar, wie Saint-Exupéry so richtig bemerkte. Rupert wird ihr sein Vaterland zu Füßen legen, indem er ihr seine Zuneigung mit einer Unbefangenheit entgegenbringt, die im vierten Band der *Tagebücher* nur als verschlüsselte Anspielung wiedergegeben ist: «Ich ging zu einem Cocktail, wo ein junger Amerikaner aus dem Westen zu mir gesagt hat: ‹New York? Ist das alles, was Sie von Amerika kennen? New York ist nicht Amerika. Sie müssen alles sehen, besonders den Süden und den Westen.› Henrys Buch *(Der klimatisierte Alptraum)* hatte mich nicht gereizt, das alles kennenzulernen, aber der junge Mann aus dem Westen und seine Liebe zu diesem Land haben meine Entdeckungslust geweckt.»

Am Tag nach ihrer Begegnung – im März 1947 – beschließt Anaïs, ihr Tagebuch fortan nicht mehr zu datieren. Ab vierundvierzig erscheint es ihr angebrachter, stillschweigend über ihr Alter hinwegzusehen.

Dank Rupert, der fünfzehn Jahre jünger war als sie, sollte es ihr schließlich gelingen, Amerika für sich einzunehmen.

Die Aufzugtür wollte sich gerade schließen, als Rupert eilige Schritte nahen hörte und automatisch auf Stop drückte. Eine Frau in einem langen roten Kleid, die Haare in einem Knoten zusammengehalten, kam atemlos in die Kabine gestürmt. Er fragte sie, in welche Etage sie wollte. In dieselbe wie er. Sicher wollte sie auch zu Azel Guggenheim, Peggys Schwester.

Er hatte richtig geraten.

«Gehen wir doch zusammen hin. Ich bin es nicht gewohnt, irgendwo ohne Begleitung zu erscheinen.»

An der imposanten Mahagonitür wurden sie von einem Majordomo empfangen, der sie in einen weitläufigen Salon voller Gäste führte. Sie verabschiedete sich von Rupert und war alsbald in der Menge verschwunden.

Rupert nickte einigen bekannten Gesichtern zu, schlenderte auf die Terrasse hinaus, sog die frische Nachtluft ein, die vom Central

Park aufstieg, und kehrte in den Salon zurück, wo er sie auf einem Ecksofa sitzen sah. Sie hielt ein leeres Glas in der Hand und schien nicht recht zu wissen, wo sie es abstellen sollte. Rupert konnte sie in aller Ruhe betrachten, ohne daß sie ihn bemerkte. Ihre Hautfarbe wirkte etwas zu kupfern, um natürlich zu sein. Ihr Hals war glatt, ihr Dekolleté makellos. Doch ihre Hände... Rupert runzelte die Brauen. Sie hatte schwarze Finger! Er trat ein paar Schritte näher. War er denn schon so betrunken, daß er einem so ätherischen Wesen die Hände eines Bergarbeiters andichtete?

«Das ist nur Druckerschwärze...»

Sie hatte seinen Blick aufgefangen.

«Ich drucke meine Bücher nämlich selbst. Das ist die einzige Möglichkeit, in New York zu Publikum zu kommen. Ich habe gerade eine sehr hübsche Platte vollendet: mein Vorwort zu Henry Millers *Wendekreis des Krebses*. Es ist in Amerika niemals wiederveröffentlicht worden. Sagt der Name Miller Ihnen nichts? Und meiner? Ich bin Anaïs Nin.»

Rupert gestand seine Unwissenheit. Sie nahm es ihm nicht übel. Er sah wohl ohnehin nicht wie einer der typischen Leser dieser etwas spröden Sirene aus.

«Meine Romane würden Sie ziemlich verwirren, es sei denn, Sie wären ein Bewunderer von Martha Graham. Ich schreibe so, wie sie tanzt. Eine Mischung von Träumen und Symbolen. Ihre Choreographien finde ich einfach überwältigend. Ich erkenne darin immer wieder eine tiefe Verwandtschaft mit meinem Werk... Ich habe versucht, sie kennenzulernen, habe ihr meine Bücher geschickt. Sie hat mir nie geantwortet. Die Erwachsenen sind ja so enttäuschend! Was kann ein junger Mann wie Sie denn zwischen all diesen biederen Leuten suchen?»

«Meine Mutter hofft, daß ich hier eine Verlobte finde.»

«Ist das denn Ihre Absicht?»

«Ganz und gar nicht! Ich möchte am liebsten Schauspieler werden, bin mir über meine Berufung aber noch nicht im klaren. Einstweilen drucke ich...»

«Was, Sie auch?»

«. . . Glückwunschkarten. Nichts Besonderes, bloß ein Studentenjob. Kein Vergleich mit dem, was Sie machen.»

Sie winkte müde ab.

«Die Leidenschaft ist schnell dahin», seufzte sie. «Ich bin längst nicht mehr so begeistert wie anfangs. Wenn Sie wüßten, wieviel Energie ich damit verpulvert habe, und alles umsonst. Meine Bücher leiden darunter . . . Ich bin manchmal schon drauf und dran, die Presse aufzugeben. Es sei denn, ich könnte nach Europa zurückgehen. In Paris haben die Kleinverlage noch eine Überlebenschance. Ich habe zehn Jahre dort gelebt . . .»

«Denken Sie oft daran zurück?»

«Jeden Tag. Vor allem, seit der Krieg vorbei ist. Ich ertrage das Leben in Amerika nicht.»

«New York ist nicht Amerika! Waren Sie schon mal in Louisiana?»

«Nein, noch nie!»

«Oder in Georgia, in South Carolina?»

«Auch nicht!»

«In Colorado? In New Mexico? Taos? El Paso?»

«Nein, nein!»

Sie lachte.

Er verabschiedete sich mit dem Versprechen, sie wiederzusehen.

«Spielen Sie nicht mit mir», warnte sie ihn. «Ich bin aus Kristall, leicht zerbrechlich.»

Rupert lud sie in sein Stammlokal ein, das Bilaene, ein spanisches Restaurant mit rosa Wänden, die mit riesigen Spiegeln dekoriert waren. Der Wein, die Musik, die dunkelhaarigen Frauen gaben einem das Gefühl, in Europa zu sein.

«Sie sind ja ein Hellseher! Das ist mein Lieblingsrestaurant. Ich glaube nicht an den Zufall. Nur an das Schicksal. Wir werden uns heute abend noch darüber unterhalten.»

Sie war in einer schillernden Bajaderenstola erschienen, mit einem bestickten Handtäschchen über dem Arm. Sie wirkte noch zierlicher als in ihrem roten Abendkleid. Auch ihr Parfüm war zarter, blumiger. Eine Rosenverkäuferin ging von Tisch zu Tisch. Er überreichte ihr eine der roten Blüten. Sie brach den Stiel ab, wandte sich zum Spiegel und steckte sie in ihr Haar.

«Zeigen Sie mir jetzt Ihr wahres Gesicht?»

«Wie kommen Sie darauf?»

«Ich habe die Werbung für Ihr letztes Buch gesehen, *Ladders to Fire* . . . Die drei Anaïs. Die verschleierte, unterwürfige Anaïs, die Anaïs im vamphaften Lamékleid und die rauchende, als Mann verkleidete Anaïs . . .»

«Sie verstehen es also auch nicht! Hedja, Stella und Lilian sind die drei Protagonistinnen in meinem Buch, und die Namen sollten unter den Fotos stehen, was man aber nicht berücksichtigt hat. Außerdem war noch ein viertes Foto vorgesehen: ich, die wahre Anaïs, die Autorin, im violetten Kostüm. Ich fand es amüsant, mich mit meinen Romanfiguren abbilden zu lassen. Doch der Verleger hat nur die Fotos der drei Frauengestalten veröffentlicht. Daher das Mißverständnis. Man hat mich daraufhin schon für schizophren und für lesbisch erklärt, nur weil ich mich in einem Anzug mit Fliege fotografieren ließ . . .»

Anaïs wandte verlegen den Blick ab. Rupert winkte die Gitarrenspieler herbei. Eifrig die Saiten zupfend und feurige Blicke werfend, kamen sie an den Tisch. Anaïs begann mitzusummen. Einer der Musiker fragte sie, ob sie Kubanerin sei.

«Woher wissen Sie das? Ach so, meine Schönheit! *Muchas gracias!* Was für eine Freude, Rupert!»

Die melancholische Sirene erwachte endlich zum Leben. Ihre Augen sprühten, sie strahlte vor Vergnügen, gestikulierte, lachte und scherzte.

«Ich fühle mich nur unter jungen Leuten wohl. Sie verstehen mich. Sie machen sich nicht über meinen Idealismus lustig. Sie teilen meine Auflehnung. Aber sie fordern so viel. Um ihnen zu gefallen, muß man . . .»

Rupert unterbrach sie.

«Keine Angst, Sie gefallen ihnen. Sie gefallen mir.»

So trafen sie sich bald wieder, diesmal in ihrer Wohnung in der 13. Straße, wo sie ihm flambierte Bananen servierte. Überall fiel ihm ihr Name ins Auge; auf den niedrigen Tischen ringsum lagen ihre Bücher zur Ansicht bereit. Farbige Rautenmuster verdeckten die Fensterscheiben. Sie aßen am Boden, auf marokkanischen Sitzkissen, im Hintergrund spielte die Quena. Rupert wußte kaum noch, wo er sich befand.

«Was ist los? Sie essen ja gar nichts.»

Er gab vor, zu aufgewühlt zu sein. Er konnte ja schließlich nicht zugeben, daß ihm von gebratenen Bananen übel wurde! Sie hatte für ihn gekocht. In ihrer Sprache bedeutete das soviel wie eine Liebeserklärung.

Doch für Herzensergüsse war die Zeit noch nicht reif; vorerst ging es darum, Gemeinsamkeiten zu entdecken. Sie waren beide vom gleichen Fernweh erfüllt.

«Ich würde mich so gern an anderen Landschaften, anderen Sprachen, anderen Farben inspirieren», seufzte Anaïs.

Rupert besaß einen Ford Model A mit zurückklappbarem Dach, in dem sie nach Louisiana hinunterfahren könnten, dann weiter durch Texas und Neu-Mexiko bis nach Kalifornien.

Eines Tages im Juli 1947 ist es dann so weit: Sie fahren durch den Holland-Tunnel, der New York von Amerika trennt.

In die Ferne aufbrechen – einfach so? Gelingt es Anaïs wirklich so leicht, sich von Hugo zu lösen, von dessen Existenz Rupert noch nichts weiß? Welchen Vorwand erfindet sie, um plötzlich für zwei Monate zu verschwinden? Hatte er sie erst stundenlang am Telefon überreden müssen, ihm zu folgen?

Vierzig Jahre später hat Rupert nur noch das Bild einer Frau im Persianermantel in Erinnerung, die eine pralle Segeltuchtasche im Kofferraum eines Fords verstaut. Er erinnert sich auch an die

Baskenmütze, die er sich für die Reise gekauft hatte, und wie sie ihn auslachte: «Wieso willst du denn wie ein Franzose aussehen? Ich liebe einen Amerikaner!»

In Virginia wird das Wagendach zurückgeschoben. Anaïs schützt ihr Gesicht mit einem lila Voiletuch vor der Sonne. Die Straße zieht sich durch endlose Baumwollfelder. Anaïs winkt den Pflückerinnen fröhlich zu. Alles erregt ihr Interesse, alles gefällt ihr. Sie will unbedingt New Orleans besichtigen, wo ihre Großmutter gelebt hat – Rosas skandalöse Rabenmutter, die ihre Kinder der Liebe opferte. «Ich muß wohl nach ihr geschlagen sein», meint Anaïs, während der Ford die Grenze nach Alabama passiert. Der Himmel ist dunkel und verhangen, doch nach einem Wolkenbruch erstrahlt er von neuem leuchtend blau.

Die Spuren ihrer Großmuter sind nicht mehr ausfindig zu machen – egal! Anaïs kann sich gut vorstellen, wie sie hier zu ihrem Glück fand, die langen Nachmittage auf einer verbenenumrankten Veranda träge verträumte, halb berauscht von den schweren Düften der Verkaufsstände rings umher. Hier lebt man nur für die Sinnenlust. Wie in Saint-Tropez. Dieselbe Hitze. Dieselben lodernden Pinienfeuer. Dieselbe Gelassenheit. Und der Jazz, der einem aus allen Lokalen entgegentönt, kindlich unbekümmert, betörend, funkelnd.

«Der Jazz hat mir New York erst erträglich gemacht. In Harlem fühlte ich mich wie neu geboren. Kennst du das Savoy? Dort habe ich ganze Nächte durchgetanzt. Gin-Fizz. Charlie Parker. Umarmungen, Saxophonklänge. Süße, schwüle Duftschwaden. Schweiß, Moschus und Tabak. Der Körper verliert seine Erdenschwere. Ich fühle mich den Farbigen nah. Ich bin von ihrer Rasse. Ich sehne mich nach der Sonne, der Wärme. Die Liebe läßt meine kubanische Seele aufleben... Ich hatte einen Liebhaber, der aus Haiti stammte. Er konnte nichts als tanzen. Wenn sie ihn die Hüften schwenken sahen, liefen die Frauen rot an. Du brauchst nicht eifersüchtig zu sein. Es war eine rein physische Affinität, mehr nicht. Er wirkte gern provokant. Seine Unstetigkeit zog mich an.»

«Du hast mich vor soviel unmöglichen Affären bewahrt», sagt sie zu ihm, als sie sich einem prachtvollen weißen Kolonialbau nähern, dessen Veranda auf einen Park voller Hibiskusbäume hinausgeht.

Es ist das Haus, in dem Gore Vidal wohnt.

«Das Enfant terrible», nennt Truman Capote jenen an Reichtum und Schönheit überlegenen Rivalen, der als Enkel eines Senators das beste College New Hampshires besuchte und – wie er – schon als Jugendlicher einen Roman veröffentlichte, in einem Alter, in dem andere nur Mädchen im Kopf haben. Doch beide ziehen die Gesellschaft ihrer Geschlechtsgenossen vor. Truman macht keinen Hehl daraus, während Gore sich stets bemüht, auch den Frauen zu gefallen – wann immer es seinen Ambitionen dienlich sein kann: vom Ertrag seiner Bücher an der Riviera zu leben.

«Als ich ihn kennenlernte, begnügte er sich noch mit dem bescheidenen Posten eines literarischen Beraters bei Dutton, einem New Yorker Verlagshaus. Er steckte damals in Uniform, weil er zum Militärdienst einberufen war. Wir trafen uns bei einer Konferenz über die Liebe in der Literatur. In meinem langärmeligen schwarzen Kleid mit perlenbesäumtem Hut sah ich aus wie Maria Stuart. Er stellte sich mir als ‹Flügeladjudant Vidal, Nachfahre des Troubadours Vidal› vor. Ich glaube, er hatte mich gleich erkannt. Er hatte *Unter einer Glasglocke* gelesen.»

«Ihr Werk hätte es verdient, von einem angesehenen Verleger publiziert zu werden. Ich könnte Sie bei Dutton einführen. Ich arbeite da.»

«Aber Sie sind doch noch so jung!»

«Immerhin schon zwanzig, Lady. Der Wert einer Person richtet sich nicht nach dem Alter. Ich habe schon meinen ersten Roman veröffentlicht: *Williwaw*. Er ist meiner Mutter Nina gewidmet, die so zartfühlend war, mich als Zehnjährigen im Stich zu lassen ...»

«Was, Sie auch!»

Immer dieses ‹Sie auch!› – Immer war es die Ähnlichkeit, die sie in Bann schlug, die zweideutigen Widerspiegelungen, in denen jeder im anderen nur sich auf sich selbst zurückgeworfen sieht. Ein ungeliebtes Kind, wie sie. Eine einsame Jugend, wie die ihre. Frühreife. Eitelkeit. Gore erschien ihr so verwandt, daß sie sein Horoskop bestimmen ließ, in dem ihre Ähnlichkeiten noch deutlicher zutage traten. Beider Sonnenzeichen wurden von Neptun beherrscht. Doch Gore war ein Rebell. Auf Sanftheit reagierte er mit Aggressivität. Seinem Horoskop zufolge vermochte derjenige, der im Zeichen der Fische geboren war, das Beste aus ihm hervorzulocken! Anaïs glaubte dem Orakel.

«Wir trafen uns jeden Sonntag. Wir hörten Schallplatten, tauschten unsere Manuskripte aus. Mit klopfendem Herzen wartete ich auf sein Urteil, wie seine Schülerin. Er hatte versprochen, mich seinem Verleger vorzustellen.»

«Und hat er sein Versprechen gehalten?» fragt Rupert, während er den Motor seines Wagens abstellt.

Sie haben den Ford unter einem Scheunendach geparkt, wo trockene Tabakblätter einen harzigen Honigduft verbreiten. Am liebsten würde sie umkehren. Wozu Gore überhaupt noch wiedersehen, da sie jetzt Rupert hat? Um ihn am Arm eines Mannes zu reizen, der ihm begehrenswert erscheinen könnte? Ist sie für solche Spiele nicht längst zu abgeklärt?

«Ja. Ich habe mein Buch mit seiner Hilfe veröffentlichen können. Er hat sich auch genug damit gebrüstet.»

«Warum bist du dann so nervös? Wen siehst du jetzt wieder? Einen Freund oder einen Liebhaber?»

«Einen Mann, den ich einmal geliebt habe.»

Ist es Liebe, wenn man *sein* Foto auf die erste Seite seines Tagebuchs klebt? Ist es Liebe, wenn man stundenlang auf *seinen* Anruf wartet? Ist es Liebe, wenn man sich morgens zu häßlich vorkommt, um am Abend jemanden zu treffen, der einen weder küßt noch anfaßt, bis man ihn ausdrücklich dazu auffordert? Ist es Liebe, wenn man sich vor jemandem auszieht, der einen nicht mal dabei ansieht?

«Fahren wir lieber wieder weg. Ich will dir nicht meine alten Wunden aufzwingen.»

«Um sie ein für alle Mal zu schließen, mußt du ihn wiedersehen. Deine Vergangenheit macht mir keine Angst. Ich bin bereit, ihr mit dir entgegenzutreten. Wenn du willst, können wir auch Miller besuchen.»

«In Kalifornien!»

«Meine Mutter und mein Stiefvater, Lloyd Wright, wohnen in Los Angeles. Wir werden erst ein, zwei Tage bei ihnen verbringen, und dann suchen wir deinen ‹großen Meister› auf.»

Miller hat sich inzwischen an der Pazifikküste in Big Sur angesiedelt, in einer wildromantischen Canyon-Landschaft, die mit Ei-

Anaïs in der Sierra Madre, ungewöhnlich leger, mit nackten Beinen und offenen Haaren. Sie geht auf die Fünfzig zu.

chen und Sequoias bewachsen ist. An klaren Tagen sieht man die Adler und Bussarde ihre Kreise ziehen. Mit Hilfe der Tantiemen aus Frankreich, die Jack Kahanes Sohn ihm nach dem Kriege zukommen ließ, hat er sich ein Haus auf einem Felsvorsprung gekauft, dreihundert Meter hoch über dem Ozean gelegen. Er hat eine junge Philosophiestudentin geheiratet, Lepska, mit der er eine Tochter hat.

Anaïs war auf eine geheimnisvolle Slawin gefaßt, eine Doppelgängerin von June. Statt dessen werden sie von einer fülligen, blonden Walküre empfangen, die sich in Schweigen hüllt. Ihre Aufmerksamkeit scheint allein den Schmutzspuren zu gelten, die sie auf dem spiegelblanken Boden hinterlassen. Rupert hat noch nie einen so ordentlichen Haushalt gesehen. Selbst die Bücherregale sind staubfrei. Alles wirkt kahl und steril. Wie konnte Miller sich an eine solche Umgebung gewöhnen? Hat er etwa die Pedanterie seiner Frau übernommen?

Nach außen hin scheint Miller unverändert. Er ist tief gebräunt, mit sich und der Welt zufrieden. Seine Bücher sind in Amerika noch immer verboten. Aber er laviert sich durch. Seine Aquarelle verkaufen sich gut.

«*Always merry and bright!*» ruft er Rupert mit jovialem Grinsen zu.

«Vor zehn Jahren hätte er dir wie ein Dockarbeiter auf die Schulter geschlagen», wispert Anaïs.

Seine Manieren sind mittlerweile schon etwas geschliffener. Vor Lepska ist er sehr darauf bedacht, nichts Unpassendes zu sagen. Ihr Besuch scheint ihm ein wenig peinlich zu sein. Er nimmt Anaïs beiseite. Ob sie vielleicht Geld brauche? Er könne ihr etwas leihen, nach all dem, was sie für ihn getan habe. Anaïs schüttelt den Kopf und betrachtet schweigend Lepskas Beine. So jung und schon Krampfadern! Miller wird wohl immer kurzsichtiger. Sie fragt ihn, ob er *Ladders to Fire* gelesen habe. Nein, noch nicht, nur den Auszug, der in der Zeitschrift *Circle* abgedruckt war. Er weiß nicht, was er davon halten soll, findet keinen Zugang zu ihrer «emotionalen Algebra». Es wäre besser, meint er, wenn sie sich etwas deutlicher, etwas unumwundener ausdrücken würde. Er blickt auf die Uhr. Bald Zeit zum Mittagessen. Lepska erklärt barsch, das Fleisch reiche nicht für alle. Und das Brot?

Anaïs gibt Rupert einen verstohlenen Wink. Besser, sich sofort zu verabschieden. Ein Teil ihrer Vergangenheit löst sich auf.

LSD

Im Jahr 1943 wird Albert Hofmann, ein Chemiker der Firma Sandoz, bei der Synthese des Lysergsäurediäthylamids von einem leichten Schwindel befallen. Er unterbricht seine Experimente und geht nach Hause, wo er in einen Dämmerzustand versinkt, der von ungeheuer plastischen Halluzinationen erfüllt ist: So kam es zur Entdeckung des LSD, des wirksamsten aller Halluzinogene, zehntausendmal stärker als Meskalin!

Bald wird die neue Droge unter der Bezeichnung Delysid zu psychiatrischen Zwecken verwendet, zur Bekämpfung von Angst- oder Zwangsneurosen, und Ärzten zur Verfügung gestellt, die das Mittel an sich selbst erproben wollen, um sich «die Ideenwelt seelischer Störungen zu vergegenwärtigen und deren Pathogenese anhand typischer psychotischer Schübe zu erkunden, die im Normalfall nur von kurzer Dauer sind.»

In den Fünfzigerjahren wird das LSD– noch immer ausschließlich unter ärztlicher Aufsicht – an Theologen, Priestern und Künstlern getestet. Unter ihnen ist auch Anaïs Nin. Hat der Psychiater Oscar Janiger, Professor am Irvine College in Los Angeles und Freund Albert Hofmanns, ihr tatsächlich angeboten, «die Reise» zu wagen, wie sie es im fünften Band der Tagebücher *darstellt? Oder hat sie ihn selbst darum gebeten?*

Anaïs hat bis dahin nur sehr wenig Erfahrung mit Drogen. June hatte sie nicht dazu animieren können, Kokain zu schnupfen. Miller berauschte sich nur am Wein. In Marokko hatte sie vielleicht ein- oder zweimal aus touristischer Neugier Opium geraucht.

So blieb ihre Faszination für Rauschzustände vor allem literarisch motiviert, angeregt durch die Lektüre von Baudelaire, de Quincey, Cocteau, Henri Michaux, Aldous Huxley.

Würde das LSD ihr wirklich zu einer Bewußtseinserweiterung verhel-

fen können? Würde es ihr, wie Huxley in Anlehnung an William Blake schrieb, neue «Türen der Wahrnehmung» öffnen? Würde ihr Werk davon profitieren?

«Das LSD ist eine Abkürzung zum Unterbewußten», notiert sie nach einem mehrstündigen Trip, bei dem sie sich in Gold verwandelt sah. «Das angenehmste Gefühl, das ich je gehabt habe, wie ein Orgasmus . . . Doch im Schreiben hatte ich diese Gefilde schon beschritten . . . Die Welt, die das LSD uns erschließt, ist dem Künstler durch seine Kunst zugänglich.»

Der Aussage einer Freundin zufolge wird sie jedoch noch mehrere solcher Reisen unternehmen. 1963 lernt sie Timothy Leary kennen, den Apostel der Hippie-Bewegung, dessen Kreuzzug «pro-LSD» sie eine Zeitlang unterstützt, in der Hoffnung, das LSD könne sich als «der Schlüssel zu der Steinmauer» erweisen, die das amerikanische Publikum von ihrem Werk trennt!

1974, als das LSD schon seit sechs Jahren gesetzlich verboten war, bekennt sie schließlich: «Diejenigen, die es ohne Sinn und Verstand nur benutzt haben, um auf Trip zu gehen, sind Schuld an seinem schlechten Ruf.»

Auf keinen Fall will sie selbst in ein falsches Licht geraten . . .

30. Kapitel

Star des Underground

Anaïs lebt – in 16-Millimeter-Filmen. Die Magierin der Worte hat sich in Bildern verewigen lassen. Wie Artaud.
Anaïs hat ihre Stimme und ihren Körper drei Undergroundfilmern der Fünfzigerjahre geliehen, die sich, beeinflußt vom Surrealismus und der Psychoanalyse, vom etablierten Hollywood-Kino absetzten – in der Überzeugung, der Film könne das Bewußtsein ebenso im Spiel der Bilder wie in etwas Unwägbarerem ausdrücken; sie glaubten den Gesetzen der Realität enthoben: Maya Deren, Ian Hugo und Kenneth Anger.

Teilten sie die gleiche Sicht der Dinge?

Gemeinsam Kunst schaffen. Sich gegenseitig unterstützen, inspirieren, künstlerisch befruchten. Austausch der Visionen, Transfusion der Talente: Da war von jeher ihr Ideal.

Ideal oder Schimäre?

Eine Frau, von schäumenden Wellen umspült, mit Algenfäden im aufgelösten Haar, am Stand von Amagansett, nahe bei New York, an einem Augusttag des Jahres 1945. Ein Mann nimmt die Szene mit einer tragbaren Kamera auf.

Anaïs, die gerade am Meer spazierengeht, betrachtet sie schweigend und geht auf sie zu, als die Szene abgedreht ist. Die Schönheit der jungen Frau raubt ihr den Atem: eine wilde rote Mähne, die ein präraphaelitisches Antlitz von ätherischer Blässe umrahmt. Sie stellt sich vor: Maya Deren. Der Kameramann ist ihr Ehemann, Alexander Hammid, «Sascha.»

«Eine der Galionsfiguren der tschechischen Avantgarde der Dreißigerjahre», erklärt sie mit ihrer tiefen, slawisch gefärbten Stimme. «Eigentlich stehe sonst immer ich hinter der Kamera.»

In Kiew als Tochter eines Psychiaters geboren, hat Maya russische Dichtung und Tanz studiert, bevor sie mit «Sascha» ihren ersten Film drehte und ihren Meister bald überflügelte. Sie filmt intuitiv, spontan, jongliert mit Symbolen, ordnet die Körper in seltsamen Choreographien an, verwendet die Darsteller wie Schachfiguren, unter denen sie die Königin ist. Ihr Gesicht erscheint in allen ihren Filmen.

Was könnte für Anaïs anziehender sein?

Im Village haust Maya zwischen Trommeln, die mit Reptilhäuten bespannt sind, afrikanischen Masken und Votivfiguren. Die Voodoo-Kunst fasziniert sie. Sie beschäftigt sich mit Okkultismus, versucht das Niegesagte, Niegesehene aufzuspüren. «Sie filmt, was ich schreibe», sagt sich Anaïs. Sie arbeitet mit geringen Mitteln, läßt ihre Freunde als Darsteller agieren. Ihr neuer Kurzfilm, *Ritual in verklärter Zeit*, verlangt an die dreißig Statisten.

«Es ist ein Experiment über Bewegungen, Erscheinungen, Momenteindrücke. Hätten Sie nicht Lust mitzumachen?»

Anaïs kann nicht nein sagen, schon gar nicht zu Künstlerinnen, die sie als ihresgleichen ansieht, mit denen sie sich solidarisch verbunden fühlt. Ihnen helfen. Ihr hat man so wenig geholfen ... Sie unterstützen, selbst wenn *sie* von niemandem unterstützt wird, trotz der Bitterkeit, die sie darüber empfindet. Sie ist zu früh geboren. Eines Tages werden die Frauen nicht mehr kämpfen müssen, um einen Film zu drehen oder ein Buch zu veröffentlichen. Erst dann wird sie das Recht haben, nein zu sagen.

Gedreht wird in Mayas Wohnung. Im Licht der Scheinwerfer steigt Maya auf einen Hocker und hebt die Kamera auf die Schulter. Film läuft!

«Bewegt euch! Windet euch! Wiegt die Hüften! Sinnlich! Sinnlich!»

Anaïs schließt die Augen und versetzt sich im Geiste nach Paris zurück, die nackten Schenkel auf den roten Plüschpolstern des Zeyer, einer verstohlenen Liebkosung entgegenbebend. Doch die

Körper weichen einander aus. Die Hände zaudern. Anaïs nähert sich der Regisseurin. Sollte sie nicht lieber ein paar szenische Anweisungen geben, wie ein Ballettmeister? Dieses Mädchen aus Haiti, zum Beispiel... Maya befiehlt ihr barsch, zu schweigen oder zu gehen.

Anaïs kehrt resigniert an ihren Platz zurück. Verkrampfte, erschöpfte Mienen ringsum. Maya tobt. Werden die Frauen immer so brüllen müssen, um sich Gehör zu verschaffen? Werden sie immer die Stimme erheben müssen, um die der Männer zu übertönen? Werden sie auf alle Sanftheit, alle Anmut verzichten müssen? Kündigt Maya ein neues Geschlecht von Amazonen an? Wozu ihr überhaupt meine Bücher schicken? Wir sprechen nicht dieselbe Sprache. Zum Glück gibt es noch Sascha. Ein echter Slawe, großzügig, leidenschaftlich. Wenn er sich bereit erklärt, Hugo das Filmen beizubringen, habe ich mit diesem Tohuwabohu wenigstens nicht ganz meine Zeit vergeudet. Hugo braucht dringend ein wenig Schützenhilfe. Seit er die Bank verlassen hat, fühlt er sich ziemlich verloren. Noch nie war ich so wichtig für ihn wie jetzt. Noch nie habe ich so auf seinem Leben gelastet...

Anaïs hat schließlich über die Bank gesiegt. Als Hugo seine Kündigung einreichte, haben die Kollegen ihn für verrückt gehalten – einfach auf die gute Pension zu verzichten, die ihm neunundzwanzig Jahre treue Dienste eingebracht hätten! Seine Frau hatte ihn überzeugt: Das künstlerische Schaffen läßt sich nicht mit dem Finanzwesen vereinbaren.

1949 vertauscht Hugo Guiler seinen korrekten Maßanzug mit bunten Hawaihemden und nennt sich fortan Ian Hugo. Anaïs triumphiert: Endlich hat sie einen Künstler zum Mann! Das Kupferstechen genügt ihm nicht mehr. Er sucht nach neuen Ausdrucksformen. Der Film? Hatte Artaud nicht damals schon verkündet, daß auf diesem Gebiet alles noch zu entdecken sei, daß es weit aufregender sei als Phosphor, weit spannender als die Liebe? Mit Sascha

Hammids guten Ratschlägen und einer gebraucht gekauften 16 mm-Kamera im Gepäck fliegt er ins Paradies seiner Kindheit, Puerto Rico, und dreht dort *Ai-Yé*.

Der Kurzfilm wird 1950 in der Cinémathèque de Paris aufgeführt und sofort mit einem Preis bedacht. Schon ist der frischgebackene Avantgarde-Filmer lanciert! So schnell stellt sich der Erfolg für ihn ein! «Welche Ungerechtigkeit!» Sie dagegen ringt seit zwanzig Jahren um Anerkennung. Seit zwanzig Jahren feilt sie daran, die Grenzen der Realität zu überwinden! Worin unterscheiden sich die formalen Wagnisse von *Ai-Yé* denn von den ihren?

Will Hugo ihren Verdruß besänftigen, indem er im folgenden Jahr beschließt, *Haus des Inzests* zu verfilmen? Von allen Büchern seiner Frau hat dieses ihm schon immer am besten gefallen. Es hat ihn zu seinen schönsten Kupferstichen inspiriert. Nun regt es ihn zu seinem ausgereiftesten Film an: *Bells of Atlantis*. «Das erste wirklich gelungene Filmgedicht» wird Abel Gance es später nennen.

Doch welchen Schauplatz wählen? Anaïs schlägt Acapulco vor. Alles ist dort heißer, farbiger, vibrierender: die Blumen, das Blut, die Umarmungen, die Blicke. Ein Eldorado der Lust, das sie zusammen mit Rupert entdeckt hat. Diesmal wird sie Hugo dorthin mitnehmen. Stört es ihn, in die Fußstapfen seines Rivalen zu treten? Wohl kaum. Die Zeiten der Eifersucht sind vorbei, die Ära der Kompromisse längst angebrochen. Hugo verschließt die Augen vor dem Unvermeidlichen. Anaïs verschweigt ihre Eskapaden. In New York teilen sie die gleiche Wohnung, doch nur Anaïs hat den Schlüssel zu dem Zimmer, wo sie ihre Tagebücher aufbewahrt. Wenn sie zu Rupert an die Westküste fliegt, stellt Hugo ihr keine Fragen. Er wartet.

Anaïs hat sich das Projekt zu Herzen genommen. *Bells of Atlantis* soll ein Meisterwerk werden! Das hat sie sich geschworen. Es sind ihre Worte, die dem Film zugrunde liegen. Sie will nicht enttäuscht oder verraten werden. So begleitet sie Hugo zu allen Drehorten, lenkt seinen Blick. Es fehlt nur noch, daß sie auch die Kameraführung an sich reißt! Sie glaubt an sein Talent, zweifelt jedoch an seinem Genie. Ohne sie hätte er nie etwas Außergewöhnliches vollbracht. Nicht einmal die Doppelbelichtungen von *Ai-Yé*; diese fließenden Bildeffekte, die von den Kritikern so hoch gelobt wurden, waren ihre Idee. Hugo hatte sich damit begnügt, die technische Ausführung zu übernehmen.

Eines Morgens entdeckt sie am Strand ein riesiges Boot, das halb verrottet im Sand liegt, unter der sengenden Sonne, wie vor Urzeiten dort gestrandet. Anaïs befiehlt Hugo, die Kamera in Position zu bringen. Der Film soll hier beginnen! Hugo schlängelt sich zwischen den morschen Planken durch. Eine Meereskathedrale! Ein umgedrehter, algenbekränzter Schiffsrumpf! Bauch voller Seegras-Eingeweide! Uterus!

Anaïs flüstert: *«My first vision of earth was water veiled.»* Der Satz, der den Film eröffnet.

Anaïs' Stimme, eine zarte, verhauchende Melodie, unterlegt mit elektronischen Perkussionsklängen. Dann ihr Schatten, der in einer gischtbesprühten Hängematte über dem bleichen Gewässer schwingt. Schließlich ihr Körper, vage angedeutet, verschwimmend, ewig jung im sanften An- und Abflauen der Wellen.

Anaïs' Stimme. Anaïs' Brüste. Anaïs' Locken. Anaïs' Arme. Anaïs gekreuzigt, Anaïs verklärt, Anaïs gefeiert. *Bells of Atlantis*: eine Hymne an die Sehnsucht. Anaïs, die ewig Flüchtende, hier ist sie eingefangen. In Farbe, für zehn Minuten . . .

Ein anderer Filmer, einer anderen Generation entstammend, mit anderen Visionen: Kenneth Anger. Komet des Underground. Mit fünf Jahren schon in einer «Hollywooderie» von Max Reinhart aufgetreten, mit elf bereits hinter der Kamera gestanden, als Siebzehnjähriger mit *Fireworks* in die Legende eingegangen. Es ist das erste «Gay»-Manifest der Filmgeschichte, «aus jener Nacht hervorgetreten», sagt Cocteau, «der alle wahren Werke entspringen. Er berührt den Grund der Seele.» Kenneth Anger schöpft aus dem vollen: Erotik, Magie, Surrealismus, Aberwitz und Abscheulichkeiten.

Das alles mit dem Ziel, die Wahrnehmung aufzurütteln, die Sinne entgleiten zu lassen: 1954 versucht er es mit der ersten Fassung von *Inauguration of the Pleasure Dome*; ein Kultfilm von der Raffinesse einer chinesischen Folter, von Fellini, später auch von Andy Warhol geradezu beweihräuchert.

Angefangen hat es mit einem Fest in einer Villa in Malibu, deren Besitzerin, eine rothaarige Wienerin namens Renate Drucks, ebenso für den Surrealismus wie für Kostümbälle schwärmt, zu denen sie alle Exzentriker aus der Nachbarschaft einlädt. Dieser hier steht unter dem Motto: *Come with your madness* – kommt mit eurem Wahn.

Auch Anaïs Nin ist eingeladen, die in der Nähe wohnt, in Sierra Madre, zwischen Orangen- und Eukalyptusbäumen.

Renate würde gern mehr über die Schriftstellerin wissen, von der man munkelt, sie habe eine Art Wildhüter zum Liebhaber – Rupert –, einen Filmemacher zum Mann, einen berühmt-berüchtigten Autor zum Freund – Henry Miller – und einen weißen Pudel.

Come with your madness.

Mein Wahn! Schreiben.

Als Anaïs bei Renate erscheint, erstarren die Gäste in ungläubigem Staunen: In ihrem fleischfarbenen Trikot wirkt sie nackter als nackt. «Wie alt ist sie eigentlich?» Verhaltenes Gekicher. Ihr Körper ist straff, ihre Figur wohlgeformt, die schmale Taille mit einem synthetischen Leopardenfell umgürtet, die Brustspitzen mit kleinen Felltupfen kaschiert. Ihre goldbestäubten Wimpern flattern hinter dem Goldgestänge eines Käfigs, den sie sich über den Kopf gestülpt hat. Anaïs hat ihren Kopf in einen Papageienkäfig gesteckt! Einen Käfig für geschwätzige Vögel! Wortlos greift sie in die offene Käfigtür und zieht Papierstreifen aus dem Mund hervor, die sie allen Umstehenden reicht: Sätze aus ihren Romanen. *Come with your madness.* Nehmt meinen Wahn entgegen. Meine Worte, mein

Anaïs-Astarte in dem Film von Kenneth Anger. Gefangene ihres Mythos?

Wahn, alles aufzuschreiben, alles wie einen gefangenen Vogel festzuhalten. Jeder Lebenshauch ist ein kleiner Teil der Ewigkeit. Nehmt! Lest! Mein Wahn ist das Wort! Rupert hat seinen Oberkörper mit Genitalien bemalt. Renate trägt eine buntschillernde Schärpe, ein wallendes Cape mit schwarzer Kapuze und eine Totenmaske. Einer der Gäste hat sich von Kopf bis Fuß in ein schwarzes Farbbad getunkt. Plötzlich taucht ein Gespenst mit Federn über den Fingernägeln auf, das in Spitzenschleier und Witwenkrepp gehüllt ist: Kenneth Anger, der sein Erscheinen absichtlich hinausgezögert hat, bis alle versammelt sind, um feierlich mit einer langen Kerze in den Händen aufzutreten.

Durch den Schleier, der seine Augen verhüllt, beobachtet er die Anwesenden, fixiert die Traumgestalten. Anaïs in ihrem goldenen Käfig. Renate als Kurt-Weill-Heroine. Ihr Sohn Peter als Miniatur-

Maharadscha. Rupert in seiner naiven Obszönität... Eine so vollendete Widerspiegelung seiner Phantasmen, daß er auf der Stelle beschließt, einen Film daraus zu machen.

«Wir sollten alle in dem Kostüm erscheinen, das wir dort getragen hatten», berichtet Anaïs. «Kenneth sagte zu mir: ‹Ich möchte Sie als Astarte, die Göttin des Lichts. Ich möchte dieses Leuchten erfassen, das alle auf dem Fest so verblüfft hat.›»

Er erfaßt noch weit mehr, indem er sie in meterlange Bahnen von blauem Musselin gehüllt auftreten läßt, eine göttliche Mumie mit den gemessen trippelnden Schritten einer Chinesin, die Lippen begonienrot, Platinglanz auf den Lidern – weit mehr Anaïs als Astarte, hinter ihrem goldenen Käfiggitter verschanzt, schon auf alle Zeit in ihrem Mythos eingefangen.

31. Kapitel

Paris – verloren?

Das Tagebuch wäre vor lauter Reisen, Ortswechseln, Veränderungen fast dahingesiecht. Ich fühlte mich von der Außenwelt, der Aktivität angezogen ... Ich habe mich im Hier und Jetzt eingerichtet.»

In Ruperts grauem Thunderbird ist Anaïs ständig zwischen Los Angeles, Acapulco und New York unterwegs. Wie sie Doktor Bogner, ihrer neuen Analytikerin, anvertraute, sieht sie den Grund ihrer Rastlosigkeit in ihrer speziellen Neurose: «Wurzeln schlagen heißt für mich, in einer schmerzlichen Situation verwurzelt sein.» Sie bricht aus, entzieht sich, ergreift die Flucht. In den Tagebüchern der Fünfzigerjahre tritt das Selbstporträt hinter den Beschreibungen anderer zurück. Sie verliert zunehmend den Geschmack an der Selbstbespiegelung. Vorbei ist es mit dem Leichtsinn früherer Zeiten, da sie im Ehebett, neben ihrem schlafenden Mann, von ihren Seitensprüngen berichtete. Rupert eifersüchtig machen? Kommt gar nicht in Frage! In ihrem Alter spielt man nicht mehr mit der Liebe eines Dreißigjährigen ...

Ihr Ruf als Schriftstellerin festigt sich. In den zehn Jahren zwischen 1947 und 1958 veröffentlicht sie einen kritischen Essay, *On Writing*, und vier Erzählungen: *Kinder des Albatros, Die Kammern des Herzens, Ein Spion im Haus der Liebe* und *Sonnenbarke*, die 1959 vom Verleger Alan Swallow in dem Band *Städte des Inneren* zusammengefaßt werden. Fast scheint es so, als habe sie die Tagebuchschreiberin in sich erstickt. Doch eigentlich hat sie sie nur als Romanautorin verkleidet; das Tagebuch schimmert in allen vier Büchern durch. Das Original liegt im Safe einer Brooklyner Bank. Kein Tag vergeht, ohne daß sie nicht in den getippten Kopien nachliest, «um ihrem Gedächtnis auf die Sprünge zu helfen». Und um Stoff für ihre Romane zu gewinnen. Ihre Tagebücher dienen ihr als Notizhefte. Ihre Romane offenbaren, was sie sonst notgedrungen verschweigen muß – wenn auch in verschlüsselter Form. Paris, Los Angeles und New York verschwimmen in der Fiktion zu ein und derselben Stadt, die Personen erscheinen unter anderen Namen – Hugo/Allan, Miller/Jay, Gonzalo/Rango – und sie selbst mit verschiedenen Masken, die sie mehr bloßlegen als verbergen: Djuna verkörpert ihre lesbischen Neigungen, Sabina ihren Hang zum Verrat. Ihre Sprache ist fließend, geschmeidig, suggestiv und lautmalerisch. Ihrer eigenen Aussage nach verkaufen sich ihre Bücher in zwei- bis dreitausend Exemplaren pro Jahr, ohne jede Werbung, kritische Würdigung oder äußere Unterstützung. Manche New Yorker Zeitschriften drucken Auszüge aus ihren Erzählungen ab. Für die Taschenbuchausgabe von *Ein Spion im Haus der Liebe* erhält sie einen Vorschuß von 1200 Dollar. Ab und zu bietet man ihr Vortragsreisen an. Im Frühling 1958 wird sie vom Centre culturel américain de Bruxelles im Rahmen der Weltausstellung nach Belgien eingeladen. Hugo begleitet sie, um seinen Film *Melodic Inversion* vorzustellen, den dritten in zehn Jahren. Er hat keine Zeit, mehr zu produzieren, da er seine Tätigkeit als Finanzberater wieder aufgenommen hat, diesmal auf freiberuflicher Basis. In dieser Eigenschaft muß er auch von Brüssel aus für ein paar Tage nach Paris. Anaïs kann es kaum erwarten, die Stadt ihrer Träume nach zwanzig Jahren endlich wiederzusehen . . .

* * *

Die Caravelle setzt zur Landung auf dem Flugplatz Le Bourget an. Anaïs schließt ihren Gurt und stößt Hugo mit dem Ellbogen an. Er schläft. In Brüssel hielt er jeden Tag einen Mittagsschlaf, während sie im Taxi kreuz und quer durch die Stadt fuhr, um ihre schmerzlichen Kindheitserinnerungen zu vertreiben. Mit neun Jahren wäre sie hier beinahe an einer eitrigen Bauchfellentzündung gestorben, die möglicherweise der Grund für ihre Unfruchtbarkeit ist, wie der

Chirurg vermutete, der sie vor fünf Jahren wegen eines Eileitertumors operierte. Trotz aller Befürchtungen hatte der Laborbefund keinen Krebsverdacht ergeben, und mit Hilfe von Doktor Jacobsons Spritzen hatte sie sich schnell erholt.

In Brüssel nahm sie an allen Festen, allen Einladungen teil und streifte in der übrigen Zeit auf eigene Faust durch die Altstadt, voller Verwunderung über die Enge der Straßen, die Langsamkeit der Busse, die Unscheinbarkeit der Passanten – und über ihre eigene Entfremdung: War sie denn ganz und gar zur Amerikanerin geworden? Das Badezimmer im Hotel kam ihr altmodisch und schäbig vor, der Kleiderschrank war viel zu klein für ihre Garderobe: Röcke, Kleider, Taschen, Pumps, Kopftücher und – Ton in Ton mit ihrem orangen Nagellack – pfirsichfarbene Musselinschals, mit denen sie die Falten an ihrem Hals kaschiert.

«Bin ich denn, ohne es zu merken, so sehr von Amerika beeinflußt worden?» Hugos Hand streift ihren Schenkel.

Das Gewicht dieser Hand! Das gute Recht des Ehemanns! Die auswegloseste Form von Gefangenschaft! Hugo sieht sie noch immer als seinen Besitz. Sein Kleinod, seine charmante Porzellanpuppe, für die er sich eigens wieder in seinen zweireihigen Anzug gezwängt hat. «Du liebst doch den Luxus, mein Kätzchen.» Verträge, Verhandlungen, mondänes Geplänkel, Konzerte mit aus Lautsprechern übertragener Musik.

Sterbenslangweilig das alles! Aber deshalb seinen Mann verlassen? Undenkbar! Sie gehört ihm für alle Zeit, nur auf Grund einer konventionellen Zeremonie, die vor fünfunddreißig Jahren einmal stattgefunden hat. Einer Journalistin, die sie über ihre Ansichten zur Ehe befragte, hat sie erklärt: «Wir werden sie bald abschaffen. Die eheliche Gemeinschaft muß sich vom Gesetzesdruck befreien. Und lockerer werden: Bei Männern hat man es schon immer toleriert, daß sie mehrere gleichzeitig lieben, warum also nicht auch bei Frauen?»

Rupert soll sie in Paris treffen. Sie wird ein diskretes, billiges Hotel für ihn finden müssen. In Saint-Germain vielleicht. Auf jeden Fall weit genug von dem ihren entfernt, um peinliche Komplikationen zu vermeiden. Wird Hugos Terminplan ihnen genug Freiraum lassen? Gibt es überhaupt öffentliche Telefonzellen? Sie ruft nie aus ihrem Hotel an. Wenn der Ehemann Geld hat, ist das Personal immer auf seiner Seite. Wie erschöpfend dieses Doppelleben ist! Ständig Alibis erfinden, Treffpunkte arrangieren, einen klaren Kopf behalten, wenn der Liebhaber im Beisein des Ehemanns anruft, und die Komplizen bei Laune halten, die Briefe von New York nach Los Angeles weiterschicken. Ständig lügen.

Aber sie hat keine andere Wahl. Hugo beschützt sie. Rupert gibt ihr ihre Jugend zurück. Für ihn nimmt sie sich in acht, tut alles, um schön zu bleiben. Sie gehört dem einen nicht mehr als dem anderen; sie braucht den einen *und* den anderen, um sie selbst sein zu können, in beider Blick zu existieren. Hugo liebt die Anaïs, die es von jeher gab; Rupert die, die es ewig geben wird.

Sie verläßt den einen, um den anderen zu treffen – vertauscht die Ikebana-Sträuße und abstrakten Stiche ihrer Wohnung am Washington Square mit dem Pinienschatten rings um einen stillen Bungalow an der Westküste, wo sie sich ganz dem Schreiben widmet, bis es sie wieder nach New York zurückzieht: Wieder in den Trubel der Großstadt eintauchen, ausgehen, Vernissagen und Premieren besuchen, in extravaganten Roben glänzen, an der Seite eines langmütigen Gatten, der mehr und mehr dazu neigt, seine Biterkeit mit Scotch zu ertränken.

Was sie sich ursprünglich ersehnt hatte, war ein bescheidenes Künstlerleben: fast kein Besitz, eine einfache Unterkunft, wenig Geld und noch weniger Kompromisse. Aber dazu hätte man den Mut haben müssen, jenseits aller Normen und aller Tabus zu leben. Warum hatte sie Hugo nicht verlassen, sobald sie Rupert kennengelernt hatte? Weil er ihre Muter finanziell unterstützte, die zurückgezogen in San Francisco lebte? Oder weil sie nicht auf die Annehmlichkeiten seines Lebensstils verzichten mochte?

Ohne ihn hätte sie Paris nicht wiedergesehen. Er reist nicht nur in Geschäften dorthin, sondern auch, um wegen seiner Filme

Kontakt mit der Cinémathèque aufzunehmen. Er lädt sie ins Maxim's ein, auch wenn ihr eine simple Arbeiterkneipe in Clichy viel lieber gewesen wäre.

«Ob die Wäsche wohl noch immer über den Hausbooten flattert?» fragt Anaïs sich träumerisch, auf der Brokatdecke des Hotelbetts ausgestreckt, geblendet vom Funkeln des Kristallüsters. Hugo wollte unbedingt im Crillon absteigen. Warum sich nicht das Beste gönnen, wenn man auf Spesen reist?

Doch für sie ist das Beste anderswo, begraben zwischen den Pflastersteinen der Villa Seurat, wo sie sich vor lauter Eile, Miller wiederzusehen, die Absätze brach. Wer ihn in der Nr. 14 wohl abgelöst hat? Ob Soutine noch im Erdgeschoß haust? Und Chana Orloff? Ein abgegriffenes Notizbuch mit schwarzem Ledereinband enthält noch all die alten Adressen: Moricand, Rue Notre-Dame-de-Lorette, Jean Carteret, Rue de la Tour-d'Auvergne, Louise de Vilmorin, Quai de la Bourdonnais. Sie schließt die Augen; schon tauchen die alten Plätze wieder auf. Fast möchte sie sich mit diesen geistigen Streifzügen zufriedengeben; das Pilgern zu den Stätten ihrer Erinnerung macht ihr angst. Doch Paris zieht sie magisch an. Der opalisierende Himmel, die Parks voller Kinder und Statuen. Ziellos durch Paris streifen wie einst, sehen und gesehen werden. In Amerika gehen die Leute mit starrem Blick aneinander vorbei. Hier mustern sie einen von Kopf bis Fuß, neugierig, begehrlich. Sie besitzt ein Wendecape, das sie je nach Laune mit der weißen oder der schwarzen Seite nach außen tragen kann. Um Paris die Stirn zu bieten, ihrer Vergangenheit entgegenzutreten, wählt sie weiß. Eine strahlende Rüstung. Das Weiß der Debütantin.

Um die Jugend aufleben zu lassen . . .

Hugo eilt zu seinem Termin. Sie ist frei bis zum Abend. Der Portier bietet ihr fürsorglich einen Stadtplan an. Sie lehnt dankend ab. «Ich kenne Paris vielleicht besser als Sie, Monsieur.» Er lächelt ihr überrascht zu, mit einem ironischen Augenzwinkern. Am Morgen, während Hugo sich rasierte, hat sie sich schon ihren Weg zurechtgelegt. Die Seinekais. Der Jardin du Luxembourg. Die Rue Cassini. Das Dôme. Villa Seurat. Und von dort aus mit dem Taxi zum Montmartre, um für einen euphorischen Augenblick die Stadt zu ihren Füßen liegen zu sehen.

Im Laufschritt überquert sie die Place de la Concorde. Damals, in Paris, hatte sie es immer eilig. Eilig, Miller wiederzusehen, eilig, Hugo zu verlassen, eilig, Gonzalo im Hausboot zu treffen – das hier eigentlich irgendwo am Kai liegen müßte.

«Erinnern Sie sich an die *Belle Aurore*? Eine Kohlenschute, die schon leicht leck war.»

Die Leute zucken die Achseln und mustern sie mißtrauisch. Komischer Akzent. Komischer Mantel... Eine Ausländerin.

Warum drehen sie sich auf der Straße nach ihr um?

«Sind Sie Amerikanerin?» fragt sie der Kellner im Zeyer, wo sie einen Kaffee bestellt hat.

Was soll sie darauf antworten? Sie ist den Tränen nah. Sie gehört nirgendwohin, stammt nirgendwoher. Läßt sich von hier nach da treiben, wie ein Korken auf dem Wasser. Allein.

Das Dôme hat den Besitzer gewechselt. In der Rue Cassini Nr. 14 gibt es keine Concierge mehr. Auf dem unebenen Pflaster der Villa Seurat hat sie sich den Knöchel verknackst, nur um dann zu erfahren, daß Soutine schon seit fünfzehn Jahren tot ist und daß Chana Orloff längst in Israel lebt. Moricand ist unbekannt verzogen.

In dem Taxi, das sie zum Hotel zurückbringt, blättert sie ihr schwarzes Adreßbuch durch. Morgen, nimmt sie sich vor, wird sie Margueritte anrufen, eine junge Dolmetscherin, die sie in New York kennengelernt hat – ihr einziger Kontakt in Paris. Ihre einzige Stütze. Die einzige hier, die an ihr Talent glaubt. Anaïs bemüht sich, ihre Bücher an die Buchhandlung zu vermitteln. Ohne Erfolg. Die Franzosen lesen nur französisch. Ihre Romane müßten erst übersetzt werden. Doch bisher sind all ihre Vorstöße in diese Richtung gescheitert. Bei den Éditions Plon war man zwar an *Spiegel im Garten* interessiert, aber nur unter der Bedingung, daß alle lesbischen Andeutungen gestrichen würden. Ist das Vaterland von Genet und Colette inzwischen auch dem Puritanismus verfallen?

Als sie noch unbekannt war, wurde ihr Werk in Paris veröffentlicht. Heutzutage begegnet man ihr dort mit Gleichgültigkeit, ja Verachtung, während sie in Stockholm, Amsterdam und Mailand hochgeschätzt wird. Warum übersetzt man sie nicht auch in die Sprache, die ihr am meisten am Herzen liegt? Vor allem aus Mangel an Fürsprache. Wen könnte sie dafür zu gewinnen suchen? Breton hat sich seit jeher entzogen. Pierre-Jean Jouve, den sie bewundert, hat leider keinerlei Einfluß. Malraux will keinen Finger für sie rühren. Man hat ihr Jean Paulhan empfohlen, den engsten Mitarbeiter Gallimards, den sie zur Zeit Artauds einmal flüchtig kennengelernt hatte. Kein Buch wird ohne seine Zustimmung publiziert. Mittwochnachmittags könnte man unangemeldet bei ihm vorsprechen. Sie weiß nicht, was sie davon abhält, sich in die Rue Sébastien-Bottin, die vornehmste Adresse unter den Pariser Verlegern, zu begeben, um ihm ihr Anliegen vorzutragen. Zuviel Ehrerbietung? Schüchternheit? Die Angst, falsch beurteilt zu werden? Wie – diese blondgefärbte Person in dem indischen Flatterkleid soll eine Romanautorin sein?

Das einzige, was ihr aus dem Dilemma helfen könnte, wäre das Interesse eines jungen, unvoreingenommenen Verlegers oder wenigstens eines jungen Schriftstellers. Lawrence Durrell hat ihr die Adresse eines jungen Medizinstudenten aus Mauritius gegeben, der selbst ein wenig dichtet und die Literaturseite einer Medizinerzeitschrift herausgibt. Doch er hat auch schon ein ehrgeizigeres Projekt im Auge, *Two Cities*, eine zweisprachige Publikation, in der sich ein lebendiger Dialog zwischen französischen und englischsprachigen Schriftstellern entwickeln sollte.

«Sie können dabei nur gewinnen», hätte Larry ihr erklärt. «Dieser Junge ist wirklich begeistert. Er wird alles daransetzen, das für Sie zu tun, was Jolas für Joyce getan hat, selbst wenn ihm bislang noch die Mittel dazu fehlen. Er wird Sie sicher um einen finanziellen Beitrag zur Gründung seiner neuen Zeitschrift bitten. Schlagen Sie es ihm nicht aus. Wenn die Zeitschrift erscheint, kann sie Ihnen als Sprachrohr in Europa gute Dienste leisten. Jean Fanchette hat sich mir gegenüber sehr feinsinnig über Ihre Bücher geäußert. Anscheinend ist er im Begriff, eine umfassende Analyse Ihres Werks vorzubereiten.»

Sie hat sich mit ihm im Deux Magots verabredet, wo den Zeitungen zufolge «die Blüte der Pariser Intelligenzija» verkehrt. Kommt da nicht gerade Simone de Beauvoir zur Tür herein? Wie kann man sich nur mit so einem Putzfrauenturban verunstalten? Wieso versteckt sie ihr Haar überhaupt? Um bloß nicht zu weiblich zu wirken? Um sich mehr Respekt zu verschaffen, ernstgenommen zu werden? Diese geheiligte Ernsthaftigkeit ist ja gerade ihr Fehler! Wenn *Die Mandarins von Paris* nur nicht so didaktisch wäre! Ihr Stil ist einfach zu neutral, geschlechtslos. Wie will man sich für die Frauen einsetzen, wenn man nicht mal ihre Sprache spricht? Wenn sie mehr Selbstvertrauen besäße, würde sie sich ihr kurzerhand vorstellen: «Ich bin die Schriftstellerin Anaïs Nin. Ich habe ihre Bücher im Original gelesen. Ich beherrsche Französisch wie meine Muttersprache. Man hat mir angeboten, Artikel über Sie zu schreiben. Ich habe abgelehnt. Ihre Bücher langweilen mich unendlich, aber ich hätte nichts dagegen, eines Besseren belehrt zu werden.»

Oder wäre es geschickter, einen konzilianten Ton anzuschlagen: «Liebe Madame de Beauvoir, die Sie doch Violette Leduc so freundlich unterstützen, würden Sie sich nicht vielleicht auch für eine Promenadenmischung wie mich interessieren, die weder ganz französisch, noch ganz amerikanisch, zwischen zwei Kulturen hin und her pendelt, zwischen der Unterwerfung und der Revolte, zwischen der Jugend und dem Alter. Wie ertragen Sie das Ihre? Fünfzig zu sein ist doch ein Alptraum! Alt? Nein! Jung? Auch nicht mehr! Wäre ich noch jung, ließe ich es mir bestimmt nicht gefallen, hier auf einen jungen Mann warten zu müssen! Jean Fanchette hat schon eine halbe Stunde Verspätung. Ich fasse mich in Geduld, blättere die letzte Ausgabe der *Nouvelle Revue Française* durch, pudere mir noch mal die Nase, bestelle noch einen Tee, mustere Simone de Beauvoir, werfe ihr ein halbes Lächeln zu, blicke unruhig auf die Uhr. Ich habe meine Zeit nicht gestohlen, und doch verschwende ich sie mit Warten. Dieser junge Mann muß doch irgendwann kommen. Mein Tagebuch muß doch irgendwann gedruckt werden. Dann wird mir endlich die fällige Anerkennung zuteil. Nur Geduld! Ich sterbe noch vor Geduld! Fünfzig Jahre warte ich nun schon.»

Anna Kavan

Eine englische Romanautorin, 1901 an der Côte d'Azur geboren, in Birma defloriert; in ein Schweizer Sanatorium eingesperrt, in einer Klinik in Sussex mit Elektroschocks behandelt; zweimal geschieden, Mutter eines Sohnes, den sie vorzeitig verliert. Die Droge ist ihre einzige Komplizin. «Das feine weiße Pulver ist nicht abstoßend: Es erscheint vollkommen rein», erklärt diese frigide Mystikerin, die stets am Rand des Abgrunds lebt, dessen Sog sich in ihren Erzählungen widerspiegelt: Asylum Piece, Change the Name, I'm Lazarus, House of Sleep, A Scarcity of Love, Let me Alone, Who are You?

Wer sind Sie, Helen Woods Ferguson Edmonds, genannt Anna Kavan, Kafkas Schwester?

Diese Frage stellt ihr Anaïs in einem Brief vom 9. März 1959: «Ich habe lange gezögert, Ihnen zu schreiben. Ich habe diesen Brief schon so lange in mir herumgetragen, daß es mir fast scheint, ihn schon geschrieben zu haben. Sie sind in das Reich vorgedrungen, das es notgedrungen und unvermeidlich eines Tages zu erforschen galt . . . Wie Sie habe ich die Tiefen des Unterbewußtseins durchmessen; und deswegen werde ich seit zwanzig Jahren ignoriert und verachtet . . . Haben Sie schon etwas von mir gelesen? Ich habe mein Werk mit House of Incest *begonnen, einem Buch voller Träume, das Ihrem* House of Sleep *nahesteht.»*

Trotz vieler weiterer Briefe, trotz des Vorworts, das sie 1967 für die Erzählung Ice *verfaßt, die von Peter Owen, dem englischen Herausgeber ihrer Tagebücher, veröffentlicht wird, lernt Anaïs diese verzweifelte Seele und Geistesverwandte niemals persönlich kennen.*

Am 8. Dezember 1968, während die Feier aus Anlaß des ersten, soeben erschienenen Bandes der Tagebücher *in vollem Gange ist, wird Anna Kavan, die ebenfalls zu der Party geladen war, tot auf ihrem Bett aufgefunden, im Cocktailkleid, eine leere Injektionsspritze neben sich.*

32. Kapitel

Im Labyrinth des Tagebuchs

An ihrem sechzigsten Geburtstag ruft Anaïs eine Freundin in Los Angeles an: «Ich dürfte gar nicht mehr am Leben sein!» klagt sie mit gebrochener Stimme. «Ich bin eine alte Frau!» Die Freundin versichert ihr tröstlich, daß ihr letztes Lifting doch sehr erfolgreich gewesen sei. Neuer Verzweiflungsausbruch: «Ich fühle mich wie in der Falle einer falschen Jugend gefangen, die mir die Luft abschnürt. Ich ersticke unter dieser Maske!»

Und doch wird sie sich noch eine andere, endgültige aufzwingen: ihr Tagebuch. Sie hat beschlossen, es zu veröffentlichen – allerdings nicht, ohne vorher alles Verfängliche, Skandalträchtige zu streichen; es soll zu einem Monument werden, ebenso perfekt und makellos wie ihr Gesicht.

Endlich ist es so weit! Ihr literarischer Ruf ist ein für alle Mal gesichert, in Amerika, in Europa, sogar in Frankreich!

Der junge Jean Fanchette hat ihre Hoffnungen nicht enttäuscht. In der ersten Ausgabe seiner neuen Zeitschrift *Two Cities*, die sich zum größten Teil mit Lawrence Durrell befaßt, hat er ihr einen mehrseitigen Artikel gewidmet. Hinter dem schlichten Titel «Anstelle eines Vorworts» verbirgt sich eine flammende Lobeshymne auf ihr Werk: «Wenn ich den Namen Anaïs schreibe, kommt mir ein Wort in den Sinn, für das es keinen französischen Ausdruck gibt: *awareness*. Anaïs Nin weiß ... Sie hat diese geheimnisvolle Chemie des Leibes und der Seele in Worte zu fassen und zu erklären gewußt ... In den tiefsten Wurzeln der Körperlichkeit soviel eigentümliche, biologisch bedingte Verwirrungen aufzuspüren vermocht ...» Was für eine Würdigung! Anaïs beeilt sich, den Artikel übersetzen und in fünfhundert Exemplaren drucken zu lassen, um

Endlich der Ruhm! Fünfzig Jahre hat Anaïs darauf gewartet. Sie beugt sich all seinen Zwängen: Interviews, Vorträge, Seminare in privatem Rahmen. Die amerikanische Jugend wird sich in ihr wiedererkennen: strahlend, ein wenig exaltiert, von messianischem Eifer beflügelt. Das Tagebuch ist tatsächlich zu ihrem «Brief an die Welt» geworden.

ihn mit einer Selbstgefälligkeit zu verteilen, die mit dem stetig zunehmenden Erfolg immer ausgeprägter wird. Sie verschickt kaum noch einen Brief, ohne ihm nicht einen Zeitungsausschnitt oder wenigstens ein Foto beizulegen; das lange Warten wird ihre Bescheidenheit wohl aufgezehrt haben . . .

Fanchettes Artikel erweckt das Interesse der Éditions Stock. 1962 erscheint die französische Übersetzung von *Die Spiegel im Garten*, zwei Jahre später folgt *Ein Spion im Haus der Liebe*.

Anaïs wird aus diesem Anlaß nach Paris eingeladen. Auf ihre Bitte hat man ihr eine Suite im Hôtel d'Angleterre, Rue Jacob, reserviert – dort, wo sie sich bei ihrem vorigen Paris-Aufenthalt heimlich mit Rupert zu treffen pflegte. Doch diesmal ist der Schattengeliebte nicht mit von der Partie. Hugo hat darauf bestanden, sie zu begleiten. Obgleich seine Anwesenheit ihr eher lästig ist – seine Falten erinnern sie immer daran, daß auch sie unter ihrem Puder

welche verbirgt –, hat sie schließlich eingewilligt, um den Formalitäten am Flughafen und der Arroganz der Taxifahrer nicht allein ausgeliefert zu sein. Aber nur unter der Bedingung, daß er sich niemals vor der Presse zeigt. Frankreich soll nichts von Hugo Guiler erfahren. Für die Öffentlichkeit existiert nur sie: Anaïs Nin.

Auf dem Nachttisch empfängt sie ein Strauß roter Rosen. Voilà la France! Hier schicken die Verleger einem sogar Blumen! In dem beiliegenden Umschlag findet sie ihren Terminplan. Wie eine Diva! Montag: Fototermin. Dienstag: drei Interviews. Mittwoch: Rundfunkaufnahme für Radio-Canada. Ein Journalist vom Lausanner *Express* soll sie gegen elf anrufen. Für den Nachmittag ist ein Gespräch mit einem Journalisten des *Figaro* angesetzt.

Er erwartet sie in einem Café in der Nähe des Seinekais. Sie erscheint ganz in Rot gekleidet. Eine flammende Rüstung, um den Wölfen die Stirn zu bieten. Denn man wird sie selbstverständlich zerfetzen. Die Journalisten sind Menschenfresser. Dieser hier raucht Pfeife. Sie zieht die Nase kraus. Er pafft immer hektischer. Das Tonband streikt! Na und, dann muß es eben ohne gehen! Sie verabscheut Tonbänder, Pfeifenrauch und Interviews. Und doch wird sie eine Engelsgeduld an den Tag legen. Und aus Rücksicht auf den Gesprächspartner französisch sprechen. Wie immer.

«Wie kommt es, daß Sie in amerikanischen Anthologien so selten erwähnt werden?» schallt es ihr zwischen zwei übelriechenden Qualmwolken entgegen.

«Ich bin keine gebürtige Amerikanerin. In Amerika betrachtet man mich als Ausländerin. Man hat dort sogar lange angenommen, daß meine Romane aus dem Französischen übersetzt seien. Ich bin eine Art Vertriebene ... Eigentlich fühle ich mich nur in Frankreich zu Hause!»

Sie erwartet ein Lächeln – aber nein, der Journalist blickt nur prüfend auf den Lautstärkeregler und bedeutet ihr mit einem Wink weiterzusprechen.

«Mein Stil eckt an. Ich bin absolut nicht realistisch. In Fernsehinterviews werde ich immer wieder gefragt, warum die Personen in meinen Büchern sich nie eine Zigarette anzünden oder einen Whisky eingießen. Als ob das Leben daraus bestünde!»

Der Journalist hebt überrascht den Kopf. Was für eine Vehemenz in dieser zarten, fast kindlichen Stimme! Was für ein zorniges Blitzen in diesen grünen Augen! Sollte in diesem Püppchen mit dem welken Hals tatsächlich eine ausgewachsene Schriftstellerin stecken?

«Es heißt, daß Sie schon seit beinahe fünfzig Jahren ein Tagebuch führen.»

«Das stimmt. Bisher habe ich mich immer geweigert, es zu veröffentlichen. Doch es könnte sein, daß demnächst einige Fragmente daraus erscheinen. Mein Tagebuch ist wie ein Skizzenheft angelegt. Ich arbeite noch daran, ihm die Intensität eines Romans zu verleihen, die allzu knapp geratenen Passagen zu vervollständigen, Wiederholungen zu streichen und die Porträts noch differenzierter zu gestalten. Wie kann man die Essenz des Lebens destillieren, ohne Schaden anzurichten? Ohne zu verletzen? Das ist meine größte Sorge. Manche der Personen werde ich maskieren müssen . . . Zumindest die, die noch am Leben sind. Ich werde ihnen Pseudonyme geben. Ich hasse Skandale . . .»

«Miller vergleicht Ihr Tagebuch mit . . . Warten Sie, gleich habe ich das Zitat . . .»

Der Journalist blättert in seinem Notizbuch. Anaïs nimmt sich zusammen, um es ihm nicht aus den Händen zu reißen.

Wie kann man die Frechheit haben zu behaupten, sie sei eine sanfte Frau? Sie, in der die Revolte brodelt! Miller! Immer wieder dieser Miller! Die Franzosen tun ja gerade so, als gäbe es keine amerikanischen Schriftsteller außer ihm! Miller! Dieser Clown, der in seinem neuen Bungalow mit Schwimmbad in Pacific Palisades thront! Weltberühmt! *Wendekreis des Krebses* ist sogar ins Finnische und Hebräische übersetzt worden! Die Dollars regnen nur so auf ihn herab! Und was tut er, um ihr zu helfen! Nichts! Oder bestenfalls mal eine verbindliche Geste: Er hat ihr die Autorenrechte für die «Briefe an Anaïs Nin» abgetreten, aus Großmut, da der Anstoß, sie zu veröffentlichen, eigentlich von ihr kam ...

Ihre Korrespondenz, das Kernstück ihrer Leidenschaft ... Ein einzigartiges Dokument ... Zehn Jahre lang hatten sie sich wie besessen geschrieben. Hunderte von Briefen! Verlangen. Fieber. Ekstase und Haß! Sie hatte alle seine Briefe aufbewahrt. Das schönste Buch von Miller lag unangetastet in einem Safe in Brooklyn. Und die ihren? Miller hatte sie in der Handschriften-Abteilung der Universität in Los Angeles hinterlegt ... Sie fürchtete immer, er könnte sie eines Tages an den Meistbietenden verschachern. Irgendeinen anrüchigen Verleger, der auf pikante Enthüllungen spezialisiert war ... Worauf sie sich auf einen Schlag demaskiert fände: Anaïs, die Lasterhafte! Anaïs, die Ehebrecherin! Unerträglicher Gedanke! Also hatte sie ihn aufgesucht, um ihm einen Tauschhandel vorzuschlagen: Du gibst mir meine Briefe zurück, ich dir deine. Du kannst dabei nur gewinnen. So berühmt, wie du bist, wird die Veröffentlichung dir eine Menge einbringen ... Allerdings nur unter der Bedingung, daß mir die Auswahl überlassen bleibt. Keinerlei Anspielungen auf unsere Liaison! Und daß mein Name im Titel erscheint.

Miller war nicht nur einverstanden, er hatte sogar auf seine Tantiemen verzichtet! Alle Welt war begeistert. Wie nobel von ihm! Wie großzügig! Anaïs lachte sich ins Fäustchen. Großzügig? Zum ersten Mal seit dreißig Jahren! «Ich bitte Sie, Monsieur, seinen Namen vor mir nicht mehr zu erwähnen. Und lassen Sie mich auch mit Durrell zufrieden! Er versteht rein gar nichts von meinem Werk. Für ihn bin ich nur ein verwöhntes Königskind, und meinen Stil vergleicht er mit Seifenblasen: in einem Vorwort, das ich leider naiv genug war, von ihm zu erbitten! Ich glaubte an seine Freundschaft, an seinen Geschmack. Er hat mich verraten! Nichts als Lügen und Sarkasmen! Ich habe meiner Enttäuschung, meiner Verletztheit in einem letzten Brief an ihn Luft gemacht. Seitdem zeigt er sich ehrlich zerknirscht, aber ich kann ihm nicht verzeihen. Die Wunden, die man mir zufügt, schließen sich nicht.»

Nach Amerika zurückgekehrt, findet Anaïs eine Fotokopie des Interviews in ihrer Post. Sein Titel lautet: «Anaïs Nin, Muse von Durrell und Miller.» Vor Empörung will sie es auf der Stelle zerreißen. Rupert hält sie zurück.

«Laß es mich doch wenigstens mal vorlesen... Anaïs Nin ist zu Besuch in Paris. Als wir sie treffen, kommt uns gleich ein Satz aus ihrem neuesten Werk in den Sinn: ‹In jenes Flammenrot und Silber gekleidet, die das Fleisch aufschürfen...› Tatsächlich sieht man von ihr nur ein langes rotes Kleid, einen kleinen roten Hut und einen weiten roten Mantel. Wie eine zierliche rote Fackel, die plötzlich in Paris auflodert. Doch unter dieser Zierlichkeit verbirgt sich eine ungeheure Energie... Siehst du, so schlecht ist es doch gar nicht!»

«Und der Schluß?»

Rupert überfliegt schweigend den Text. Gegen Ende verfinstert sich seine Miene.

«Wie erwartet», murmelt er.

«Nämlich?»

«Er spielt auf dein noch unveröffentlichtes Tagebuch an, indem er Miller zitiert: Ein eindrucksvolles Bekenntnis, das, wenn es erst einmal der Welt zugänglich ist, seinen Platz neben den Enthüllungen des heiligen Augustinus, Petronius', Abaelards, Rousseaus, Prousts und anderen einnehmen wird. Und dann setzt er noch hinzu: Wird es nicht höchste Zeit, Anaïs Nin zu entdecken?»

Ja, es wird Zeit! Denn das Risiko besteht, unverstanden, im Schatten falscher Freunde zu sterben, unter der alten, zerschlissenen Tarnkappe.

Der Tod. *Ihr* Tod. Ab und zu denkt sie mit plötzlichem Erschrekken daran. Ohne eine andere Vorstellung damit zu verbinden als die einer leeren Krypta, ähnlich jener, in der 45 000 Heftseiten ruhen, die sie in jugendlicher Frische und Lebensglut bewahren. Wenn sie das Tagebuch veröffentlicht, würde sie ewig in diesem Licht überdauern. Allein das schiere Ausmaß des Unternehmens macht ihr angst. 45 000 Seiten zu redigieren! Neu zu tippen! Hunderte von

Porträts zu überarbeiten. Sie wird viel Zeit dazu brauchen! Und vor allem Ruhe!

Immerhin hat sie schon die ideale Zuflucht dafür gefunden. In Los Angeles. Ein Haus aus Naturstein und Holz, schräg am Hang oberhalb von Silver Lake gelegen, in einer Landschaft wie auf einer japanischen Tuschezeichnung, der untergehenden Sonne zugewandt.

Rupert hat es «The Hamburger House» getauft. Er hat jeden Dollar dafür gespart, um Kredite gerangelt, die ihm die Bankiers nicht zu gewähren wagten, da ihnen dieser rötlich-braune, nach dem Konzept F. Lloyd Wrights an die Landschaft angepaßte Bau wohl allzu bizarr erschien. Wrights Enkel Eric, Ruperts Halbbruder, hatte die Pläne entworfen, und Anaïs sorgte dafür, daß sie möglichst exakt ihren Vorstellungen entsprachen.

Sie hatte sich einen Kamin aus Vulkangestein gewünscht, eine Küche aus Holz und mit venezianischen Kacheln, angrenzend an einen weitläufigen Raum, der zugleich als Wohn- und Schlafzimmer diente. Keine Trennwände! Kein Schatten! Außer in dem kleinen Raum, der nach Norden auf den Hang hinausblickt: ihr Arbeitszimmer, in dem außer ihrem Schreibtisch und Stuhl nur ein Eisenschrank steht. Die Regale biegen sich unter der Bücherlast. Im Fenstereck sitzt eine Geishapuppe, die sie aus Japan mitgebracht hat. An einer Korktafel hat sie eine Sonne befestigt, von der die Namen ihrer Pariser Freunde erstrahlen: Artaud, Breton, Brassaï, Duchamp, Bernard Steele ... All diese Geister, die sie bald wieder aufleben lassen wird.

Woran denkt sie wohl jeden Morgen, wenn sie nach ein paar Bahnen im Schwimmbecken und dem Magermilchjoghurt, das sie unter dem aufmerksamen Blick ihres weißen Pudels zum Frühstück ißt, gegen neun in dem engen Schreibzimmer Platz nimmt und sich ihren alten Heften zuwendet, die sie liebevoll aus der schützenden Plastikhülle hervorgeholt hat?

Denkt sie an die Zeit, da diese Hefte sie von einem Bett zum anderen begleiteten? Da ihre Tränen die Tinte verwischten? Da ihre Beine sie noch ohne Ermüdung trugen? Da Miller zu ihr sagte: «Man müßte das Tagebuch wie die Gutenberg-Bibel aufbewahren ... Man müßte es in einem Glaskasten auf Samt betten. Selbst die Luft, die die Leute einatmen und mit ihren dreckigen Lungen verseuchen, dürfte nicht mehr daran gelangen ...» Denkt sie an den Brief zurück, den er seinem Agenten William Bradley geschickt hatte, um ihn dafür zu gewinnen, das Tagebuch ohne Streichungen zu veröffentlichen: «Können Sie denn sicher sein, daß die Stellen, die Sie uninteressant finden, nicht Tausenden von anderen gefallen würden? ... Ich denke dabei an den japanischen Leser, den indischen Leser, den spanischen oder skandinavischen Leser ... Ich denke an den Leser des Jahres 2000!» Bradley hatte nichts von seinen Vorschlägen wissen wollen. Das Tagebuch sei unpublizierbar! Wie oft hatte sie das nicht schon gehört? Paris. London. New York. Alle Verleger waren sich darin einig. Worauf sie ihnen gern mit Oscar Wilde antwortete: «Ich lege mehr Wert darauf, ein Kunstwerk zu werden, als eins zu schaffen.»

Das Zitat hatte auch ihren Agenten verblüfft. Auf Ruperts Anraten hatte sie sich endlich entschlossen, jemanden mit der Vertretung ihrer Interessen zu betrauen. Einen Deutschen, zuverlässig und durchsetzungsfreudig, der nun an ihrer Stelle bei den Verlegern vorspricht. Jeden Tag ruft er sie an, um sie über die Fortschritte seiner Bemühungen zu informieren.

Gemeinsam haben sie den Editionsplan für den ersten Band aufgestellt. Nicht mehr als dreihundert Seiten; mehr würde sowieso niemand veröffentlichen. Mit dem Jahr 1931 beginnen: dem Jahr ihrer wahren Geburt, als sie Miller kennenlernte und sich zur Schriftstellerin wandelte. Mit dem Jahr 1934 abschließen: dem Ende ihrer Analyse bei Dr. Rank, der Abreise nach New York, der Selbstbehauptung als freie, unabhängige Frau.

Frei! Das entscheidende Attribut. Die Frauen werden das Gros Ihrer Leserschaft darstellen; sie müssen sich mit Ihnen identifizieren können, erklärt man ihr. Den jungen Leserinnen werden Sie als

Vorbild, den älteren als Trost erscheinen. Das Hausboot, die Villa Seurat, die Küche in Clichy werden sie zum Träumen anregen. Ihren Mann lassen Sie besser aus dem Spiel. Was könnte weniger romantisch sein als ein Bankier? Exit Hugo! «Ich habe mich nur seinem Wunsch nach Diskretion gefügt», wird Anaïs behaupten, was Hugo stets solidarisch bestätigt.

Die männliche Hauptrolle bleibt Miller vorbehalten. Auf den Rat ihres Agenten hin schickt sie ihm die Seiten, die ihn betreffen, mit der Bitte, eventuelle Vorbehalte anzumerken. So wird sie mit allen noch lebenden Zeitgenossen verfahren, die in dem Tagebuch erwähnt sind.

Schließlich gilt es, Verleumdungsklagen zu vermeiden!

Miller schickt ihr das Manuskript mit zahllosen Streichungen zurück. Der Guru von der Westküste ist sehr darauf bedacht, sich in bestem Licht dargestellt zu sehen! Inspiriert, natürlich. Leidenschaftlich, selbstverständlich. Ausschweifend, aber nicht im Übermaß. Und vor allem nicht in sie verliebt! Nein, Anaïs, nur nicht in Sentimentalitäten abgleiten!

Ihr bleibt keine Wahl, als seine Forderungen zu akzeptieren. Wieder einmal hat er gesiegt ... Und June? Eine unruhig flackernde, verlöschende Flamme. 1961 hat Miller sie in ihrer Behausung am Riverside Drive in New York wiedergesehen. Mit ihren achtundfünfzig Jahren wirkt sie noch zwanzig Jahre älter! Ausgemergelt, von nervösen Ticks heimgesucht, wirr, unerträglich geschwätzig – als habe schon ewig niemand mehr mit ihr geredet.

Anaïs versucht daher gar nicht erst, mit ihr Kontakt aufzunehmen. Sie begnügt sich mit einem Besuch bei Junes Psychotherapeutin, mit der sie ihr Porträt noch einmal gewissenhaft nachzeichnet.

Gerecht sein, darauf kommt es ihr an! Nur niemanden verraten! Niemanden verletzen! Aber wie es verhindern? Wahrhaftig sein! Nackt sein! Aber wie dann der Spottlust der Welt entgegentreten? Genau da liegt die Herausforderung. Sich darbieten! Sich der Literatur opfern! Nehmt mein Leben; es ist mein Werk ...

Eines Nachts schrickt sie aus dem Schlaf auf, in kalten Schweiß gebadet, am ganzen Körper zitternd. Wieder dieser Alptraum... Sie geht durch einen endlosen Flur. Alle zwei Meter kommt sie an einer geschlossenen Tür vorbei. Sie muß eine davon öffnen. Nein! Nur nicht nachgeben, sonst... Öffne! So öffne doch! Von einem unwiderstehlichen Zwang getrieben, streckt sie die Hand nach der Klinke aus. Da! Ein Todesstrahl trifft sie! Mitten ins Herz! Die Wahrheit?

Anfang 1966 wird Anaïs als Notfall in eine New Yorker Klinik eingeliefert. Die Diagnose: Eileitertumor. Sie wird auf der Stelle operiert. Als sie aus der Narkose erwacht, erfährt sie, daß ihr Tagebuch endlich einen Verleger gefunden hat.

UCLA

Die University of California in Los Angeles hat seit 1975 die Schlüssel zu Anaïs in Verwahrung: ihre Tagebücher.

Drei Eisenkoffer mit doppeltem Schloß, in einem Tresorraum bei konstanter Temperatur unter den mit «Miller» gekennzeichneten Dossiers gelagert, enthalten neunundsechzig Hefte, dick wie Meßbücher, die unter ihrer Zellophanhülle die verschiedensten Einbände durchschimmern lassen: aus hellbraunem oder schwarzem Leder, aus rosa Papier; eins davon bunt bemalt (Miller?), ein anderes mit einer Gravur von Hugo verziert; eins mit dem dunklen Leinenumschlag eines Handbuchs für «Moderne Astrologie» versehen, ein anderes mit dem purpurfarbenen Einband eines Terminkalenders.

Neunundsechzig Hefte, von Anaïs' Hand numeriert, paginiert, betitelt, wie Romane, die auf ihr Erscheinen warten. Das Leben in dramatisierter Form.

– Tagebuch einer Besessenen. 1932
– Die hellsichtige Irre. Gleichgewicht. 1932
– Flagellation. 1933
– Inzest. 1933
– Unleugbares Erscheinen des Dämons. 1934
– Revolte. 1935
– Es lebe das Dynamit. 1936
– Die verschwimmenden Wörter. 1938
– Intermezzo: Buch einer Übergangsphase. 1940

Wenn man sie durchblättert, sieht man die Schrift in scharf gestochenen Arabesken von Seite zu Seite eilen, mal vom Englischen ins Französische, mal vom Französischen ins Spanische überspringen, hier und da ein Foto umrunden – Miller in Griechenland; Gonzalo in Badehose am Strand; Dalí und Gala in Bowling Green auf einer Eiche hockend; Gore Vidal mit Krawatte in einem Coffee Shop – oder einen

In dem Gewölbe in Brooklyn, wo sie ihre Tagebücher gelagert hatte: Dutzende von Heften, im Lauf der Jahre mit hastiger Hand gefüllt.

eingefügten Artikel. «Seien Sie Ihr eigener Psychologe», ein Konzertprogramm, eine Visitenkarte, die Adresse eines Restaurants – Eddie's, ein Italiener im Village – und Briefe, immer wieder Briefe, die in ihren Umschlägen aufbewahrt sind.

Bruchstücke der Realität einkleben, wie es Kinder tun.

Als ob das Niederschreiben der Erinnerung nicht genügen könnte.

Als ob es greifbarer Lebensfragmente bedürfe, um die Starre der Wörter zu bannen. Den Tod.

Welche Furcht, welche Versuchung mochte Anaïs verfolgt haben, daß sie in ihrem Tagebuch auch die Anzeige des Selbstmords von Virginia Woolf und von Stefan Zweig aufhob, und die ersten Fotos aus den Konzentrationslagern?

33. Kapitel

Erfolg!

«Wissen Sie, daß sie zu der Leitfigur der Emanzipationsbewegung geworden ist, daß sie eine echte Berühmtheit ist? Sie muß sogar schon Autogramme geben wie Liz Taylor. Ist das nicht komisch? Erinnern Sie sich noch an dieses zarte, schüchterne Persönchen? Jetzt setzt sie sich mit dem größten Vergnügen und Selbstbewußtsein der Menge aus, hält Vorträge, nimmt an Meetings Teil und läßt sich feiern.» (Henry Miller, zitiert von Brassaï in seinem Buch *Henry Miller, rocher heureux*)

Briefe noch und noch. Lawinen von Briefen! Zwei- bis dreihundert pro Woche. Das Postamt im Silver Lake District muß eine zusätzliche Kraft einstellen, um all die Post an Miss Nin, die Autorin der *Tagebücher*, zu bewältigen. Was einst als Brief eines einsamen Kindes begonnen hatte, löst nun Tausende von Briefen aus. Wie bei der Hochzeit von Kanaan. Eine Seele verbreitet ihr Manna. Befreit und strahlend erhebt sich eine Stimme, um die anderen mitzureißen, die sich noch nicht zu behaupten wagen. Während sich überall die ersten Feministinnengruppen zusammenschließen, erzählt Anaïs all jenen, die sie suchen, von der Freiheit. Während Betty Friedan das «unerklärliche Unbehagen» der Frauen auf den *Weiblichkeitswahn* zurückführt, bietet Anaïs ihnen das ermutigende Beispiel einer Frau, die ihre Weiblichkeit nicht verleugnet hat.

Jeder Morgen bringt eine reiche Saat an Vertrauensbeweisen mit sich: Ich bin Nachtschwester... Die Lektüre der *Tagebücher* hilft mir, die Nachtwachen auszuhalten... Ich bin sechzig Jahre alt. Ich hatte den Willen zum Leben verloren. Ihre *Tagebücher* haben mich wieder aufleben lassen... Ich bin Bäuerin und Mutter von acht Kindern. Ich führe auch ein Tagebuch. Wenn die Familie schläft und ich endlich Zeit für mich habe... Ich bin sechzehn und gehe noch zur Schule. Ihre *Tagebücher* helfen mir zu erkennen, wer ich bin und wer ich sein möchte...

Anaïs kostet die überwältigende Resonanz dankbar aus. Endlich ist sie da, die langerwartete Anerkennung! Sie beantwortet jeden Brief selbst. Djuna Barnes' eisige Gleichgültigkeit haftet ihr noch immer schmerzlich im Gedächtnis. Djuna. Ihr einstiges Vorbild. Die Autorin von *Nachtgewächs*, die sich unansprechbar in Patchen Place im Village verschanzt, die sich niemals herabgelassen hat, auf ihre Briefe zu reagieren.

Wozu Romane schreiben, wenn man sich so vor der Welt verschließt? Wozu überhaupt schreiben, wenn man seine Leser verachtet? Anaïs liebt sie, ohne sie zu kennen, fühlt sich durch die *Tagebücher* mit ihnen verbunden: ihr Leben, mit dem all jene Fremden sich identifizieren. Alle Briefe sagen das gleiche: «Ich bin Ihnen ähnlich.» Oder: «Ich träume davon, Ihnen ähnlich zu sein.»

Sie gibt Unmengen für Briefpapier aus, das sie mit großer Sorgfalt wählt; auch das Papier sagt etwas aus, schon vor den Worten. Eins zeigt das Bild einer Geisha vor ihrem Toilettenspiegel... Ein anderes zwei Fische, die sich ringförmig in den Schwanz beißen: ihr Sternzeichen. Ein drittes ist in großen Buchstaben mit dem Wort LOVE bedruckt. Das benutzt sie für Briefe an junge Mädchen, während das japanische Papier sich eher für reifere Frauen eignet... Ihre Korrespondenz erlegt ihr nach und nach wahre Sklavenpflichten auf! Sie läßt die Mittagsruhe ausfallen, kürzt die Hundespaziergänge ab. Sogar im Flugzeug schreibt sie Briefe, statt wie früher zu lesen. Mehrere Stunden am Tag widmet sie sich eisern ihrer Post, opfert ihr selbst die Weiterführung ihres Lebenswerks. Kaum sind die *Tagebücher* geboren, siechen sie auch schon dahin! Sie hat kaum noch Zeit, sie aufzuschlagen.

Der siebte Band, der nach ihrem Tod erscheint, besteht nur noch aus Briefen, Artikeln und Auszügen aus Vorträgen. Das Ego schweigt. Narziß hat seinen Spiegel verhüllt. Statt ihrer eigenen Stimme zu lauschen, nimmt Anaïs jetzt anderen die Beichte ab.

Rupert hält sie immer wieder dazu an, sich zu schonen. Sie verderbe sich die Augen, verschleudere ihre Kräfte! Anaïs zuckt die Achseln. Bring mir lieber einen Martini! Sie ist in letzter Zeit auf den Geschmack gekommen. Ein Zaubertrank! Schon ein Glas richtet sie wieder auf. Seit der Operation fühlt sie sich so schwach. Ihre Rekonvaleszenz hat sich in die Länge gezogen. Die Angst hat ihre Spuren um die Augen hinterlassen. Anaïs war nächtelang in Tränen aufgelöst, als sie erfuhr, daß man mit dem Tumor auch ihre weiblichen Organe entfernt hatte. Eine Maske als Gesicht; ein ausgehöhlter Leib . . . Sie hätte vor Verzweiflung schreien mögen.

Aber dazu hat sie kein Recht mehr. Sie verkörpert ja das Glück, die Vollendung, den Erfolg!

Ihr Verleger reibt sich die Hände. Er hat die Gans gefunden, die goldene Eier legt. Die erste Auflage war binnen einer Woche vergriffen!

Frances Steloff, die trotz ihres hohen Alters noch immer den Gotham Book Mart leitet, kann der Flut von Anfragen kaum noch nachkommen. Die hundert Exemplare, die sie bestellt hat, sind in zwei Tagen weggegangen! Die Leute standen vor dem Laden Schlange! Und die Leser warten schon ungeduldig auf den zweiten Band. Anaïs arbeitet, in der wenigen Zeit, die ihr zwischen all den Artikeln und Briefen noch bleibt, fieberhaft. Die Verleger, die sie einst geringschätzten, bitten sie jetzt flehentlich um Vorworte. Die Zeitschriften reißen sich um ihren Namenszug. Die Universitäten wetteifern darin, sie für einen Vortrag zu gewinnen!

Warum wollen sie mich unbedingt sehen? fragt sie sich verwundert. Genügen ihnen denn meine *Tagebücher* nicht? Nein. Ihre Leser wollen ihr nahekommen, ihr Cape wie einen Reliquienschrein berühren. Die Hörsäle sind schon zwei Stunden vor ihrem Erscheinen überfüllt, bis sie schließlich mit kleinen Schritten das Podium betritt, in einem langen schwarzen Kleid mit weißem

Beim Signieren ihrer Bücher in New York. Die Bilder an der Wand stammen von Ian Hugo, alias Hugo Guiler.

Kragen, wie eine Seelsorgerin, mit frenetischem Applaus begrüßt. «Die Studenten jubeln mir zu wie den Beatles», schreibt sie einem Freund.

Um ihre Schüchternheit zu überwinden, geht sie stets nach dem gleichen Ritual vor: Sie nestelt am Mikrophon und fragt mit unhörbarer Stimme: «Können Sie mich hören?» Natürlich nicht. Sie hebt die Stimme, wiederholt die Frage ein-, zweimal. Allmählich fällt die Nervosität von ihr ab. Sie späht durch die Rauchschwaden der Joints ins Auditorium: Junge Mädchen mit dunkelrot bemalten Lippen und geflochtenen, mit Perlen und Fäden geschmückten Haaren. Junge Männer mit tätowierter Stirn und ver-

träumtem Blick. «Der Einfachheit halber faßt man sie alle unter dem Begriff Hippies zusammen. Ich finde sie jedenfalls intelligenter und sensibler als die ältere Generation. Sie verachten den amerikanischen Mammon. Sie wenden sich dem Osten zu. In einem meiner Vorträge habe ich die Symbolfunktion des Teaköls erwähnt, das die Thailänder über die Miniaturhäuser ihrer Götter gießen. Sie haben den Sinn meiner Worte gleich erfaßt. Wir haben die gleiche Wellenlänge.»

Wie diese Jugendlichen haßt sie die Geschäftsleute, die Gesetzesbücher, die Mächtigen und die Atombombe.

«Nennen Sie mich Anaïs. Mein Vorname wird so ausgesprochen: Ana-ees. Ana-ess . . .»

Sie klatschen, trampeln, werfen Blumen. Graziös bückt sie sich und hebt eine davon auf, um sie auf ihr Pult zu legen, neben das Brillenetui. Früher unentbehrlich, ist die Brille inzwischen überflüssig geworden.

Am Anfang las sie ihre Vorträge ab, tief über das Blatt gebeugt.

«Man kann dein Gesicht nicht mehr sehen», hatte Rupert sie ermahnt. «So verlierst du den Kontakt zum Publikum. Die Studenten wollen dich ebenso sehen wie hören. Beschränke dich lieber auf ein paar Notizen.»

Improvisieren? Sie versucht es zaghaft, dann mit wachsender Selbstsicherheit. Sie spricht flüssig, mit lebhaften Gesten, unterstreicht den Vortrag mit grazilen Handbewegungen, wie eine balinesische Tänzerin, lächelt in die Menge. Ihre Stimme erfüllt den Saal, gleichmäßig und klar, von der Inspiration des Augenblicks getragen, manchmal leicht abgeschwächt, wenn die Eingebung versiegt, schließlich in immer leiserem Murmeln verklingend. Schweigen. Ende des Vortrags. «Mit einem Fanfarenstoß abschließen wie Tschaikowsky, das ist nicht meine Art!»

Dann kommen die Fragen. Sie läßt sie sich wiederholen, um nur nicht mißzuverstehen, wie es ihr ja ihrerseits auch darum geht, verstanden zu werden. *«Do you hear me?»* Wenn das «Ja» ausbleibt, nimmt sie den Gedankengang noch einmal auf – unermüdlich, wie es jedem erscheinen mag, der ihr zwei Stunden lang zuhört oder sie vor den langen Schlangen von Studenten sitzen sieht, die auf ihr Autogramm warten. Unermüdlich in ihrer ergebenen Pilgerschaft von Campus zu Campus.

Hunderte davon besucht sie im Jahr 1969. Ihre Freunde machen sich schon Sorgen um sie oder halten sie für ein wenig verrückt, von messianischem Eifer getrieben: «Anaïs verbreitet ihr Glaubensbekenntnis.» Selbst vor tauben Ohren, vor kämpferischen Feministinnen aus dem Kreis um Kate Millet, die den *«male chauvinist pigs»* den Krieg erklären, allen voran Miller. Anaïs verteidigt ihn. Man pfeift sie aus. Als Pionierin tritt sie für die vorurteilsfreie Rede ein, die sich auf der Emotionalität gründet. Ihr Essay trägt den Titel «In Favor of the Sensitive Man»:

«Man hat mich einmal gefragt, was ich von Männern hielte, die weinen könnten, und ich habe geantwortet, daß ich sie liebte, weil sie dadurch ihre Sensibilität bewiesen.»

Sie glaubt an die komplementäre Beziehung, an die Sanftmut.

Das andere Geschlecht hält sie für überholt. Simone de Beauvoir lebt im Schatten von Sartre. Sie hat ihm ihre weiblichen Gefühle geopfert. Die Heldinnen ihrer Romane wirken blutleer. Aufruhr im Saal! Als sie bei einem Meeting eine Badewanne voller Tampons auf dem Podium gewahrt, zieht sie sich angewidert zurück.

Im Dezember 1969 erleidet sie einen Rückfall. Wieder ein Tumor.

Die Neurose umfängt sie von neuem. Sie ist zum Opfer geboren, nicht für den Ruhm, der nun seinen Tribut fordert. Krebs. Dr. Bogner rüttelt sie aus der Depression auf. Sie hat soviel zu geben. Sie muß weiterkämpfen.

Sie fährt nach New York, zum Presbyterian Hospital in der 168. Straße, wo sie schon einmal operiert wurde. Der Chirurg lehnt einen zweiten Eingriff ab, möchte es lieber mit Chemotherapie versuchen.

«Ihre Heilungschancen liegen immerhin bei 75%.»

«So wenig! Eine Operation wäre doch viel radikaler!»

Er wirft ihr einen vernichtenden Blick zu. Was hat sie sich da einzumischen? 75% ist doch gar nicht so schlecht, in ihrem Alter...

Anaïs beugt sich dem Verdikt. Jeden Morgen bringt ein Taxi sie in die Klinik. Der Bestrahlungsraum ist gelb gestrichen. Sie schließt die Augen, versucht ihr Inneres der zerstörenden Wirkung der Strahlen zu entziehen, läßt Bilder in sich aufsteigen: Eukalyptusbäume, Lotusblumen. Ein Teehaus in Kyoto. Ein weißer Sandstrand. Sie schwimmt durch aquamarinblaues Wasser. Sie gibt sich ihrem Geliebten hin.

Nur gesund werden! Alles ist ihr recht, was diesem Ziel dient: ein auberginefarbenes Samtkleid, das ihre Blässe belebt, ein Vogel, der ihr den Frühling vorgaukelt...

Im Frühling 1970 fühlt sie sich wieder stark genug, um nach Paris zu fahren, wo der zweite Band der *Tagebücher* gerade erschienen ist. Rupert bezeichnet ihr Vorhaben als Wahnsinn.

»*My duty*«, antwortet sie. Meine Pflicht.

Anaïs zeigt sich wie immer gewissenhaft. In ihrer Suite im Hôtel du Pont-Royal eingeschlossen, während Hugo im Madison in Saint-Germain logiert, wartet sie bei einer Tasse Chinatee auf die Journalisten. Unter ihnen ist auch Jean Chalon. Ohne sie zu kennen, erkennt er in ihr die Magierin, vom gleichen Schlag wie die Autorinnen, die ihn begeistern: Nathalie Barney, Florence J. Gould, Louise de Vilmorin. Der Name läßt Anaïs aufhorchen.

«Ich war mit ihr befreundet! Wir haben uns in den Dreißigerjahren durch unsere Ehemänner kennengelernt; Hugo war Leigh Hunts Bankier. Wie gerne würde ich sie wiedersehen! Könnten Sie nicht ein Treffen zwischen uns vermitteln?»

«Sie ist letztes Jahr gestorben.»

Anaïs ist niedergeschmettert. Louise hatte sie in einem Mißverständnis verlassen, das womöglich zu Haß geworden war ... Sie hatte sich in einer der Gestalten aus Anaïs' Erzählungen erkannt und es als Verrat angesehen. Anaïs hatte ihr doch geschworen, ihre Vertraulichkeiten geheimzuhalten! Aber hatte sie ihr Versprechen denn nicht gewahrt, indem sie den Namen änderte? Wer, außer vielleicht ihren engsten Freunden, hätte sie denn in der Figur erkennen können? Hatte die Erzählung ihr etwa unrecht getan?

Jean Chalon beschwichtigt sie. Anaïs vertraut sich ihm an. Sie fühlt sich so einsam! Sie irrt durch die Straßen von Paris wie durch hohle Kulissen. Sie hat keine Freunde mehr, nur noch Bewunderer. Die Salons der Rive Gauche, die Cocktails in der Closerie des Lilas langweilen sie zu Tode!

«Wissen Sie, worauf ich Lust hätte? Ein ruhiges Lokal, wo es Butternudeln gibt. Ich vertrage nichts anderes mehr. Mein Krebs. Ich bin nur in Remission. Man sieht es mir gar nicht an, nicht wahr? Das liegt an meinem kubanischen Teint. Die Kubanerinnen altern spät ... Bei Ihnen zu Abend essen? Warum nicht. Wir werden uns über Louise unterhalten ...»

Sie erscheint in einem weißen mexikanischen Kleid, die Schultern von einer weichen Wollstola umhüllt. Am späteren Abend bittet sie ihn, sie nach Clichy zu begleiten, wo sie sich einst mit Miller traf. Sie finden die Straße wieder. Anaïs ist ganz außer Atem. Sie hatte vergessen, daß es so weit weg war. Früher war sie förmlich dorthin geflogen. Das Haus ihrer Liebe suchen sie vergebens. Es ist abgerissen worden. Anaïs wischt sich verstohlen die Tränen ab. Und dennoch wird sie sich am nächsten Tag ab acht Uhr morgens den Blitzlichtern der Fotografen präsentieren, sorgfältig geschminkt, im lila Minirock und weißen Strümpfen, «wie eine Renaissance-Madonna, die sich bei Courrèges einkleidet... eine Miene von unerschütterlicher Gelassenheit, eine sanfte Stimme, oft von einem Lachen begleitet, das man zu Anfang des Jahrhunderts als ‹perlend› bezeichnet hätte. Denn Anaïs Nin lacht gern, auch wenn sie es plötzlich bedauert, Violette Leduc nicht anzutreffen, die gerade außerhalb von Paris weilt; sie fragt den Fotografen, ob sie ihre Brille abnehmen soll, verlegt sie, amüsiert sich darüber, kurz, benimmt sich vollkommen zwanglos und natürlich, ganz im Gegenteil zur Legende, die sie als entrückte Göttin stilisiert.»*

Eine fügsame Göttin! Die sich sogar nach Louveciennes mitschleppen läßt, um sich für das deutsche Fernsehen an einer Rekonstruktion zu beteiligen. Das Haus Nr. 2b in der Rue Montbuisson ist dem Verfall preisgegeben. Die neue Besitzerin wohnt ganz in der Nähe. Man drängt Anaïs, sie zu besuchen. Der Regisseur hakt nach: «Eine berühmte Schriftstellerin. Ein Star!» Die Frau droht ergrimmt, den Bürgermeister zu rufen, wenn man sie nicht in Ruhe ließe. Anaïs möchte sich am liebsten aus dem Staub machen. Die Posse hat lang genug gedauert! Doch man hält sie zurück. Es fehlt noch an Bildmaterial! Gehen Sie mal durch das Tor, als ob Sie gerade nach Hause kämen. Ihr Cape hat Rostflecken bekommen. Welch eine sinnlose Maskerade! Wieder in Paris, posiert sie mit Michel Simon vor einem Hausboot. Es ist zwar nicht seins – seins haben die Deutschen im Krieg mit Gewehrsalven versenkt –, aber was macht

* *Le Figaro littéraire*, 27. Oktober 1969, Artikel von Jean Peloux.

das schon! Hauptsache, die Szene ist gelungen. Schließlich führt man sie ins Dôme und läßt sie an einem der Tische Platz nehmen. Aber sie habe doch nie im Café geschrieben, protestiert sie. Miller, ja! Sie nicht! Egal. Die Umgebung gibt ein nettes Bild ab. Worüber beklagt sie sich eigentlich? Hat sie nicht ihr Ziel erreicht – an die Öffentlichkeit zu treten, berühmt zu sein?

«Anaïs war schlau, sie erreichte genau, was sie wollte. Zum Beispiel eine legendäre Figur zu werden. Das Wort ‹Legende› war eins von denen, die sie immer mit Respekt aussprach.»

Wenn diese Einschätzung Gore Vidals auch mit Vorsicht zu genießen ist – Gore hat ihr nie verziehen, in ihrem Tagebuch als talentloser Gigolo dargestellt worden zu sein –, so erscheint sie doch recht zutreffend. Anaïs hatte sich schon von Kindheit an als Auserwählte gefühlt. Sechzig Jahre lang hat sie um den Ruhm gekämpft, um den sie Miller und Durrell beneidete, weil er ihnen schon viel früher zuteil wurde.

Ihre Legende hat sie sich mit zäher Zielstrebigkeit selbst geschaffen. Muse, Künstlerin, Analytikerin, Magierin. Stein um Stein vervollständigte sie das Puzzle ihrer Persönlichkeit, bis sie sich selbst darin gefangen sah.

1973 beschließt der Regisseur Robert Snyder, ihr ein zwanzigminütiges Filmporträt zu widmen, ähnlich dem, das er bereits über Henry Miller gedreht hat und in dem sie mitwirkte, trotz der Verbitterung, wieder einmal nicht im Mittelpunkt zu stehen.

«Gehen Sie nicht so rabiat mit ihr um wie mit mir», hat Miller ihm geraten. «Schonen Sie sie, lassen Sie ihr ihren Mythos!»

Die Dreharbeiten finden in Silver Lake statt. Es ist eine Premiere. Bisher hat sie ihren Zufluchtsort noch nie vor der Kamera preisgegeben. Findet sie ihn zu schlicht? Ein wenig zu karg, um Eindruck zu machen? Von der überschwenglichen Pracht früherer Behausungen ist hier nichts mehr zu sehen. Kein maurisches Prunkbett mit marmorierten Intarsien, keine byzantinischen Leuchter. Sondern nur noch strenge, roh belassene Holzmöbel, die beinahe klösterlich wirken.

Ist ihr verspielter Ästhetizismus inzwischen einer asketischen Genügsamkeit gewichen? Zumindest hat sie ihre Koketterie noch nicht abgelegt. Sie ist weder jung noch naiv genug, um sich unbedenklich dem Auge der Kamera auszusetzen. Die Techniker werden also angehalten, auf ihre Objektive Filter aufzusetzen und auf schmeichelnde Beleuchtung zu achten. Doch wo soll gedreht werden? Das Arbeitszimmer ist zu dunkel, der Salon zu kahl. Besser draußen am Schwimmbecken, das von einer hohen Trauerweide überschattet ist. Das Wasser gibt ihr Ruhe und Sicherheit, löst ihre Ängste auf. Jeden Morgen läßt es sie die Last ihres Körpers vergessen...

Sorgfältig rafft sie ihren langen Batikrock und läßt sich am Beckenrand nieder, die nackten Füße in Sandalen, die Arme um die Knie geschlungen, wie ein kleines Mädchen. Film ab!

Sie beginnt zu sprechen. Mit matter, etwas brüchiger Stimme, voller Anmut, doch ohne Feuer rezitiert sie brav aus ihren Erinnerungen, während die heraufbeschworenen Bilder sich in fließenden Übergängen ablösen. Fragmente der Legende ziehen vorüber: die *Montserrat*, Joaquin Nin in Galakleidung, Antonin Artaud in Dreyers *Passion de Jeanne d'Arc* (Johanna von Orleans), Miller, von Brassaï abgelichtet, Rank an seinem Schreibtisch, Martha Graham, Maya Deren. Anaïs kommentiert, präzisiert. Sie bewegt sich kaum, hebt nur manchmal die schönen Hände. Piccolino kommt schwanzwedelnd auf sie zugelaufen. Die Kamera fängt ein kurzes Lächeln ein. Anaïs streichelt den Pudel mit einer flüchtigen Geste und erzählt weiter, das Kinn in die Hand gestützt, im Geiste schon weit entrückt.

Feminismus

Noch im Jahr 1966 war es besser, keine Frau zu sein, wenn man Wert auf seine Freiheit legte . . .

1966: In Kalifornien schließen sich die ersten Gruppen der Women's Lib zusammen, der Mann wird als Unterdrücker angeprangert, und die Frau fordert das Recht, über ihren Körper und ihre Sprache zu bestimmen: «Das Leben formt seinen Text auf der Grundlage meines Körpers. Ich bin von vornherein Bestandteil dieses Texts» (Hélène Cixous); sie beansprucht ihr eigenes Gesetz, ihre eigene Mystik: «Sie haben die ganze Sexualität im Schweigen der unseren erfunden» (Annie Leclerc: Parole des femmes*); Sappho, Nathalie Barney, Lou Andreas-Salomé und Djuna Barnes werden zu den neuen Propheten, und Anaïs veröffentlicht den ersten Band ihrer* Tagebücher*. Es ist mehr als nur ein Text: eine Gesinnung, ein Leben, eine weithin vernehmbare Stimme. Der neue Kult sucht sich seine Priesterinnen.*

Anaïs wird gedrängt, an die Öffentlichkeit zu treten. Als sie sich zeigt, sind die militanten Frauenrechtlerinnen schockiert: Statt der erwarteten Passionaria erscheint eine geschminkte Vestalin, die unverfroren Millers Genie preist!

«Ich bereue nichts von alldem, was ich für ihn getan habe . . . Ich glaube an die Zweierbeziehung . . . Ich bin weder für Separatismus noch für Gewalt, noch für die Abschaffung aller Unterschiede.»

Man greift sie an, man beschimpft sie.

«Die Feministinnen legen eine revolutionäre Unmenschlichkeit an den Tag, von der Sorte, die am liebsten jeden aufs Schafott zerren würde, der saubere Fingernägel hat.» (Tagebücher, 1966–1977)

Ihre sind empörenderweise sogar lackiert.

Feministinnenversammlungen bezeichnete sie spöttisch als «Kottex Congress» . . .

34. Kapitel

Die Frau mit geneigtem Haupt*

Ruh dich aus, Rupert! Du bist blasser als ich. Zieh mir das Kissen unter dem Kopf hoch. Nimm den Teller fort. Ich habe keinen Hunger. Heute abend wirst du mir einen Martini bringen, wenn ich keinen Schlaf finde. Wie spät ist es? Das Abendrot geht schon ins Violett über. Es hat die Farbe meines Kleides, und die Äste der Trauerweide durchziehen es mit den gleichen Mustern. Ich werde nie müde, es zu betrachten. Weißt du, daß es atmet? Die Natur enthüllt sich vor mir, als wüßte sie, daß ich mich bald in ihr auflösen werde ... In der Klinik hatte ich darum gebeten, mein Bett unters Fenster geschoben zu bekommen. So konnte ich auf die Zeder im Park schauen ... Du hättest mich ruhig dort lassen können. Es ging mir da gar nicht mal schlecht. Die Schwestern haben mir vorgelesen. Sie ließen nichts anderes mehr gelten als meine *Tagebücher*. Erbarmen, habe ich gefleht, finden Sie doch endlich etwas anderes! Tania Blixen, Proust oder Marguerite Young! Aber nein, immer mußten es die *Tagebücher* sein! Sie besaßen alle ihr eigenes Exemplar, das ich für jede mit einer persönlichen Widmung versehen hatte. Es ist so leicht, den Leuten eine Freude zu machen, wenn man berühmt ist! Sie hatten es auch wirklich verdient. Jeden Wunsch lasen sie mir von den Augen ab. Wenn die Angst mich bedrängte, bat ich sie, mir die Kassette mit den Vogelstimmen vorzuspielen, die wir gemeinsam im Garten aufgenommen haben. Das ganze Zimmer hallte von fröhlichem Gezwitscher wider. Ich labte mich daran wie ein Neugeborenes an der zärtlichen Stimme seiner Mutter. Mir war, als könnte ich fliegen! Als könnte ich mich zu der Sonne aus Filz an meinem Betthimmel aufschwingen! Weißt

* Paul Claudel

du, woran mich die Dekorationen in meinem Zimmer immer erinnerten? An die bunten Abziehbilder, mit denen ich 1939 meine Fensterscheiben bedeckte, um die Finsternis aufzuheitern ...

Ich habe immer nach dem Licht gesucht! Jetzt erreiche ich mein Ziel. Das Licht umfängt mich so sanft, daß ich sein Streicheln auf der Haut spüre ... Sag mir, Rupert, werden sie mich jetzt in Ruhe lassen, nachdem sie vierzehn Stunden lang erfolglos an mir herumgeschnippelt haben? Nein, mach mir nichts vor. Hätte ich solche Schmerzen, wenn sie den Tumor entfernt hätten? Du kannst ja nichts dafür. Du hast alles versucht. Ich auch. Wie du, habe ich daran geglaubt, das japanische Serum könnte mich retten. Obwohl es eigentlich nicht zu beschaffen war, hast du Himmel und Hölle in Bewegung gesetzt, um es dennoch einfliegen zu lassen. Ich habe es wie eine geweihte Opfergabe empfangen, fest überzeugt, dadurch die fernöstliche Gelassenheit in mich aufzunehmen. Ich habe sie so bitter nötig! Doktor Stone wollte sie mir mit seinem Buch *Positives Denken* einflößen. Bieten Sie dem Krebs die Stirn! Stellen Sie ihn sich greifbar vor. Fangen Sie ihn im Geiste ein. Bekämpfen Sie ihn mit Ihren Gedanken! Am Anfang konnte ich mich kaum beherrschen, dem guten Doktor nicht ins Gesicht zu lachen. Ich sah überhaupt nichts. Stone verlor fast die Geduld. Sich etwas einzubilden, um gesund zu werden! Aber ich habe mich redlich bemüht. Ich habe mir meinen Krebs wie einen schwefeligen Vulkankrater auf Hawaii vorgestellt, dem sich junge Parzen mit Wasserkrügen näherten. Ich erkannte ein paar meiner Studentinnen in ihnen wieder. Sie beugten sich über den Krater und überschwemmten ihn mit heilkräftigem Wasser ... Wie lange habe ich an Stone geglaubt? Ein oder zwei Monate? Und dieser Franzose, der mir Nadeln in die Zehen stach! Dem hast du ja von vornherein nicht recht getraut. Was, du wagst es, die Glaubwürdigkeit eines Franzosen anzuzweifeln, habe ich dir empört vorgeworfen, doch schließlich mußte ich dir recht geben ... Dann war Doktor Joy an der Reihe. Joy! In seinem Namen habe ich gleich ein Orakel gesehen, und seine Ranch inmitten von Wacholdersträuchern kam mir wie die Grotte von Lourdes vor. Hoffnungsvoll bin ich dorthin gepilgert, die Finger in ständigem Gebet zusammengekrampft. Er strich mir mit den Händen über den Bauchnabel. Ich fühlte ein Kribbeln, Wellen von Wärme, die in meinen Körper abstrahlten und mich schläfrig machten. Doch zu Hause kam der Schmerz verstärkt zurück, stoßartig, pulsierend, zerreißend...

Ich sterbe nicht an Krebs, Rupert, ich sterbe vor Qual. Die Schmerzen reiben mich nach und nach auf. In der Klinik haben sie nichts dagegen unternommen. Wenn ich um Morphium bettelte, haben sie mir zwei Schlaftabletten auf den Nachttisch gelegt. Schlaftabletten, denk dir, während mein Gebrüll durch alle Wände drang! Beenden Sie doch diese Folter! Machen Sie doch irgendwas? Geben Sie mir irgend etwas! Gin, Kokain, LSD! Damit es endlich aufhört! Ich flehe Sie an!

Meine Gelassenheit ist dahin. Ich höre förmlich, wie der Schmerz sich zum Angriff rüstet, wie er seine Klinge schärft.

Meine Kräfte schwinden von Tag zu Tag, ohne daß ich sie zurückhalten kann. Ich, die ich soviel gekämpft habe, sterbe nun vor Schwäche.

Gib mir mal den Spiegel. Ich muß ja ganz zerzaust sein. In der Klinik habe ich dauernd meinen Kamm verlegt, und mein Rouge konnte ich auch nie finden. Sie neckten mich immer wegen meiner Eitelkeit. Unter dem gutmütigen Lächeln sah ich den Spott durchblitzen. Als ob ich zu alt sei, um noch gefallen zu wollen... Gefallen? Nein, nur überleben... Meine Nase glänzt vor Schweiß. Sie scheint mir kürzer als früher, schärfer vorspringend. Und diese Augen! Das Fieber gibt mir erst meinen wahren Blick. Den der Tiefe. So brennend! Wird er dem Tod Einhalt gebieten, wenn ich ihm gegenüberstehe?

Erinnerst du dich an das Porträt der kranken Helba in *Ein Spion im Haus der Liebe*?

«Eine Frau, aufrecht in ihrem Bett sitzend, die sich frisierte und sich eine blaue Schleife ins Haar band. Ihr Gesicht war von verheerendem Leiden gezeichnet, und doch hatte sie sich gepudert und Lippenstift aufgetragen und lächelte wie eine Todgeweihte, die entschlossen ist, in Schönheit zu sterben.»

Die Ethik einer Ästhetin. Im Grunde habe ich mein ganzes Leben lang nur an die Schönheit geglaubt... Wenn ich die Augen für immer geschlossen haben werde, mußt du mir die Haare zu einem Knoten frisieren. Wenn man sie ein wenig toupiert, wirken sie fülliger. Wirst du es auch nicht vergessen? Du mußt mir die Lider mit Khôl umschatten und mir mein balinesisches Kleid anziehen. Ich wäre so gern in Java gestorben, umgeben von Seide und Seerosen... Schreib diesen Satz in mein Heft. Ich habe nicht mehr die Kraft, den Stift zu halten... Meine Hand zittert. Laß es gut sein. Lies mir die letzten Zeilen noch mal vor... Nein, leg lieber das Quartett von Debussy auf. Stell den Ton so laut wie möglich.

Meine Venen saugen die Musik in sich auf. Wie eine Droge. So beruhigend... Am Klavier wurde mein Vater fast zu einem Heiligen. Wenn meine Mutter sang, mußte sie nicht weinen. Hör dir diese verschwimmenden Töne an, wie tiefe Atemzüge. Ist das nicht der Beweis für eine bessere Welt? Eine Welt, aus der wir vertrieben wurden, um sie schließlich wieder zu erreichen, ganz gleich, wie rein oder unrein wir sein mögen.

Ob ich mich für rein halte? Vielleicht. Aber von einer ätzenden, vernichtenden Reinheit. Die des Eisbergs. Die der Flamme.

Welches Bild wird man von mir behalten? Die Liebende? Die Verräterin? Wenn ich mein Wort brach, tat ich es nur aus Angst. Wenn ich Gefahr lief, verraten zu werden, kam ich dem Verrat lieber zuvor. Wird man mich anrüchig finden, skandalös? Hätte ich es nicht zulassen dürfen, daß man meine erotischen Novellen veröffentlicht? Sie gehören nicht zum Besten, was ich geschrieben habe. Ich habe sie nur zum Spaß verfaßt, ohne mir viel dabei zu denken. Welcher Perversionen wird man mich bezichtigen, ohne daß ich mich dagegen wehren kann? Welche Verleumdungen wirst du zu hören bekommen? Welche Lügen? Eines Tages wird man das gesamte Tagebuch veröffentlichen müssen. Ungekürzt! Ohne einen einzigen Absatz zu streichen, ohne einen Namen zu verändern. Du sollst ihnen mein Leben ausliefern, wie man die Christen den Löwen ausgeliefert hat. Das wird meine Absolution sein.

Gestern habe ich mit Doktor Bogner telefoniert. Und dann mit Joaquin. Ich habe sie gebeten, mir zu verzeihen. Mich von allen Anwürfen reinzuwaschen. Mir gnädig zu sein. «Die Bitte solltest du lieber an Gott richten», hat mein Bruder mir geantwortet.

Ich habe keinen Gott mehr. Nur noch die Musik. Und deine Gegenwart. Die Rose neben meinem Bett. Und diese Lilien dort auf dem Tisch. Meine Studenten überschütten mich mit Blumen ... Sie fehlen mir. Ihre Fragen. Ihre Erwartung. Ihr Wissensdurst. Ich fand mich in ihnen wieder. Die, die ich einst war ... Wie gern hätte ich weiter meine Seminare gegeben ... All diese Jugend um mich her, die noch nichts vom Tod ahnt. Ich faßte neues Vertrauen. Ich bin noch am Leben: Ich halte diesen Kurs, und nächste Woche werde ich wieder einen halten ... lebendig. Sie lächeln mir zu. Sie stellen mir Fragen. Sie bewundern mich. Nun ja ... Die Erschöpfung verschließt mir die Lippen ... So matt ... Überzeugen. Kämpfen. Zu müde. Aller Hoffnung müde ...

Anaïs entschläft am 14. Januar 1977, kurz vor Mitternacht.

«Der Ozean wird meine Asche an alle Küsten der Welt tragen.»

Trotz des drohenden Gewitters besteigt Rupert einen Hubschrauber, der Kurs auf den Pazifik nimmt. Neben ihm liegt ein fest verknotetes rosa Seidentuch. Auf den Knien hat er eine Seekarte ausgebreitet. Seine Finger irren von einem Schnittpunkt zum nächsten, auf irgendein Zeichen gefaßt. Führe mich, Anaïs! Mitten in der Bucht von Santa Monica hält sein Zeigefinger inne. Der Quadrant der Meerjungfrau. Hier soll es sein.

Der Hubschrauber schaukelt unter den Sturmböen. Rupert beugt sich über den Abgrund. Ein Lichtstrahl durchbricht plötzlich die Wolken. Der Wind läßt nach. Auf dem Wasser glitzert inselgleich ein irisierender Sonnenfleck. Das Tuch flattert hinab.

Vom Licht erhascht, wird Anaïs eins mit der Tochter des Wassers.

Musik

«Er lächelte nie, außer wenn Musik erklang.» (Winter of Artifice)

Der Vater spielt Klavier. Die Mutter singt. Das Kind beruhigt sich.

«The music would transform a human battle into beauty.» (Tagebücher, 1966–1974)

Wenn die Musik den Vater besänftigt, dann kann die Kunst auch das Leben verändern. Aus dieser Hoffnung erschuf Anaïs ihr Credo. Aus dieser ersten Erinnerung – «Beim Klang der Kammermusik schlief ich friedlich ein.» (Tagebücher, 1966–1974) *– machte sie ein Manifest: Kaum daß sie in New York angekommen war, riß sie die Geige ihres Bruders an sich.*

In der Bibliothek ihres Vaters mischten sich die Bücher mit den Notenheften. Die Wörter sollten ihre Noten sein.

«Ich habe mir oft gewünscht, so zu schreiben, wie eine Sonate komponiert ist.» Ihre Erzählungen: Variationen über ein gleichbleibendes Thema.

Ihre Sätze: pulsierende Kadenzen.

Eine Musik, verwandt mit «der peruanischen Flöte, der tahitischen Hohlmuschel, Schubert, Satie, Debussy». Sie wird verlöschen, wie sie gelebt hat: im Geiste der Musik.

In ihrem Sterbezimmer hatte man die Lautsprecher des Grammophons an der Decke über dem Bett befestigt.

«Es gab eine andere Welt, aus der ich verstoßen worden war, es bestand die Möglichkeit, daß Musik von einer besseren Welt erzählte . . . Ich werde also in Musik, durch Musik und mit Musik sterben.» (Tagebücher, 1966–1974)

Der letzte Band der Tagebücher klingt mit diesen Worten aus.

Bibliographie

Werke von Anaïs Nin

1. Tagebücher

Das Kindertagebuch 1914–1919/1919–1920 (München: Nymphenburger, 1981; Frankfurt am Main: Fischer-Tb, 1982/83)

Tagebücher 1920–1921 (München: Nymphenburger, 1986; München: dtv, 1990)

The Early Diary of Anaïs Nin, 1927–1931 (New York: Harcourt Brace Jovanovich)

Die Tagebücher:

Bd. 1, 1931–1934 (Hamburg: Wegner, 1966; Neuausg. München: Nymphenburger, 1979; München: dtv, 1971)

Bd. 2, 1934–1939 (Hamburg: Wegner, 1969; Neuausg. München: Nymphenburger, 1979; München: dtv, 1972)

Bd. 3, 1939–1944 (Hamburg: Wegner, 1970; Neuausg. München: Nymphenburger, 1979; München: dtv, 1974)

Bd. 4, 1944–1947 (München: Nymphenburger, 1977; München: dtv, 1986)

Bd. 5, 1947–1955 (München: Nymphenburger, 1978)

Bd. 6, 1955–1966 (München: Nymphenburger, 1979; Frankfurt am Main: Fischer-Tb, 1981)

Bd. 7, 1966–1974 (München: Nymphenburger, 1982)

2. Romane und Erzählungen

The House of Incest; Haus des Inzests (München: Nymphenburger, 1984; München: dtv, 1987)

Winter of Artifice (London: Peter Owen, 1974)

Delta of Venus, Das Delta der Venus (Bern, München: Scherz, 1980; München: Knaur-Tb, 1981; Heyne-Tb, 1989)

Little Birds; Die verborgenen Früchte (Bern, München: Scherz, 1983)

Under a Glass Bell; Unter einer Glasglocke (München: Nymphenburger, 1979; München: dtv, 1989)

Ladders to Fire; Leitern ins Feuer (München: Nymphenburger, 1980; München: dtv, 1988)

Children of the Albatross; Kinder des Albatros (München: Nymphenburger, 1982)

The Four-Chambered Heart; Dunja oder das Herz mit den Vier Kammern (München: Nymphenburger, 1983; München: Knaur-Tb, 1985)
A Spy in the House of Love, Ein Spion im Haus der Liebe (München: Nymphenburger; München: dtv, 1983)
Seduction of the Minotaur; Labyrinth des Minotaurus (München: Nymphenburger, 1985; München: dtv, 1988)
Henry and June; Intimes Tagebuch, Henry, June und ich (Bern, München: Scherz, 1989; München: Knaur-Tb, 1991)
Anaïs Nin – Henry Miller. A literate Passion; Briefe der Leidenschaft (Bern, München: Scherz, 1989)
A Woman speaks; Sanftmut des Zorns (Bern, München: Scherz, 1979; Frankfurt am Main: Fischer-Tb, 1988)
In Favor of the Sensitive Man and other Essays; Die neue Empfindsamkeit (Bern, München: Scherz 1980)

Werke zu Anaïs Nin

Jean Paul Crespelle, *La vie quotidienne à Montparnasse à la grande Époque, 1905–1930* (Paris: Hachette, 1976)
André Kaspi, *La vie quotidienne aux États-Unis au temps de la Prospérité, 1919–1929* (Paris: Hachette, 1980)
Hugh Ford, *Published in Paris. American and British Writers, Printers and Publishers in Paris, 1920–1939* (New York: MacMillan, 1975)
Frédéric-Jacques Temple, *Henry Miller. Qui suis-je?* (La Manufacture, 1986)
Henry Miller, *Letters to Anaïs Nin*, (New York: Putnam, 1965); *Briefe an Anaïs Nin* (Reinbek: Rowohlt, 1968, Neuausg. Rowohlt, 1981)
Jay Martin, «Always merry and bright». The Life of Henry Miller (Santa Barbara: Capra Press, 1978); *Henry Miller. Die Liebe zum Leben* (Düsseldorf: Claassen, 1980)
Brassaï, *Henry Miller, grandeur nature* (Paris: Gallimard, 1975); *Henry Miller in Paris* (Frankfurt am Main: S. Fischer, 1979)
Brassaï, *Henry Miller, rocher heureux* (Paris: Gallimard, 1978); *Henry Miller in Paris* (Frankfurt am Main: S. Fischer, 1979)
Brassaï, *Le Paris secret des Années 30* (Paris: Gallimard, 1976); *Das geheime Paris* (Frankfurt am Main: S. Fischer, 1976)
Maurice Sachs, *La Décade de l'illusion* (Paris: Gallimard, 1950)
Alfred Perlès, *Mon ami Henry Miller* (Paris: Christian Bourgois, 1955)
Kenneth C. Dick Alberts, *Henry Miller, Colossus of one* (Sittard: The Netherlands Publishers, 1976)

Henry Miller's Book of friends (Santa Barbara: Capra Press, 1976); *Jugendfreunde* (Reinbek: Rowohlt, 1977; Neuausg. Reinbek: Rowohlt, 1990)
Henry Miller, *Reflections* (Santa Barbara: Capra Press, 1981)
Peggy Guggenheim, *Ma vie et mes folies* (Paris: Plon, 1987)
Maurice Girodias, *Une journée sur la terre* (La Différence, 1990)
Letters to Jean Fanchette, 1958–1963, Two Cities ETC (Hg.)
Lawrence Durrell-Henry Miller. A Private Correspondance (New York: Dutton, 1963); *Lawrence Durrell-Henry Miller. Briefe 1935–1959* (Reinbek: Rowohlt, 1967)
Robert Zaller, *A Casebook on Anaïs Nin* (Meridian)
Sharon Spencer, *Collage of Dreams. The Writings of Anaïs Nin* (London: Swallow Press Incorporated, 1977)
Paul Bowles, *Without Stopping* (New York: The Ecco Press); Paul Bowles, *Rastlos. Erinnerungen eines Nomaden* (München: Goldmann, 1990)
Anaïs: An international Journal. Anaïs Nin Foundation, California

Inhalt

Bildnachweis

Seiten 14, 29, 69, 94, 206, 229, 237, 264, 279: Anaïs Nin Trust; Seite 99: D.I.T.E./I.P.S.; Seite 116: © Carl Van Vechten, Anaïs Nin Trust; Seiten 136, 162: Collection Bourgeron; Seite 147: Archives E.R.L.; Seite 249: Cinémathèque française; Seite 263: Jill Krem; Seite 274: © Keystone; Seiten 280, 281: Louis Monier